A HUND BIST FEI SCHO

Johann Rottmeir

Volk Verlag München

MIX
Papier | Fördert gute Waldnutzung
FSC® C014889

Alle Zitate zu Ludwig Thomas „Agricola“ aus:
Thoma, Ludwig: Der heilige Hies. Bauerngeschichten.
Deutscher Taschenbuch Verlag (dtv) 1977.

Die Deutsche Bibliothek verzeichnet diese Publikation in der Deutschen Nationalbibliografie; detaillierte bibliografische Daten sind im Internet über https://portal.dnb.de/ abrufbar.

Broschurausgabe 2024, in 6. Auflage

Neumarkter Straße 23; 81673 München
Tel. 089 / 420 79 69 876; Fax: 089 / 420 79 69 86

Die ersten fünf Auflagen des Buches sind 2015 bis 2023 in gebundener Form erschienen im Volk Verlag

Druck: Pustet Druck, Regensburg

ISBN 978-3-86222-480-7

www.volkverlag.de

Inhalt

Vorwort und Erläuterungen

Der bairische Dialekt zeichnet sich nicht nur durch die eigene Aussprache des Deutschen aus. Viele Wörter existieren allein im Bairischen und sind dem Sprecher des reinen Hochdeutschen vollkommen unbekannt. Dazu kommt eine gewaltige Zahl von Sprüchen, stereotypen Redewendungen und häufig gebrauchten speziellen Formulierungen, die den bairischen Dialekt zu dem machen, was er ist.

Die Vielfalt dieser sprachlichen Ausdrucksmöglichkeiten hat in den letzten Jahrzehnten durch das Vorrücken des Schriftdeutschen in allen Lebensbereichen – vom Kindergarten bis zum Altenheim – starke Einschränkungen erfahren müssen. Dialekt gehörte lange Zeit nicht mehr zum guten Ton, und so war und ist das urtümliche Bairisch unweigerlich auf dem Rückzug. Vor allem die früher selbstverständliche, wortgewaltige und hintersinnige Derbheit wurde meist nur noch als Zeichen fehlender Bildung und Kultur missverstanden und nach und nach ausgemerzt.

Diese Vielfalt und Einzigartigkeit des Dialekts darf nicht völlig verloren gehen. Damit auch nachfolgende Generationen noch einen Zugang zur kraftvollen Bildhaftigkeit und Schönheit der bairischen Sprache finden und sich daran erfreuen können, aber auch um Kennern und Schätzern des Bairischen ein Erinnerungs- und Lesevergnügen zu bereiten, sind hier über 1.000 der vor kaum einem Jahrhundert noch allerorten in Bayern gängigen Sprüche, Redensarten und Lebensweisheiten versammelt, nach Themenfeldern gegliedert und erläutert.

Auf die Idee, bairische Sprüche und Redewendungen zu sammeln, bin ich gekommen, als ich die Lebenserinnerungen meiner Eltern zu Papier brachte und dabei auf Videoaufzeichungen zurückgriff, in denen sie aus ihrem Leben erzählten. Dabei wurde mir bewusst, wie viele der bairischen Wörter und Sprüche aus ihrem alltäglichen Wortschatz heute bereits weitgehend unbekannt sind. Erfasst wurde bei meinen Recherchen also vor allem der bairische Dialekt in der Form, wie er zur Jugendzeit meiner Eltern in der Gegend zwischen München und Ingolstadt gesprochen wurde. Diese Ausformung des Bairischen ist der in anderen oberbayerischen Gegenden sehr ähnlich, gegenüber Niederbayern und der Oberpfalz gibt es etwas größere Abweichungen, ebenso gegenüber den angrenzenden Regionen Österreichs.

Ein heikles Feld ist die besondere Derbheit der früheren Bayern: handfest, aber niemals ohne Augenzwinkern. Dass es sich dabei, zumindest in alten Zeiten, nicht um eine rein bayerische Spezialität gehandelt haben kann, zeigt aber der bekannte Spruch: „Warum rülpset und furzet ihr nicht, hat es euch nicht geschmacket?" – egal, ob er von Luther oder Goethe stammt. Derbheit und Grobheit der Bayern drückten sich nicht nur in Rauflust und fehlenden Manieren, sondern vor allem auch in der Wortwahl aus. So war die – heute auch im Freistaat verpönte – Fäkalsprache in der früheren Alltagssprache ständig präsent und niemand musste sich schämen oder rechtfertigen, wenn er Wörter in den Mund nahm, die sich rund um den Allerwertesten und seine diversen Aktivitäten drehten. Das Gleiche galt für Ausdrücke, die sich den sekundären wie auch primären Geschlechtsmerkmalen von Mann und Frau oder den erotischen Verwicklungen zwischen den beiden widmeten. Viele solcher Wörter haben Eingang in Redewendungen des bairischen Dialekts gefunden. Ein Buch über bairische Sprüche wäre unvollständig, würde man aus falsch verstandener Rücksichtnahme auf heutige Befindlichkeiten auf diese spezielle Form der bayerischen Lebensart verzichten.

Ähnlich verhält es sich mit dem Verhältnis von Mann und Frau in unserer über lange Zeit patriarchalisch geprägten Gesellschaft. Der ein oder andere Spruch zu diesem Thema ist aus heutiger Sicht zweifellos als frauenfeindlich einzustufen. Aber auch hier gilt: Die wiedergegebenen Sprüche und Redewendungen stammen weitgehend aus der Zeit zu Beginn des letzten Jahrhunderts, spiegeln daher die damalige gesellschaftliche Situation wider und sind ebenso unverzichtbar für den hier angestrebten Überblick über alle Facetten des bairischen Dialekts wie ihre skatologischen Genossen.

Jeder Lebensbereich hat einst seinen Eingang in die eigene Ausdrucksweise der Bayern gefunden, nichts wurde damals ausgespart. Von der Geburt über Hochzeit, Religion, Gesundheit, Erfolg und Misserfolg im Leben bis hin zum Sterbebett wurde man von den passenden Sprüchen begleitet. Diesen zahllosen alten Redewendungen, die einst in aller

Munde waren, soll in diesem Buch zu neuer Aufmerksamkeit verholfen werden. Zusammengenommen ergeben sie ein wunderbares Bild der bayerischen Mentalität und Identität, wie sie sich in der Sprache manifestiert.

Darstellungsform der Sprüche und Redewendungen

Der jeweilige Spruch bzw. die Redewendung präsentiert sich fett gedruckt im bairischen Dialekt, gefolgt von einer wörtlichen „Übersetzung" ins Schriftdeutsche. In den weiteren Zeilen schließt sich die inhaltliche Umsetzung ins Hochdeutsche samt allen nötigen, interessanten oder einfach unterhaltsamen Erläuterungen zum Spruch an.

Herkunft der Sprüche und Redewendungen

Die Herkunft der einzelnen Sprüche und Redewendungen lässt sich meist schon aus ihrem Wortlaut ablesen und erschließen, allerdings führt diese Herangehensweise nicht immer zum Erfolg. Steckt hinter dem Ursprung eines Spruchs mehr als dieser erahnen lässt, sind ihm nach Möglichkeit eindeutige etymologische oder zumindest historische Erklärungen seiner Herkunft beigegeben. Hin und wieder bleibt aber auch diese „Ursachenforschung" ergebnislos, man trifft auf zu viele unterschiedliche Meinungen und muss im Zweifel zum Schluss kommen: „Nix Gwiss woàß mà net!" (Nichts Gewisses weiß man nicht!) Sollte die Frage der Herkunft nicht mit Sicherheit beantwortet werden können, überlassen wir sie also dem wissenschaftlichen Streitgespräch der Fachleute.

Bairisch ist eine Sprache, keine Schreibe

Das heißt, dass es für das Bairische keine einheitliche Schreibweise, geschweige denn eine empfohlene oder verbindliche Rechtschreibung gibt. Sprüche und Redewendungen folgen in diesem Buch daher grundsätzlich dem mündlichen Dialekt, also der bairischen Sprech-Sprache. Jeder Ausdruck wurde so niedergeschrieben wie er ausgesprochen wird.Auf eine Darstellung nach den Zeichen und Regeln der Lautschrift wurde dennoch verzichtet. Dies wäre dem genussvollen Lesen nicht zuträglich. Und es ist auch gar nicht notwendig: Um den Besonderheiten des gesprochenen Bairisch gewissenhaft Rechnung zu tragen, sind nur einige wenige Ergänzungen gegenüber dem Schriftdeutschen bzw. der heute weit verbreiteten, einen Tick zu simplen Schreibweise des bairischen Dialekts erforderlich. Berücksichtigt man diese Besonderheiten, so kann man die Sprüche und Redewendungen mit ein bisschen Übung – und eventuell der lautmalerischen Hilfe eines des bairischen Dialekts Mächtigen – so ablesen, wie sie der Bayer spricht. Im Einzelnen geht es dabei um folgende Spezialitäten:

Die verschiedenen Ausformungen von „a“ und „e“

In Bayern bekommen die Vokale „a“ und „e“ von den Sprechern des Dialekts gern einen ganz besonderen Klang verpasst.
Die verschiedenen Formen, die das gesprochene „a“ annehmen kann, schlagen sich im geschriebenen Text dieses Buchs auf folgende drei Arten nieder:
a = volles, offenes „a“
à = helles, breites „a“
Wie bei „kàffà“ (kaufen), „Bààm“ (Baum) oder – im Hochdeutschen – „Àktion“ oder „ovàl“.
å = dunkles, tief im Rachen angesetztes „a“
Ein Laut zwischen „a“ und „o“. In der Regel ist das „å“ ein lang gesprochener Laut, wie bei „båån“ (baden) oder „fåhn“ (fahren), ohne dass dies zwingend extra durch die Doppelung des Vokals angezeigt wird. Im Hochdeutschen gibt es diese Form („å“) nicht, allenfalls eine ähnlich klingende Variante des „o“, wie z. B. in „Ordnung“, „Orgel“ oder „Ort“.

Auch vom Buchstaben „e“ gibt es im Bairischen eine hell gesprochene Version:
è = helles, breites „e“
Wie bei „drèpfèn“ (tröpfeln).
Im Gegensatz zu den deutlich unterschiedlichen Formen des „a“ ist hier die Kennzeichnung nicht zwingend geboten, der Unterschied zwischen „e“ und „è“ ist nur gering. Sie erleichtert zwar grundsätzlich die Aussprache des jeweiligen bairischen Spruchs, sollte den Dialektunkundigen, der den Unterschied wahrscheinlich kaum hören wird, aber nicht irritieren.

Alle übrigen Vokale wie Konsonanten lassen sich mit den Buchstaben des hochdeutschen Alphabets problemlos darstellen. Oder anders ausgedrückt: Das bairische Alphabet umfasst zwei Buchstaben (Vokale) mehr als das hochdeutsche.

Besonderheiten bei „i“ und „e“: Assimilierung

Der Sprecher des Bairischen ist kein Anhänger der Konsonantenfolge bzw. des Lauts „ch“. Liest man bairische Texte, so wird ein „ich“ schnell zum „i“ verkürzt, ein „dich“ zum „di“ – siehe „Zupf di!“ (Verzieh dich!) – und aus dem „Rettich“ wird ein „Ràdi“.
Wie diese Beispiele zeigen, wird das „i“, auf das die übriggebliebene letzte Silbe endet, vorerst im Dialekt beibehalten. Nun tut sich der Bayer allerdings auch wesentlich leichter beim Aussprechen des lockeren, entspannt im Mund gebildeten „e“ als beim hohen, eher gepressten „i“. Nach Möglichkeit wird also das ursprüngliche oder durch eine Kürzung des hochdeutschen Worts zustande gekommene „i“ zum angenehmeren „e“ umgeformt – es wird assimiliert.
Für die obigen Beispiele „ich“ und „dich“ kann man festhalten: Nur wenn das bairische „i“ bzw. „di“ am Anfang eines Satzes steht oder extra betont wird, bleibt es beim „i“. Ansonsten wird durch Assimilierung ein „e“ daraus.

Konkret sieht das dann folgendermaßen aus:

Di hât d’ Sunnà gscheit dàwischt. (Dich hat die Sonne stark erwischt – mit Betonung des Angesprochenen: „Di“/„Dich“ steht am Anfang des Satzes.)
D’ Sunnà hât de gscheit dàwischt. (Die Sonne hat dich stark erwischt.)
Oder:
I mächt dàvolàffà. (Ich möchte davonlaufen – der Sprecher betont, dass es genau er ist, der sich bald seinem Ärger Luft machen muss.)
Dàvolàffà mächt e. (Davonlaufen möchte ich.)

Bindelaute und Assimilierungen

Stoßen bei zwei aufeinander folgenden Wörtern an Ende und Anfang zwei Vokale aufeinander, dann geht dies dem Sprecher meist nicht leicht von der Zunge: die Häufung der Vokale stört. Deshalb wird im Bairischen dem Sprachfluss zuliebe häufig ein Konsonant als Bindelaut dazwischen geschoben:

Wià-r-à gsengte Sau is à gfåhn. (Wie eine gesengte Sau ist er gefahren.)
Oder:
Jetz geht àn anderer Wind! (Jetzt geht ein anderer Wind!)
Auch zwei aneinander stoßende Konsonanten, die als Lautfolge nicht so recht miteinander harmonieren wollen, können zur Erleichterung der Aussprache angepasst werden:
„Die Farbe", auf bairisch auch eigentlich „d' Farb", wird zu: „b' Farb".
Das kann manchmal dazu führen, dass der Artikel zumindest textlich ganz verloren geht:
„Die Bratwurst", bairisch „d' Bråtwurscht", wird über „b' Bråtwurscht" schließlich zu: „'Bråtwurscht".
Zwei gleiche aufeinander folgende Konsonanten werden nur einmal gesprochen und daher in diesem Buch auch nur einmal geschrieben.
Weitere Wortkürzungen, auf die meistens Assimilierungen folgen, gibt es bei den Endsilben „-ben", „-den" und „-gen". Im Interesse der größtmöglichen Nähe zum bairischen Dialekt werden auch diese Wörter so geschrieben, wie man sie ausspricht, z. B.:
bleiben – „bleim"
werden – „wern"
Laden – „Lån"
wiegen – „wiàng"
Augen – „Aung"
Abschließend kann man hierzu sagen: Die Vereinfachung der Aussprache ist im Bairischen bei so manchem Wort der Grund für eine Veränderung der ursprünglichen Buchstabenfolge – so wird z. B. aus einem „zum" regelmäßig ein leichter von der Zunge springendes „zon".

Doppelte Verneinung

Die Doppelte Verneinung ist im Bairischen keine klassische rhetorische Stilfigur. Mit einer Litotes, der doppelten Verneinung, mit der eine Sache vorsichtig bejaht werden soll (Die haben hier *nicht das schlechteste* Essen), hat man als Sprecher des in der Regel sehr direkten Bairisch nicht viel am Hut. Typisch für den bairischen Dialekt soll vielmehr durch die Doppelung das eigentliche „Nein" verstärkt werden:
Då mach mà heit koà Gschäft net.

Wörtlich „übersetzt“: Da machen wir heute kein Geschäft nicht. Gemeint ist, dass heute die Chancen für einen Handel aufgrund zu schlechter Konditionen des Handelspartners überhaupt nicht gut stehen, also: Da machen wir heute kein Geschäft.

Genitiv, Dativ oder Akkusativ

Im Bairischen kommt der Genitiv so gut wie gar nicht vor, auch der Dativ genießt keine Zuneigung und wird oft durch den Akkusativ ersetzt. Bei den Sprüchen und Redewendungen heißt es also häufig „den“ statt „dem“ usw. Gelegentlich kommt aber auch der umgekehrte Fall vor. Der grammatikalischen Korrektheit wird bei der Übersetzung ins Schriftdeutsche natürlich wieder mit dem passenden Kasus Rechnung getragen.

Dehnungen

Lang, also gedehnt gesprochene Vokale oder Umlaute werden durch Doppelung des entsprechenden Vokals gekennzeichnet: schee (schön), Sååg (Sack).

„Fei“

In den Sprüchen wird man gelegentlich auf das Wort „fei“ stoßen. Diese Spezialität der bairischen Sprache wurde von den Bayern im Jahr 2004 sogar zum Lieblingswort gewählt, auch wenn die Herkunft von „fei“ nicht ganz geklärt ist. Die aussichtsreichsten Kandidaten für den Ursprung der kurzen Buchstabenfolge sind das lateinische „finis“ (Ende, Grenze), das französische „fin“ (Ende) und nicht zu vergessen auch das deutsche „fein“.

Die Möglichkeiten, „fei“ in einen Satz einfließen zu lassen, sind mannigfaltig und dabei kommen dem kleinen Wörtchen die unterschiedlichsten Bedeutungen zu: Je nachdem kann es als reine Verstärkung einer Aussage daherkommen, als Hinweis, Bitte, Betonung, Drohung, Verbot, Respektsbekundung – der Bayer bringt all das ökonomisch mit nur einer Silbe zum Ausdruck. Im Hochdeutschen hat man es weniger leicht, hier muss man auf die vielen vergleichsweise umständlichen Varianten von „fei“ zurückgreifen, z. B.: „damit du es ja weißt“, „auf jeden/keinen Fall“, „wirklich“, „sicher“, „aber“, „ja“.

UM À SCHLÅGÀDE KUAH
UND À BÄTÀDS WEI MUÀß MÀ
AN GROUßEN BOONG
MACHÀ.

Unser Glààm

Die katholische Religion

Der Tagesablauf der Bayern wurde früher sehr stark von der katholischen Religion bestimmt. Der Tag begann mit dem Betläuten, das die Leute zum Morgengebet rief, darauf folgte die tägliche Frühmesse in der Kirche, mittags das Zwölf-Uhr-Läuten und vor dem Essen das Tischgebet, ohne das keiner zu Messer und Gabel gegriffen hätte. Beschlossen wurde das Tagwerk wiederum mit dem abendlichen Betläuten. In der Stube und in den Schlafräumen hing neben der Tür in Griffhöhe ein Weihwasserkesserl, gefüllt mit vom Pfarrer gesegneten Weihwasser, das man sich aus der Kirche holte. Man begrüßte sich ebenso selbstverständlich wie gottesfürchtig mit „Griaß God" (Grüß Gott) und verabschiedete sich mit „Pfià God" (Behüt' dich Gott). Wurde ein neuer Laib Brot angeschnitten, so machte die Bäuerin zuvor mit dem Messer ein Kreuzzeichen auf den Boden des Laibs. Man ging regelmäßig zur Beichte, wo man dem Pfarrer im Beichtstuhl seine Sünden vortrug, worauf einem dieser die Absolution erteilte und sich hoffentlich bei der Buße gnädig zeigte und nur ein paar Vaterunser zu beten aufgab.
Bis heute ist diese Allgegenwart des Religiösen fast überall sicht- und spürbar, in ländlichen Gegenden hat sich der Glaube auch noch durchaus einen ordentlichen Anteil am Alltag bewahrt. Selbst Ungläubige lassen sich zu dem Spruch hinreißen: „Ich bin Atheist – Gott sei dank!". Aus dieser großen Volksfrömmigkeit sind natürlich viele Sprüche und Redewendungen entstanden, und angesichts der einstigen Dominanz der Religion, besonders der katholischen, beginnen wir mit diesem Thema.

ÀN HERRGOD
ÀN GUÀDN MO SEI LASSN.

Der liebe Gott und sein Personal

Aus vielen Sprüchen zur Religion ist der Respekt und die Hochachtung vor Gott und seinen irdischen Vertretern ablesbar. Aber wenngleich die meisten Bayern doch tiefgläubige Menschen waren, so ließen daneben auch immer ein paar die gebotene Achtung und Demut vor theologischer Autorität vermissen. Es gab wohl zu jeder Zeit die Unglücklichen, die auf den Herrgott schimpften und sich mit despektierlichen Bemerkungen Luft machen mussten. Aber manchmal hilft eben nur ein herzhafter Fluch, um das seelische Gleichgewicht wieder ins Lot zu bringen.

Griàß God! – Pfià God! / Grüß Gott! – Behüt' dich Gott!

Dies sind die beiden in Bayern üblichen Formulierungen für Begrüßung und Verabschiedung. Grüßt man eine ganze Gruppe von Personen, kann man auch „Griàßgobbeinand" (Grüß Gott beieinander) anbringen. Ist man mit der zu grüßenden Person per Sie, so sagt man nicht „Griàß Sie God" (Grüße Sie Gott), sondern „Griàß Eàhnà God" (Grüße Ihnen Gott). Eine schlechte Nachricht kommentiert man mit „Ja pfiàt de God" (Ja behüte dich Gott).

Vergöit's God! – Seng's God! / Vergelte es Gott! – Segne es Gott!

Anstelle des heutigen „Danke" und „Bitte" waren früher diese Worte üblich. Der Dank konnte auch verkürzt mit „Göit's God" formuliert werden.

Höif dà God! – Dank dà God! / Helf dir Gott! – Dank dir Gott!

Musste jemand niesen, dann wünschte man ihm Gottes Hilfe, und der Niesende bedankte sich wiederum mit dem Wunsch, Gott möge seinem Gegenüber die Fürsorge danken. Auch hier gibt es die Kurzformen „Höif God!" und „Dank God!". Folgte gleich anschließend ein zweites Niesen, so konnte man den ursprünglichen guten Wunsch mit dem Zusatz „Dass' wåhr is" (Damit es wahr ist) erweitern. Angeblich kommt der Appell, Gott möge helfen, daher, dass Niesen als erstes Anzeichen für die Ansteckung mit der Pest galt. In diesem Fall konnte in früheren Zeiten wirklich nur Gott helfen und selbst der war mit seinem Beistand sehr zurückhaltend.

Woàß God wo. / Weiß Gott wo.

Bedeutet „irgendwo" oder auch „von weit her", von so weit her, dass nur Gott den Ort kennt, z. B.: „De hoin d' Epfe öiwà woàß God wo" (Die holen die Äpfel immer von weit her).

Um Gottes Himmès Wuin. / Um Gott des Himmels Willen.

Jessàsjessàsnà. / Jesus, Jesus, nein.

Jessàsmaria (und Josef). / Jesus Maria (und Josef).

Hier handelt es sich allesamt um Ausrufe der Überraschung, die selbstverständlich Gott und die Heilige Familie miteinbeziehen.

Àn Herrgod àn guàdn Mo sei lassn. / Den Herrgott einen guten Mann sein lassen.

Den Tag unbekümmert verbringen, es sich einfach gut gehen lassen, ohne darüber nachzudenken, ob dieses Verhalten auch im Sinne Gottes ist.

Himmevaddà schiàß, glåån is scho! / Himmelvater schieß, geladen ist schon!, sagte man gern, wenn man sich besonders geärgert hatte, z. B. wenn einem Mitspieler beim Schafkopfen ein grober Fehler unterlaufen war.

Dà Himmevaddà schimpft. / Der Himmelvater schimpft.

So erklärte man Kindern die Ursache des Donners. Eine andere Erklärung war:

Dà Petrus duàt kegelscheim. / Der Petrus tut kegelscheiben (kegeln).

So wie Kegelfiguren mit viel Getöse von der Kugel umgeworfen werden, donnerte es in den Wolken, wenn der heilige Petrus – der ja gern als himmlischer Wettermacher angerufen wird – dort oben mit dem Spiel beschäftigt war.

Jetz håt de dà Himmevaddà gstraft. / Jetzt hat dich der Himmelvater bestraft.

Hatte sich jemand ungebührlich benommen und kurz darauf durch eigenes Verschulden verletzt, musste er sich dazu noch anhören, diese Strafe zu Recht von höchster Stelle erhalten zu haben. Sehr häufig fand der Spruch Anwendung, wenn jemand bei handwerklicher Arbeit geflucht und sich anschließend weh getan, sich z. B. mit dem Hammer auf den Daumen geschlagen hatte.

Alloà is àn Himmè drin net schè. / Alleine ist es im Himmel drinnen nicht schön.
Der Mensch braucht die Geselligkeit, andernfalls ist es sogar im Himmel, dem Inbegriff des Glücks, langweilig.

Für jedes Häslein wächst ein Gräslein,
pflegten die geistlichen Herren zu sagen, wann immer sie den göttlichen Wunsch nach einer großen Kinderschar predigten, ihre Schäflein aber darüber klagten, dass sie diese mit ihrem kargen Einkommen nicht ernähren konnten. Zu Recht erhielten die Pfarrer darauf die Antwort:
I konn aber meine Kinder net zum Gråsn nausschickà. / Ich kann aber meine Kinder nicht zum Grasen hinausschicken.

Wià dà Pfarrer um Kirchà rumgeht. / Wie der Pfarrer um die Kirche herumgeht.
Mit diesen Worten erklärte man, was der Begriff „Im Uhrzeigersinn" bedeutet. Früher war es üblich, dass der Pfarrer vor dem sonntäglichen Hauptgottesdienst zusammen mit einem Ministranten im Uhrzeigersinn die Kirche umrundete, Kirche und Friedhof segnete und dabei mit Weihwasser besprengte.

Der håt sein Jàhrling wieder beinander. / Der hat seinen Jährling wieder zusammen.
Der war in den letzten 12 Monaten nicht bei der Beichte. Beim „Jàhrling" handelt es sich um die Summe der Sünden, die in der Zeit zwischen dem letzten und aktuellen Osterfest aufgelaufen sind und für die der Betroffene vom Pfarrer keine Vergebung (Absolution) erhalten hat, weil er nicht zur Beichte gegangen ist. Hintergrund davon ist eine Vorschrift der katholischen Kirche, nach der man regelmäßig, mindestens aber ein Mal im Jahr (dann möglichst an Ostern) beichten, also seine Sünden dem Pfarrer im Beichtstuhl bekennen sollte. Hatte dieser einen dann von seinem Sündenballast losgesprochen, konnte man wieder „mit reiner Seele" die Heilige Kommunion empfangen. Wer dabei die volle Jahresfrist ausschöpfte, seinen „Jàhrling" also beieinander hatte, musste sowohl vom Pfarrer als

auch von Seiten der gläubigen Mitmenschen mit kritischen Kommentaren rechnen.

Då dàt e mir ja Sünden fürchten. / Da würde ich mich ja davor fürchten, eine Sünde zu begehen.
Hiermit wird bekräftigt, dass man etwas Bestimmtes wegen der damit verbundenen Sünde auf keinen Fall tun würde.

Für àn Briminzsegn làfft mà se scho à båår Stiefesoin durch. / Für einen Primizsegen läuft man sich schon ein paar Stiefelsohlen durch.
Die Primiz ist die erste Heilige Messe, die ein katholischer Geistlicher nach seiner Priesterweihe feiert – und zwar in seinem Heimatort. Zu einer solchen Feier kamen die Gläubigen von nah und fern, oft auch zu Fuß, sodass es durchaus vorkommen konnte, dass sie auf dem langen Weg ihre Schuhsohlen durchscheuerten und diese nach ihrer Rückkehr vom Schuster erneuert werden mussten. Dies nahmen die Gläubigen aber gerne in Kauf, weil man dem Primizsegen, also dem Segen eines frisch geweihten Priesters, eine ganz besondere Kraft zuschrieb. Dem dürfte die Überlegung und auch die Erfahrung zu Grunde liegen, dass junge Männer noch voll in Kraft und Saft stehen, was man auch dem jeweiligen jungen, unverbrauchten Priester zutraute.

Heiliger Antonius, kreizguàdà Mo, wo håw e denn bloß mein Hausschlissl hi do? / Heiliger Antonius, kreuzguter Mann, wo hab ich denn bloß meinen Hausschlüssel hingetan?
Dieses gereimte „Stoßgebet“ betete man, wenn man einen Gegenstand, z. B. den Hausschlüssel, vergeblich suchte. Da es dazu den treffenden Grundsatz „’s Haus verliert nix“ (Das Haus verliert nichts) gibt, hat der Heilige Antonius auch tatsächlich meistens geholfen, den gesuchten Gegenstand wiederzufinden.

Den ham s’ katholisch gmacht! / Den haben sie katholisch gemacht!
Der wurde auf den „rechten Weg“ gebracht. Der Spruch stammt aus der Zeit nach der Reformation Martin Luthers, als sich manche Gebiete in Deutschland der neuen protestantischen Lehre anschlossen, aber von den Konservativen mit Gewalt wieder zur Rückkehr zum katholischen Glauben gezwungen, also „katholisch gemacht“ wurden.

Um à schlågàde Kuah und à bätàds Wei muàß mà an groußen Boong machà. / Um eine schlagende Kuh und ein bigottes Weib muss man einen großen Bogen machen.

Einen großen Bogen muss man um alles machen, was gefährlich ist. Dies trifft auf eine Kuh, die nach einem tritt, ebenso zu wie auf eine bigotte Frau. Bei dieser besteht zwar nicht die Gefahr, dass sie ausschlägt, aber auf Grund ihrer Scheinheiligkeit und übertriebenen Frömmelei kann auch sie nicht gut für die Gesundheit sein.

Wenn s' ålle neigàngàdn, na dààn s' net neigeh, aber weil s' net ålle neigengà, drum gengà s' leicht nei. / Würden sie alle hineingehen, dann würden sie nicht hineinpassen, aber weil nicht alle hineingehen, passen sie leicht hinein.

Der Spruch bezieht sich auf die Kapazität der bayerischen Kirchen und bedeutet: Wenn alle Katholiken im Dorf in die Sonntagsmesse gehen würden, dann würden sie nicht in die Kirche hineinpassen, nachdem aber nicht alle in die Sonntagsmesse gehen, passen sie problemlos hinein.

Oàn gottzign Schwàmmerl hammà gfundn. / Einen einzigen Pilz haben wir gefunden.

Im Christentum gibt es wie in jeder monotheistischen Religion nur einen Gott, einen einzigen. Deshalb gilt im Bairischen „gottzig“ als Synonym für „einzig“.

'S Kreiz mach e, wenn … / Das Kreuzzeichen werde ich machen, wenn …

Am Schluss einer liturgischen Handlung oder nach dem Besuch eines Grabes bekreuzigen sich die Katholiken. Damit wird zum Ausdruck gebracht, dass diese Prozedur abgeschlossen ist. Der Spruch wird meist aber im übertragenen Sinn verwendet und bedeutet dann, dass man sehr erleichtert sein wird, sobald ein bestimmtes Ereignis eingetreten bzw. überstanden und man dann von einer großen Last befreit sein wird. B.: „'S Kreiz mach e, wenn der Buà sei Prüfung bstandn håt.“ (Ich werde das Kreuzzeichen machen, wenn mein Sohn seine Prüfung bestanden hat).

Auch Flüche sind Sprüche

Die in Bayern gebräuchlichen Flüche bestehen vor allem aus den „heiligen“ Wörtern Herrgott, Himmel, Sakrament, Kreuz, Kruzifix und Al-

leluja, wobei der Deife (Teufel) auch nicht fehlen darf und alle diese Begriffe einzeln verwendet oder in beliebigen Kombinationen zum Fluch der Wahl zusammengesetzt werden dürfen:
HimmeHerrgottSakrament, KreizKruzifix, KruzifixSakrament, KreizKrutzifixSakrament, KrutzifixHerrgottSakrament, KreizHimmeHerrgott, KreizDeife
Auch Verbindungen mit einem verstärkenden Präfix sind möglich, z. B.:
Bluàdssakrament
Oder vor- bzw. nachgestellte Verbindungen mit beliebigen zur Situation passenden Substantiven, siehe:
Sakramentsweiber, Kruzifixgschwerl
„Gschwerl" ist eine Bezeichnung für Gesindel.

Zum Teil werden die „heiligen" Wörter auch abgewandelt und somit abgeschwächt, um einen Verstoß gegen das kirchliche Fluchverbot zu umgehen, z. B.:
Hàggodsà, Herrgottsà, Kruzifünferl, Kruzitürkn (der gefürchteten Türken wegen)**, Kruzinäsn** (der gefürchteten Chinesen wegen)**, Kruziment, Sàcklzement, Zàppràdi, Zàggràdi, Sàggràdi, Sàppràwoid, Sàxndi, Zefix**

Pfui Deife!

Der Teufel ist der Fürst der Hölle, dem feurigen Ort ewiger Qualen, wo Menschen mit besonders vielen und schweren Sünden nach ihrem Tod in unendlicher Verdammung schmoren – jedenfalls haben die geistlichen Herren der katholischen Kirche das über viele Jahrhunderte hinweg so gelehrt. Trotz ausgeprägter Religiosität hat sich allerdings die Angst der Bayern vor Hölle und Teufel stets in Grenzen gehalten. Zum einen ist sich der Bayer sicher, dass er dem Teufel aufgrund seiner Bauernschläue und Schlitzohrigkeit jederzeit ein Schnippchen schlagen würde, wenn es der Beelzebub denn auf ihn abgesehen hätte. Zum anderen gibt ja die katholische Kirche ihren Schäfchen die Möglichkeit, sich ihrer Sünden regelmäßig vom Beichtvater lossprechen zu lassen. Wer so die Absolution erhalten hat und von seinen Sünden befreit wurde, muss keine Angst mehr vor der ewigen Verdammnis haben.
Andererseits bietet die lange Zeit für gesichert angenommene Existenz des Teufels durchaus auch Vorteile. So steht das Wort „Deife" (Teufel) als Syno-

nym für alles Böse und Schlechte und erweitert damit die Ausdrucksmöglichkeiten im bairischen Dialekt. Auch konnte man den Kindern wunderbar mit dem Höllenfürst Angst einjagen, ihn also quasi als „pädagogische Maßnahme“ einsetzen. Ferner eröffnet der Teufel die Möglichkeit, bösen Wünschen gegenüber missliebigen Mitmenschen oder Charakterisierungen derselben mit einem Bezug auf ihn besonders drastisch Ausdruck zu verleihen.

Pfui Deife! / Pfui Teufel!

Ein Ausdruck der Entrüstung und des Abscheus im weitesten Sinne. Hat z. B. jemand etwas Verwerfliches getan, dann schimpft man ihn: „Ja pfui Deife, schàmst de du denn går net?“ (Ja pfui Teufel, schämst du dich denn gar nicht?). War die Tat besonders schlimm, untermauert man diesen Spruch noch damit, dass man vor dem Übeltäter auf den Boden spuckt. Beißt man in einen verfaulten Apfel, spuckt man den Bissen wieder aus und sagt: „Pfui Deife, der is ja scho dàfeit“ (Pfui Teufel, der ist ja schon verfault). Auch wenn man jemandem gegenüber seine allgemeine Missachtung ausdrücken will, kann man das mit einem „Pfui Deife“ tun oder ihn mit „Du greisliger Pfui Deife“ (Du hässlicher Pfui Teufel) titulieren.

Den soi dà Deife hoin! / Den soll der Teufel holen!

Dem wünsche ich alles Schlechte, sogar dass ihn der Teufel holt und er in der Hölle schmoren muss. Ein böser Wunsch an jemanden, den man ganz und gar nicht leiden kann.

Den dàt e zon Deife haun. / Den würde ich zum Teufel hauen (jagen).

Empfehlung an jemanden, der einen Ehepartner, Freund oder auch Mitarbeiter hat, der faul ist oder andere schlechte Eigenschaften aufweist, die man auf Dauer nicht akzeptieren kann. Um zu bekräftigen, dass man auch selbst so handeln würden, kann man dazu auch formulieren: „Den häd e scho lang zon Deife ghaut.“ (Den hätte ich schon lange zum Teufel gejagt.)

De håt àn Deife. / Die hat einen Teufel.

Das ist eine ausgesprochen böse Person, sie verhält sich wie vom Teufel besessen. Außer einer Person kann auch eine Sache oder eine Situation „àn Deife håm“ (einen Teufel haben). Dann sagt man auch:

Des håt àn Deife gseng. / Das hat den Teufel gesehen.

Das bedeutet, dass eine vertrackte, verflixte Sache oder Situation für Schwierigkeiten sorgt, dass in ihr der Teufel steckt, der an den Problemen schuld ist. Z. B.: „Mei Bieß, des håt àn Ofang àn Deife ghåbt." (Meine falschen Zähne – meine Zahnprothese – haben mir am Anfang große Schwierigkeiten gemacht.)

Då is dà Deife los. / Da ist der Teufel los.

Dort, wo der Teufel losgelassen ist, also keinerlei Beschränkung unterliegt, dort ist jegliche Ordnung dahin, da geht's drunter und drüber. Abgesehen von wilden Festen, auf denen die Anwesenden außer Rand und Band feiern, findet der Ausdruck auch in anderen Situationen Anwendung: Erfuhr z. B. der Vater, dass sein Sprössling etwas Schlimmes angestellt hat, dann war „dà Deife los", sobald er nach Hause kam, d. h. dass die Zeit für eine handfeste Strafe angebrochen war.

Der zreißt koàn Deife net. / Der zerreißt keinen Teufel.

Der bringt nichts oder kaum etwas zustande. Einen Teufel zu zerreissen, ist eine schwierige Angelegenheit und setzt Kraft und Schläue voraus, was aber beides bei dieser Person nicht vorhanden ist. Auffällig ist die im Bairischen übliche doppelte Verneinung, die hier die Unfähigkeit des Beschriebenen noch untermauert.

Wià dà Deife. / Wie der Teufel.

Dieser Vergleich ersetzt im Bairischen gern einen Superlativ oder bringt eine extreme Situation zum Ausdruck, z. B.:

Der fahrt wià dà Deife. / Der fährt wie der Teufel.

Der fährt sehr schnell, der rast.

De is naus wià dà Deife. / Die ist hinaus(gerannt) wie der Teufel.

Die hat das Haus im Laufschritt verlassen.

'S Wasser is dàherkemà wià dà Deife. / Das Wasser ist dahergekommen wie der Teufel.

Bei der Überschwemmung kam das Wasser in einer extrem großen Menge bzw. sehr schnell daher.

Gschaugt håt s' wià dà Deife. / Geschaut hat sie wie der Teufel.

Ihr Gesichtsausdruck war so grimmig wie der des Teufels.

Wià's dà Deife håm wui. / Wie es der Teufel haben will.

Der Teufel ist bekanntermaßen für alles Böse in der Welt verantwortlich. Naturgemäß gilt er also auch als Verursacher, wenn ein Ereignis zu einem sehr ungünstigen Zeitpunkt eintritt. Waren z. B. die Buben in Pfarrers Garten beim Stehlen der Äpfel zugange und kam ausgerechnet in diesem Moment der Apfelbaumbesitzer vorbei, so sagte man: „Wià's dà Deife håm wui, kimmt då der Pfarrer daher.“ (Wie es der Teufel haben will, kommt da der Pfarrer daher).

À, woàß dà Deife. / Ach, weiß der Teufel.

Oder anders gesagt: Ich weiß es doch auch nicht, kann es nicht wissen, das weiß höchstens der Teufel.

Dá ganze Profit is beim Deife. / Der gesamte Profit ist beim Teufel.

Läuft ein Geschäft nicht wie erwartet, entstehen zusätzliche Ausgaben und vermindert sich der Ertrag, sodass schließlich überhaupt kein Gewinn mehr übrig bleibt, dann ist der Teufel nicht weit.

Des konn koàn Deife kostn. / Das kann keinen Teufel kosten.

Das kann nicht viel kosten, das kann man schon riskieren. Selbst wenn es nicht klappt, hält sich der Verlust in engen Grenzen.

Dà Deife huift seine Leid, aber hoin duàt er s' à. / Der Teufel hilft seinen Leuten, aber holen tut er sie auch.

Damit kommentiert man den – meist wirtschaftlichen – Erfolg mancher Leute und tröstet sich damit, dass diese zwar jetzt mithilfe des Teufels erfolgreich sind, am Ende aber dennoch in der Hölle schmoren werden.

Der is aufs Göid aus wià dà Deife auf die arme Söi. / Der ist aufs Geld aus wie der Teufel auf die arme Seele.

Einen besonders geldgierigen Menschen, der ohne Rücksicht auf seine Mitmenschen alle Möglichkeiten nutzt, um sein Vermögen zu vermehren – genauso rücksichtslos wie der Teufel auf seiner ständigen Suche nach frischen Seelen –, umschreibt man mit diesem Spruch.

Dà Deife scheißt öiwà auf den gleichen Hauffà. / Der Teufel scheißt immer auf denselben Haufen.

Damit kommentiert man einen erneuten Vermögenszuwachs bei ohnehin schon reichen Leuten, z. B. wenn ein reicher Bauer eine große Erbschaft macht. Der Spruch stellt auch klar, dass eine derart ungerechte Vermögensverteilung nicht vom gerechten Gott verursacht sein kann, dahinter muss der Teufel stecken.

De scheicht er wià dà Deife 's Weihwasser. / Die scheut er wie der Teufel das Weihwasser.
Vor dieser Person hat er besonders große Angst. Er macht um sie einen ebenso großen Bogen wie der Teufel um alles, was heilig ist, z. B. ums Weihwasser.

Wemmà àn Deife nennt, kimmt à grennt. / Wenn man den Teufel nennt, kommt er gerannt.
Wenn man vom Teufel spricht, dann erscheint er tatsächlich. Hat man gerade über jemanden gesprochen, der im selben Moment zur Tür hereinkommt, ist diese Redewendung angebracht. Scherzhaft gemeint ist der Spruch in der Regel, wenn man ihn direkt an den Betroffenen richtet – sagt man es nur zu anderen, so kommt darin eine gewisse Abneigung dem eben Eingetroffenen gegenüber zum Ausdruck.

„Weichs – scheich's", håt dà Deife gsagt und is über Aschbo hoàm. / „Weichs – scheue es", hat der Teufel gesagt und ist über Asbach nach Hause.
Weichs ist ein Ort in Oberbayern, der in der Umgebung wegen der Rauflust seiner Bewohner gefürchtet war. Man nahm deshalb an, dass sich nicht einmal der Teufel, der ja ansonsten vor nichts zurückschreckt, dorthin wagen und auf seinem Weg nach Hause in die Hölle lieber einen Umweg über den Nachbarort Asbach nehmen würde.

Wo 's Göid is, då is der Deife, wo koàns is, då is à zwoàmoi. / Wo Geld ist, da ist der Teufel, wo keines ist, da ist er zweimal.
Reiche Menschen streiten sich oft ums Geld oder darum, wie man es vernünftig ausgibt. Bei armen Leuten ist der Streit ums Geld aber noch viel schlimmer, weil es hier meist darum geht, genügend Geld für das Lebensnotwendige zusammenzuhalten, sodass für Luxus kaum etwas übrig bleibt.

Oin Deife miàssn s' ja reiziàng. / Allen Teufel müssen sie ja hereinziehen.

Der Teufel steht hier zusammenfassend für alles Schlechte, mit „sie“ sind etwas diffus diejenigen gemeint, die dafür verantwortlich sind, und „hereinziehen“ bedeutet „ins Land holen“. Der Spruch lautet daher anders ausgedrückt: „Alles Schlechte wird heutzutage ins Land geholt.“ Vor allem wird er bei Krankheiten angewandt, die aus dem Ausland eingeschleppt wurden, aber auch z. B. bei fremdländischen Tieren und Pflanzen, die hier gut gedeihen und dabei einheimische Arten verdrängen.

Àn Deife sei Schupftabak. / Dem Teufel sein Schupftabak.

Bayerischer Genitiv für: des Teufels Schnupftabak. So bezeichnet man eine nicht genießbare Pilzart, den Flaschenbovist, aus dem brauner, pulveriger Staub entweicht, wenn man auf ein Exemplar im ausgereiften Stadium tritt.

In der Nout frisst der Deife Fliàng. / In der Not frisst der Teufel Fliegen,

sagt man in einer Notlage oder ungünstigen Situation, in der man mit den geringen verfügbaren Mitteln zwangsläufig zufrieden sein muss. Wenn selbst der Teufel, der doch große Macht hat, in die Lage kommen kann, sich von Fliegen ernähren zu müssen, ist dies auch für einen in Not geratenen Menschen nichts Ungewöhnliches. Die zur Herkunft dieses Spruchs kursierende Erklärung, er gehe auf eine Geschichte im Alten Testament der Bibel zurück, ist relativ kompliziert. Sie beruht darauf, dass die Aramäer den Teufel als „ba'al-debaba“ bezeichneten – was „Herr der Fliegen“ bedeutet –, wovon sich das Wort „Beelzebub“ ableitet. Ethymologisch gebildete Wissenschaftler haben wohl krampfhaft einen Zusammenhang zwischen dem Herrn der Fliegen und unserem Spruch hergestellt. Für die Bayern ist allerdings der Beelzebub ebenso ein Fremdwort, wie ihnen wohl zu keiner Zeit die entsprechende Stelle im Alten Testament bekannt war.

De frisst àà-r-àn Deife, wenn eàm d' Häl ååghaut sàn. / Die frisst auch den Teufel, wenn ihm die Hörner abgeschlagen sind.

Mit diesen Worten wurden Personen beschrieben, die beim Essen überhaupt nicht wählerisch waren, sondern einfach alles aufaßen, was auf den Tisch kam, inklusive kleiner Knochen, „Gruschbe“ (Knorpel) oder „Flàxen“ (Sehnen).

Pass no auf, då kimmt der Gànkàl. / Pass nur auf, da kommt der Teufel.

Mit diesem Spruch jagte man Kindern Angst ein. „Gànkàl" klingt dabei bewusst etwas niedlicher als der hart gesprochene Teufel, sollte also bei aller erzieherischen Strenge etwas kindgerechter sein.

Geht's hoàm, sunst kimmt 's Nåchtgloà! / Geht nach Hause, sonst kommt der Teufel!

Das „Nåchtgloà" ist ein Nachtgeist, der auf das „Nachtgejaid" bzw. „Nåchtgjoàd" zurückgeht: Alles sind Bezeichnungen für die „Wilde Jagd", einen Volksmythos über scheinbar unerklärliche Erscheinungen am Nachthimmel, vor allem in stürmischen Gewitternächten. Früher drohte man den Kindern mit den Schreckensgestalten der „Wilden Jagd", wenn man sicherstellen wollte, dass sie abends wieder rechtzeitig zu Hause waren.

Nachdem dieser Ursprung in Vergessenheit geriet, vermuteten manche anhand des Suffixes „-gloà" einen Zusammenhang zum ähnlich klingenden Klauenschneider, auf Bairisch „Kloàschneider". Die Klaue führte dann direkt zum Teufel mit seinen tierischen bzw. dämonischen Bocksbeinen – und so entstand auf volksetymologischem Wege ein weiterer Name für den Beelzebub.

Luthrischer Zipfe, Steig auffè àn Gipfe, Foist åwe in d' Hoi, Bist àn Deife sei Gsoi. / Luthrischer Zipfe, Steig hinauf auf den Gipfel, Fällst hinunter in die Höll', Bist dem Teufel sein Gesell'.

Diesen Reim über die evangelischen Buben brachten katholische Eltern ihren Kindern noch in den 1920er Jahren bei und förderten so deren Abneigung gegenüber den andersgläubigen Kindern.

Fressn und sauffà

Essen und trinken

Abgesehen vom Adel, der hohen Geistlichkeit und den großen und reichen Bauern war das Leben auf dem Land früher hart und karg. Das Geld reichte in der Regel gerade, um die meist große Familie mehr schlecht als recht zu ernähren, neue Kleidung oder ein kleines Vergnügen konnte man sich nur ganz selten leisten. Gutes und reichliches Essen und Trinken gab es allenfalls an hohen kirchlichen Fest- und Feiertagen oder bei Familienfeiern, vor allem bei Hochzeiten. Bot sich einmal eine solche Gelegenheit, so wurde ihr naturgemäß stark zugesprochen. Besonders geschätzt waren dabei vor allem deftige Fleischgerichte und alkoholische Getränke – insbesondere Bier in möglichst großer Menge –, sodass das Ziel eines jeden Mannes der Vollrausch war.

ES GIBT NIX BESSERS WIÀ WÅS GUÀTS.

MIR SÀN D' ÄDEPFE À LIÀWÀ, WENN S' D' SAU GFRESSN HÅM.

Menge und Qualität der menschlichen Ernährung

Auf dem Speiseplan des alten Bayern gab es nur wenig Abwechslung. An oberster Stelle stand, die vielköpfige Familie satt zu bekommen, kulinarische Finesse war hier fehl am Platz. Sehr oft wurden Ädepfe (Erdäpfel, also Kartoffeln) oder reichlich Mehlspeisen gegessen, Fleisch war dagegen selten auf dem Teller, es war schlicht zu teuer und den Feiertagen vorbehalten. Bei armen Leuten kam häufig sogar nur eine dünne Wassersuppe auf den Tisch, manchmal mit einigen Fettaugen drin, aber auch dann schauten meistens mehr Augen in die Suppe hinein als heraus.
Hierzu passend beschreibt Ludwig Thoma die Essensgewohnheiten der Bayern in seinem „Agricola" wie folgt: „Die Kost der Bajuvaren ist einfach. Aus Mehl zubereitete Speisen nehmen sie in runder Form zu sich; die geringe Nährkraft ersetzen sie durch die große Menge. An einigen Tagen des Jahres essen sie geräuchertes Fleisch von Schweinen und beweisen hierbei geringe Mäßigkeit." Gleich die ersten Sprüche dieses Kapitels scheinen diese Beobachtungen zu bestätigen.

Wås mächst 'n mit dem Mångtràtzàl? / Was willst du denn mit diesem Magentratzerl?
Oder: Was willst du denn mit diesem Appetithappen? Von dieser kleinen Menge wird man doch nicht satt, damit kann man doch allenfalls seinen Magen „tràtzen", also necken.

Då muàßt ja Angst håm, dass dà b' Fliàng àn Schweinsbrån davotrång. / Da musst du ja befürchten, dass dir die Fliegen den Schweinebraten davontragen,
sagt man, wenn man nur ein sehr kleines Stück Schweinebraten serviert bekommen hat, das so leicht ist, dass es sogar von Fliegen entführt werden könnte. Das „b" vor „Fliàng" ist durch die Assimilierung des hier an sich erforderlichen „d" (für „die") entstanden.

Fett werd mà net dabei. / Fett wird man nicht dabei,
kommentiert man ein Essen, bei dem nur sehr kleine Portionen unterwegs sind. Ironisch kann man so auch eine eher karge Angelegenheit bezeichnen, z. B. eine schlechte Entlohnung.

Då is d' Soss deirà wià dà Bråån. / Da ist die Soße teurer als der Braten.

Damit bringt man zum Ausdruck, dass die anfallenden Nebenkosten höher sind als der Preis für die Hauptsache, z. B. wenn die Lieferung einer Ware teurer ist als die Ware selbst.

Mir kànntn àà-r-à bissl à Fett vertrång. / Wir könnten auch ein bisschen Fett vertragen,

meinte früher mancher Knecht, wenn die Dienstboten nur Kraut und Knödel bekamen, während der Bauer und die Bäuerin an ihrem separaten Tisch dazu noch große Fleischportionen aßen. Folge einer solchen despektierlichen Bemerkung konnten aber durchaus Prügel sein, die der Bauer seinem aufmüpfigen Knecht angedeihen ließ.

Dà Baur håt uns 's Fressen net vergunnt. / Der Bauer hat uns das Essen nicht gegönnt.

Der Bauer war so geizig, dass er uns noch nicht einmal das Essen gegönnt hat. Das erzählten manche Mägde und Knechte über ihren wenig spendablen Herrn.

Kafä und Scheàß eibrockt. / Kaffee und eingetunkte Darmwinde.

Mit diesen Worten beantwortete man gern scherzhaft die Frage, was es denn zum Essen gegeben habe, um dessen Kargheit passend zu beschreiben.

Du konnst dà b' Fotzn ans Tischeck hihaun. / Du kannst dir den Mund an die Tischkante hinschlagen.

Hatte sich der Bauer über einen Knecht oder eine Magd auf seinem Hof sehr geärgert, sei es, weil der- oder diejenige die Aufgaben nicht ordnungsgemäß erfüllt, die Qualität und/oder Menge des Essens kritisiert oder sich in anderer Weise ungebührlich benommen hatte, dann waren diese Worten die Androhung, dass bei der nächsten Mahlzeit nichts für diese Person auf dem Tisch stehen würde – wobei es sich dann meistens doch eher um eine leere Drohung handelte.

De ham auftrång, dass se glei dà Tisch bong håt. / Die haben aufgetragen, dass sich gleich der Tisch durchgebogen hat.

Eine bildhafte Umschreibung einer besonders üppigen Tafel.

Då kànnt i me dàmisch fressen. / Da könnte ich mich blöd essen.

Das schmeckt so gut, dass ich davon so lange essen könnte, bis ich irre werde. Entsprechend kann man sich auch über das Trinken (Sauffà) äußern.

Jetz wachst's mà sche langsam hint naus. / Jetzt wächst es mir schön langsam hinten hinaus.

Damit beschreibt man Speisen, die man so oft vorgesetzt bekommt, dass man das Gefühl hat, sie hätten sich langsam im Körper festgesetzt und würden inzwischen auch hinten, also aus dem Allerwertesten, hinauswachsen. Mehr Abwechslung im Speiseplan wäre also dringend angebracht.

I håb mir àn Grausen gessen. / Ich habe mir einen Ekel gegessen.

Selbst das einstige Leibgericht kann man nicht mehr sehen, bekommt man es zu oft oder in zu kurzen Abständen immer wieder serviert. Das kann so weit gehen, dass es einen davor regelrecht ekelt.

Bis 's de z'reißt! / Bis es dich zerreißt!

Wenn jemand extrem viel isst, warnt man ihn mit diesem Spruch: Du wirst platzen, wenn du nicht bald zu essen aufhörst!

Des zwing mà scho! / Das bezwingen wir schon!

Das essen wir schon auf. Das schaffen wir schon – auch im übertragenen Sinn, z. B. den Transport einer schweren Last, der viel Kraft erfordert. Das Gegenteil hiervon wäre:

I zwing net mehrà. / Ich bezwinge nicht mehr.

Ich kann nicht mehr essen. Ich schaffe nicht alles, was auf meinem Teller liegt. Bitte keinen Nachschlag, ich bin total satt.

Den wer e scho Herr. / Dem werde ich schon Herr.

Diese Portion schaffe ich locker. Ist die Essensportion besonders groß und will man zum Ausdruck bringen, dass sie durchaus so umfangreich sein darf, weil man großen Hunger hat, dann kommt dieser Spruch zum Zuge. Ähnlich, aber nicht gleichbedeutend:

Den sàmmà ganz schè Herr worn. / Dem sind wir ganz schön Herr geworden.

Man hat die aufgetischten Speisen zwar nicht ganz, aber doch zu einem erheblichen Teil aufgegessen. Die Redewendung findet auch in anderem Zusammenhang Anwendung, sobald etwas zu einem unerwartet großen Teil verbraucht worden oder weniger geworden ist, z. B. wenn die Brennholzreserven aufgrund eines strengen Winters schon relativ früh zur Neige gehen. Alternativ kann man auch sagen:

Den hammà ganz schè z' leichà gnamà. / Den haben wir ganz schön zu leihen genommen.

Då konnst du leicht àn schenà Gang håm. / Da kannst du leicht einen schönen Gang haben.

Da geht's dir natürlich gut. Der Spruch eignet sich, wenn man auf jemanden trifft, der es sich gerade gut gehen lässt, z. B. bei einem schmackhaften, üppigen Essen oder auch im Liegestuhl auf der sonnigen Terrasse. Er geht darauf zurück, dass Menschen, die schwer arbeiten und karg essen müssen, eher gebückt daherkommen, was bei erholten und gut genährten Personen kaum der Fall ist.

Der frisst wià-r-à Schlauderaff. / Der isst wie ein Schlaraffe.

„Fressen" ist im Bairischen nicht nur ein derber Ausdruck für „essen", sondern auch ein Synonym für „besonders viel essen". Der „Schlauderaff" hat seinen Ursprung im „Schlaraffen", dem Bewohner des märchenhaften Schlaraffenlandes. Wer wie ein Schlauderaffe frisst, der isst besonders schnell und sehr große Mengen – wie im Schlaraffenland, wo alles im Überfluss zur Verfügung steht und man sich deshalb keinerlei Beschränkung auferlegen muss. „Schlaudern" bedeutet auch „schlampig arbeiten" oder eben schludern. Statt Schlauderaff sind auch die Aussprachen „Schlaudereraff" und „Schlaudreraff" gebräuchlich.

Jetz konn e's wieder mit oàn aushoitn, der wo scho 14 Tåg nix mehr gessen håt. / Jetzt kann ich es wieder mit einem aushalten, der schon 14 Tage lang nichts mehr gegessen hat,

sagt man nach einem ausgesprochen üppigen Mahl. Gemeint ist, dass man nach einer reichlichen Mahlzeit mit jemandem, der total ausgehungert ist, leicht mithalten kann.

Du kriàgst àà scho à schèèns Wàmpàl. / Du bekommst auch schon ein schönes Bäuchlein.

Deine Liebe zum Essen sieht man langsam an deiner durchaus stattlichen Körpermitte.

Dass der Bauch net kleàner werd. / Damit der Bauch nicht kleiner wird.

Oder:

Dass d' net vom Fleisch foist. / Damit du nicht vom Fleisch fällst.

Hat jemand eine besonders große Portion vor sich auf dem Teller, den gewaltig voll beladenen Teller bereits geleert oder gibt man ihm einen Nachschlag, dann kann man diesen Spruch anbringen.

À làarà Såång stäht net. / Ein leerer Sack steht nicht.

So äußert man sich kritisch über eine übergewichtige Person, die man dabei beobachten kann, wie sie eine größere Menge Essen oder eine besonders kalorienreiche Speise in sich hineinstopft. Die Körperfülle dieser Person ist offensichtlich kein Zufall, sondern hat ihren Grund eindeutig im übermäßigen Essen. Somit steht die betreffende Person wenigstens stabil im Leben, weil sie – wie ein voller Sack – gut gefüllt ist, während ein leerer Sack in sich zusammenfallen würde.

Essts hoit, wås 's mit Gwoid à bissl nåbringts. / Esst halt, was ihr mit Gewalt hinunterbringt.

Antwort des Gastgebers auf die Feststellung seiner Gäste, dass die angebotenen Speisen viel zu reichlich seien und man unmöglich alles aufessen könne.

Håst d' Aung wieder weiter ghabt wià-r-àn Bauch. / Hast du die Augen wieder größer gehabt als den Bauch,

sagt man, wenn sich jemand zu viel bestellt oder zu viel auf den Teller gelegt hat, weil er dem verführerischen Angebot nicht widerstehen konnte, aber nur einen Teil davon geschafft hat.

Fressn und lieng – wià d' Sau. / Fressen und liegen – wie die Schweine.

Diesen Vergleich äußert man über Personen, die viel essen und sich dann nach dem Essen hinlegen. Der Vergleich mit Schweinen, deren Aufgabe aus der Sicht ihrer Halter ausschließlich darin besteht, an Gewicht zuzulegen, liegt nahe: Schweine sollen eben nur „fressen und liegen" und sich kaum bewegen, um nicht unnötig Energie zu vergeuden und viel Speck anzusetzen.

D' Màm wemmà net hättn, na kànnt mà uns glatt à Sau hoitn. / Die Mutter wenn wir nicht hätten, könnten wir uns doch tatsächlich ein Schwein halten.

Und dieses mit den übrig gebliebenen Essensresten füttern. Bei uns isst aber immer die Mutter alles auf.

Es gibt nix Bessers wià wås Guàts. / Es gibt nichts Besseres als etwas Gutes.

Gemeint ist: etwas Gutes zu Essen. Ein Spruch aus dem Mund des Bekochten, dem das aufgetischte Gericht besonders gut schmeckt und der die Köchin loben möchte.

Des weigt me oo. / Das weigt mich an.

Das reizt mich, darauf habe ich Lust, das würde ich gerne essen, da läuft mir das Wasser im Mund zusammen.

I håb's nimmer gråån kinà. / Ich habe es nicht mehr ausgehalten.

Z. B. in der verführerischen Vorweihnachtszeit: „I håb's nimmer gråån kinà, na håwè hoit doch à Plàtzerl gessen“ (Ich habe es nicht mehr ausgehalten, also habe ich halt doch ein Plätzchen gegessen).

Mir sàn d' Ädepfe àà liàwà, wenn s' d' Sau gfressn håm. / Mir sind die Erdäpfel (Kartoffeln) auch lieber, wenn sie die Schweine gefressen haben.

Der Sprecher gibt hiermit zu verstehen, dass er Gerichten mit Schweinefleisch den Vorzug vor Speisen gibt, die aus Kartoffeln zubereitet werden, bzw. vor vegetarischen Gerichten allgemein. Beliebt ist die Redewendung auch als Antwort auf die Feststellung, dass ein serviertes Kartoffelgericht ausgezeichnet schmecke, oder auf die für den echten Fleischesser nicht nachvollziehbare Aussage, dass jemand gerne Kartoffelgerichte esse.

„Mhm, à guàts Ràdèwàsserl“, håt dà Handwerksbursch gsagt, wià-r-à àn Tisch åbgschleckt håt, då wo dà kloà Buà naufbieselt håt. / „Mhm, das ist aber ein gutes Rettichwasser“, sagte der (meistens arme, sich auf der Walz befindliche, bettelnde) Handwerksbursche, als er den Tisch an der Stelle ableckte, wo der kleine Bub draufgepinkelt hatte.

Mit diesem Spruch machte man sich über die armen Handwerksburschen lustig, denen hier unterstellt wird, den Saft eines gesalzenen Rettichs nicht von Kinderurin unterscheiden zu können.

Des putzt d' Zähn. / Das putzt die Zähne.

Damit tröstete man die zur Mahlzeit versammelten Hausbewohner, wenn es mehrere Wochen altes und daher sehr hartes Brot zum Essen gab. Brot wurde früher nur alle drei bis vier Wochen gebacken und musste bis zum nächsten Backtag vorhalten. Erst wenn es überhaupt nicht mehr zu beißen war, machte man daraus eine Brotsuppe.

De Suppn håt er se söiwà eibrockt, na muàß à s' àà söiwà auslèffèn. / Diese Suppe hat er sich selber eingebrockt, jetzt muss er sie auch selber auslöffeln.

In dieses Schlamassel hat er sich selbst hineingebracht, also muss er auch selbst schauen, wie er da wieder herauskommt.

„Wià schmeckt's dà 'n?" „Net schlecht. Aber schlecht kànnt oàn wern." / „Wie schmeckt es dir denn?" „Nicht schlecht. Aber schlecht könnte einem werden."

Antwort samt Wortspiel auf die Frage nach dem Genuss beim Essen. So vernichtend wie es klingt, ist es aber in der Regel nicht gemeint. Meist wird die Frage nach dem Genuss derart kommentiert, um einfach einen lustigen Spruch von sich zu geben – obwohl einem das Essen durchaus schmeckt.

Bedienung beim Abservieren: **„Håt's gschmeckt?"** / Hat es geschmeckt?
Gast: **„I håb scho besser gessen."** / Ich habe schon besser gegessen.
Bedienung: **„Aber net bei uns!"** / Aber nicht bei uns!

Dieser Dialog wird gerne erzählt, wenn die Qualität des in einem Gasthaus servierten Gerichts sehr zu wünschen übrig lässt.

Àà-r-à guàtn Kechin grat wås å. / Auch einer guten Köchin gerät etwas ab (daneben).

Auch bei einer guten Köchin gelingt gelegentlich ein Gericht nicht so gut, geht beim Kochen mal etwas daneben.

À so à Zeig! / So ein Zeug!

Oder etwas ausführlicher:

Wås is 'n dès für à Zeig? / Was ist denn das für ein Zeug?

Ausrufe beim Anblick eines Gerichts, das einem nicht schmeckt bzw. das man nicht kennt und allein deshalb schon ablehnt.

Wås der Bauer net kennt, frisst er net. / Was der Bauer nicht kennt, das isst er nicht.

Eine etwas fragwürdige Begründung, warum man eine unbekannte, neue Speise nicht mag oder sie ablehnt bzw. partout nicht essen will.

Des schmeckt wià eigschlaffàne Fiàß. / Das schmeckt wie eingeschlafene Füße.

So beschreibt man ein nicht oder zu wenig gewürztes, fades Gericht.

Es wissts ja net wås guàt is. / Ihr wisst ja nicht, was gut ist (schmeckt), sagt man, wenn einige der Anwesenden erklären, ihnen würden die von anderen als Leibspeise genannten Gerichte überhaupt nicht schmecken.

Bi net går so äggschtre! / Sei nicht gar so extrig!

Sei nicht gar so wählerisch beim Essen. Alternativ: „Bi net går so ausgstochà (ausgestochen)/gnàschè (naschend)/gschleckàd (schleckig)/hoàggle (heikel)".

'S Hundertste schmeckt eàm net. / Das Hundertste schmeckt ihm nicht.

Hier haben wir eine Person, die bei der Nahrungsaufnahme sehr wählerisch ist.

À Möispeis zum Umhängà. / Eine Mehlspeise zum Umhängen.

Als „Mehlspeisen" bezeichnet man in Bayern nicht alle Speisen, bei denen Mehl die Hauptzutat darstellt, sondern in erster Linie Süßspeisen, z. B. Semmelschmarrn, Apfelstrudel, Dampf-, Rohrnudeln oder Pfannkuchen. Vorwiegend wurden sie an Freitagen gekocht, an denen aus religiösen Gründen kein Fleisch gegessen werden durfte. Diese Mehlspeisen kann man sich selbstverständlich nicht um den Hals hängen, also steht diese Redewendung für etwas Unmögliches, Sinnloses, Unbekanntes, Unwahrscheinliches oder Unsinniges.

Der verbringt vielleicht à Fresserei. / Der hat sehr ungewöhnliche Essgewohnheiten.

Der hat keine Manieren beim Essen. Das zeigt sich z. B. durch ungeschickte Benutzung des Bestecks oder durch lautes Schmatzen und Rülpsen.

Jetz håt's-à-se umdràht. / Jetzt hat es sich umgedreht.

So äußert bzw. rechtfertigt man sich, wenn man nach dem Essen aufstoßen muss und es nicht gelingt, dies vor den Tischnachbarn zu verbergen.

Macht nix, àn Mång drunt kimmt àso oiss zamm. / Das macht doch nichts, im Magen unten kommt ohnehin alles zusammen.
Isst man verschiedene Speisen zusammen, die gar nicht zueinander passen, dann kann man Kritik an der etwas sonderbaren Zusammenstellung mit diesem Spruch begegnen.

Wià bein Essen, so bei dà Arwàd. / Wie beim Essen, so bei der Arbeit.
Wer langsam arbeitet, isst langsam – wer schnell arbeitet, isst schnell. Den Spruch hört man vor allem von Schnellessern, die sich damit gleichzeitig brüsten, sie würden auch schnell arbeiten, während die langsamen Genießer auch bei der Arbeit weniger leisten würden.

Des sàn mà scho de Rechten: Bein Essen schwitzen und bei der Arwàt friern. / Das sind mir schon die Richtigen: Beim Essen schwitzen und bei der Arbeit frieren.
Kritische Bemerkung, wenn jemandem beim Essen schnell heiß wird. Diesem wird unterstellt, bei der Arbeit zu frieren, also faul zu sein und sich kaum bewegen zu wollen, beim Essen dagegen vollen Einsatz zu zeigen.

„Wås mächst nachà du àmoi wern?" „À glerntà Brotzeitmachà àn liàwàn!" / „Was willst denn du einmal werden?" „Ein gelernter Brotzeitmacher am liebsten!"
Der Beruf des „Brotzeitmachers" ist sehr erstrebenswert, weil seine Aufgabe nur darin besteht zu essen und zu trinken. Während man bei allen anderen Berufen das Geld für seine Ernährung durch die Arbeit erst verdienen muss, beschäftigt sich der Brotzeitmacher schon während der „Arbeitszeit" mit der Nahrungsaufnahme. Der Beruf des Brotzeitmachers ist verständlicherweise sehr begehrt, aber leider nur Utopie.

I moàn, jetz dràmst vo de Weißwürscht. / Ich denke, jetzt träumst du von Weißwürsten,
sagt man zu jemandem, der einen völlig unrealistischen Gedanken geäußert hat, z. B.: „I glàb, dass der Moàster àn Küàdà àn jeden à Brotzeit zoit" (Ich glaube, dass der Meister auf Kirchweih jedem eine Brotzeit

spendiert). Eine solche Freigebigkeit des Meisters ist so unwahrscheinlich, dass es sich nur um einen Traum handeln kann.

Hunger treibt 'Bråtwürscht nei. / Der Hunger treibt die Bratwürste hinein. Verspeist jemand die auf seinem Teller liegenden Bratwürste rasend schnell, so als ob die Würste in seinen Mund hineingetrieben würden, dann muss das am besonders großen Hunger liegen. Der Spruch wird aber auch generell dann gebraucht, wenn jemand offensichtlich gewaltigen Hunger hat und mit großem Appetit große Portionen vertilgt – entsprechend dem im Schriftdeutschen bekannten „Hunger ist der beste Koch".

Weißkraut

Weißkraut war früher ein wichtiges Nahrungsmittel. Das Kraut gedieh im heimischen Boden gut, man konnte es haltbar machen und den ganzen Winter hindurch essen, und gerade in der kalten, dunklen Jahreszeit war es aufgrund seines hohen Vitamin C-Gehalts schier unverzichtbar: Weder frisches Obst noch Gemüse war in den Wintermonaten verfügbar, dazu gab es kaum andere Möglichkeiten für eine ausreichende Versorgung mit dem wichtigen Vitamin C. Auf diese zentrale Stellung des Krauts in der bayerischen Küche dürfte auch ein in manchen Gegenden üblicher Hochzeitsbrauch zurückzuführen sein: Die Braut musste vor dem Betreten des Hochzeitssaales das von der Wirtin angebotene Sauerkraut probieren und für gut befinden, bevor es den Gästen serviert wurde. Meist wurde ihr hierzu ein mit Rosmarin geschmückter Löffel zusammen mit dem Spruch „Bist du Braut, versuch 's Kraut" in die Hand gedrückt – ein symbolischer Test, der weniger die Kochkunst der Wirtsleute unter Beweis stellen sollte als die Fähigkeiten der zukünftigen Ehefrau in der Küche.

Dazu aus den Lebenserinnerungen meiner Mutter:„Jedes Jahr fuhren meine Eltern mit dem Pferd und dem Gäuwagerl nach Freising und kauften dort drei Zentner Kraut am Markt. Das verkauften dort die Bauern aus Ismaning. Daheim kam das Kraut gleich in die warme Stube, damit es zum Einschneiden nicht so kalt war. Wir hatten einen eigenen Krauthobel. In der Stube kam ein Tischtuch auf den Boden, da wurde das Kraut draufgehobelt, mit dem Wandl in den Keller getragen und ins Krautfassl getan, da musste eins von uns Kindern das Kraut eintreten. Zuerst wurden natürlich die Füße sauber gewaschen! Bei jedem Wandl Kraut kam eine Hand voll Salz zum Kraut. Getreten wurde so lange, bis sich oben Wasser ansammelte. Dann kam oben ein Tuch drauf und auf dieses ein rundes Brett, das schließlich mit einem großen Stein beschwert wurde. Das Kraut gärte, und die obere Schicht musste nach einiger Zeit immer wieder sauber gemacht werden. Dabei wurde der Schaum abgeräumt, die braunen Teile vom Kraut wurden entfernt. Das Tuch wurde gewaschen und das Kraut erneut damit bedeckt. Wenn das Kraut schließlich nicht mehr gärte, war es fertig und konnte als Sauerkraut gegessen werden."

Wià Kraut und Ruàm. / Wie Kraut und Rüben.

Total durcheinander, völlig wirr. Neben Sauerkraut waren lange Zeit auch die Rüben ein wichtiges, viel gegessenes und gut haltbares Nahrungsmittel, bis ab etwa 1800 die aus Südamerika eingeführte Kartoffel auch in Bayern immer weitere Verbreitung fand. Der Ursprung des Spruchs könnte darin liegen, dass Kraut und Rüben früher häufig zusammen angebaut wurden, im Gegensatz zu anderen Feldfrüchten, die voneinander getrennt gepflanzt wurden. Denkbar wäre aber auch, dass sich der Spruch auf einen Eintopf bezieht, in dem Kraut und Rüben gemeinsam gekocht werden.

Der håt mà 's Kraut ausgschütt. / Der hat mir das Kraut ausgeschüttet.

Der hat mich total verärgert, der hat mich total enttäuscht. Kraut ist – wie eingangs ausgeführt – nicht nur ein ernährungsphysiologisch wertvolles, sondern auch ein schmackhaftes Lebensmittel und war deshalb schon immer sehr wichtig und begehrt. Hat sich jemand erdreistet, einem anderen dessen Portion Kraut zu verschütten bzw. es auszuschütten, so hat sich diese Person absolut daneben benommen und man will mit ihr nichts mehr zu tun haben.

Den frieß e aufn Kraut. / Den fresse ich auf dem Kraut.

Hier handelt es sich um die Drohung, jemanden so richtig zur Schnecke zu machen.

Der nimmt se aber vui Kraut raus. / Der nimmt sich aber viel Kraut heraus.

Der ist aber frech, der maßt sich mehr an, als ihm zusteht. Dem Spruch liegt folgende Situation zugrunde: Der Krauttopf stand bei den Bauern in der Mitte des Tischs und jeder holte sich mit seiner Gabel seine Portion Kraut auf seinen Teller. Hatte sich einer der Esser offensichtlich übermäßig bedient, dann wurde das von der Tischgesellschaft, die ihren Anteil gefährlich verschmälert sah, natürlich moniert und nicht akzeptiert.

Des macht's Kraut àà nimmer fett. / Das macht das Kraut auch nicht mehr fett.
Allgemein angewandt bedeutet dieser Spruch: Diese Sache ist so unbedeutend, sie spielt keine Rolle, darauf kommt es gar nicht mehr an. Aufs Kraut bezogen: Würde man eine derart verschwindend geringe Menge Fett ins Kraut geben, würde das den Geschmack und die Nahrhaftigkeit überhaupt nicht verändern.

Wer auf Gott vertraut, braucht koà Sauerkraut. / Wer auf Gott vertraut, braucht kein Sauerkraut.
Gott wird schon dafür sorgen, dass man das Notwendige zum Essen hat und nicht Hunger leidet. Der Spruch war allerdings ironisch gemeint, weil allein durch Gottvertrauen noch niemand satt geworden ist.

Was ràchst 'n du für à Kraut? / Was rauchst denn du für ein Kraut?
Hier wird kein Glimmstengel aus Sauerkraut angesprochen, sondern der Tabak einer Zigarre oder Zigarette, deren Geruch manch feine Nase nicht als angenehm empfindet.

'S Sauffà und d' Häpfà

Das Trinken und der Rausch: Ein bedeutsamer, weithin bekannter Wesenszug der Bayern ist ihre Fähigkeit, gutes Bier zu brauen – und es aus „Halbekriàgln" (kleine Krüge mit ½ Liter Fassungsvermögen) oder Masskrügen (1 Liter) in manchmal erstaunlichen Mengen zu sich zu nehmen. Dabei wird nicht nur darauf abgezielt, den Flüssigkeitsbedarf des Körpers zu decken oder den Geschmack zu genießen, auch die Wirkung des im Bier enthaltenen Alkohols wird meist als äußerst angenehm empfunden. Ein bairisch „Häpfà" genannter Rausch leitet sich von der Hefe im Bier ab – als pars pro toto. Gerade in früheren Zeiten, aber auch heute noch werden die Gefahren des übermäßigen Alkoholkonsums gern unterschätzt.

Interessante Ausführungen zum Thema „die Bayern und ihr Bier" finden sich auch in Ludwig Thomas „Agricola": „Für Strapazen und Mühseligkeiten haben die Bajuvaren große Ausdauer, nur Durst können sie nicht ertragen ... Das Hausgerät ist einfach. Besonders an den Gefäßen schätzen sie den Umfang höher als die kunstfertige Arbeit ... Wenn sie nicht in den Krieg ziehen, kommen sie zu geselligen Trinkgelagen zusammen. Auch hier pflegen sie des Gesanges, der sich aber von dem Schlachtgeschrei wenig unterscheidet. Tag und Nacht durchzuzechen, gilt keinem als Schande. Versöhnung von Feinden, Abschluss von Eheverbindungen, der beliebte Tauschhandel mit Vieh und sogar die Wahl der Häuptlinge wird meist beim Becher beraten ... Das Getränk der Bajuvaren ist ein brauner Saft aus Gerste und Hopfen. Häufig beklagen sie den schlechten Geschmack, niemals enthalten sie sich des Genusses."
In den hierzu gesammelten Sprüchen kommen die angenehmen Seiten des Alkoholgenusses, aber auch dessen Tücken zum Ausdruck.

Des Bissl, wås i iß, des konn e àà sauffà. / Die geringe Menge, die ich esse, kann ich auch trinken.
Spruch von Leuten, die überwiegend „nåß fiàdern" (nass füttern), ihre Ernährung also hauptsächlich in flüssiger Form bestreiten und dabei übermäßig viel Alkohol trinken, vor allem Bier. Früher hatten insbesondere die Maurer diesen Ruf.

Zwoà Hoiwe sàn àà-r-à Wurschtsèmmè. / Zwei Halbe sind auch eine Wurstsemmel.
Bayerische Kalorienrechnung: Wenn man zwei Halbe Bier trinkt, entspricht das dem Nährwert der Semmel.

Prost, dass Gurgl net verrost! / Prost, auf dass die Gurgel nicht verroste!
Trinkspruch, der scherzhaft zum Ausdruck bringt, dass man die Speiseröhre regelmäßig mit einem Gleitfilm aus Alkohol überziehen sollte, um dem Rost vorzubeugen.

Ja sche langsam, Ja sche langsam, Bring má wieder unsàn Dampf zam. / Ja schön langsam, Ja schön langsam, Bringen wir wieder unseren Dampf zusammen.

Dieses Lied wurde oft während und nach dem Genuss einer gewissen Menge alkoholischer Getränke gesungen. Der „Dampf" steht für den Rausch.

Des Bier håt àn wunderschèn Foàm, Drum geh mà, drum geh mà net hoam. / Das Bier hat einen wunderschönen Schaum, Drum gehen wir, drum gehen wir nicht heim.
Noch ein Trinklied, das bei feuchtfröhlichen Runden gern angebracht wurde. Gesungen wurde es nach der Melodie von „Des Dirndl mi'm routn Miàdà, des is mà de Oiàliàwà" (Das Mädchen mit dem roten Mieder, das ist mir die Allerliebste).

Då is dà Seng Gottes drin. / Da ist der Segen Gottes drinnen,
sagte man, wenn das Bier beim Einschenken überschäumte.

À Mei voi. / Ein Mund voll.
Ein Schluck. Bezeichnung für eine kleine Menge eines Getränks, die aber auch im übertragenen Sinn angewandt werden kann. So ist z. B. ein Preis von 9,95 Euro „à kleànàs Mei voi" (ein kleinerer Mund voll), also ein Betrag, der kleiner wirkt und sich geringer anfühlt als glatte 10 Euro.

Schwoàmà's nå! / Spülen wir es hinunter!
Heute heißt es meistens:
Schwoàmà's åwe! / Spülen wir es hinunter!
Trinkspruch, wenn man in Gesellschaft seine Sorgen mit einem Schluck Alkohol, vorzugsweise Bier, hinunterspült.

I leg mà-r-à båår Mass über. / Ich lege mir ein paar Mass über.
Ich genehmige mir ein paar Mass Bier.

Der sauft oà Hoiwe auf oàn Siez. / Der säuft eine Halbe auf einen Sitz.
Der trinkt eine Halbe Bier in einem Zug aus.

Der sauft wià-r-à Loch. / Der säuft wie ein Loch.
Der Beschriebene trinkt extrem viel, deshalb vergleicht man ihn mit einem Loch, in das man unglaublich viel Flüssigkeit hineinschütten kann, ohne dass es überläuft.
Etwas expliziter und gesteigerter:
Der sauft wià-r-à Versitzgruàm. / Der säuft wie eine Versitzgrube.

In den geht beim Trinken so viel hinein wie in eine Versitzgrube (Sickergrube), die ein nahezu unendliches Fassungsvermögen hat, weil die Flüssigkeit in ihr versickert.

Der sauft wià-r-à Stier. / Der säuft wie ein Stier.

Der Vergleich mit einem Stier beruht auf dem großen Flüssigkeitsbedarf dieses massigen Tieres – er hinkt allerdings, weil ein Stier nur trinkt, wenn er Durst hat, was auf den bayerischen Biertrinker eher nicht zutrifft.

Der sauft wià-r-à Bürschtnbinder. / Der säuft wie ein Bürstenbinder.

Die Bürstenbinder mussten beim Binden der Haarbüschel zu Bürsten immer wieder ihre Finger durch Ablecken befeuchten, was angeblich einen höheren Flüssigkeitsbedarf zur Folge hatte. Diese spezielle Berufsgruppe war deshalb für ihren großen Durst bekannt.

Der håt d' Fotzn voier Rausch. / Der hat das Gesicht voller Rausch.

Der ist total betrunken.

Der håt se total zammgsuffà. / Der hat sich total zusammengesoffen.

Der hat über viele Jahre hinweg regelmäßig große Mengen Alkohol getrunken, was man ihm sowohl äußerlich als auch von seinem Verhalten her sofort ansieht (Alkoholiker im Endstadium).

Du saufst de àà so no z' dout. / Du säufst dich ohnehin noch zu Tode.

Drohung oder düstere Prophezeiung: Du wirst eines Tages noch an deinem übermäßigen Alkoholkonsum sterben.

Es redts bloß von Sauffà, von Durscht sagts nix. / Ihr redet nur vom Trinken, aber über den Durst sagt ihr nichts.

Ihr kritisiert immer nur, dass ich zu viel trinke, aber dass ich einen großen Durst habe, das seht ihr nicht. Ich bin doch total ausgetrocknet.

Liàwà àn Bauch vom Sauffà ois àn Buckl von dà Arwàt. / Lieber einen Bauch vom Saufen als einen Buckel vom Arbeiten.

Der Spruch bringt zum Ausdruck, dass man sich lieber dem Vergnügen als der Arbeit hingibt.

Der Boog håd 'n gstessn. / Der Bock hat ihn gestoßen.

Wird jemand von einem Ziegenbock gestoßen, so kann es passieren, dass er hinfällt. Das gleiche Ergebnis erreicht man auch durch den Genuss von zu viel Bockbier (Starkbier mit hoher Stammwürze): Man verliert das Gleichgewicht, stürzt und verletzt sich im schlimmsten Fall. Schadenfroh wird dieses Ereignis dann vom Umfeld des Betroffenen mit diesem Spruch kommentiert.

À bissl àn Suri håt er hoid ghabt. / Einen kleinen Schwipps hatte er halt.
Mit diesen Worten entschuldigt man das etwas ungewöhnliche, leicht enthemmte Verhalten, oft verbunden mit ungeschickten Äußerungen, einer vertrauten Person, das auf den Genuss einer gewissen Menge Alkohol zurückgeführt werden kann. Für einen richtigen Rausch hat es aber nicht gereicht.

A hoiwàdà Rausch is à nausgschmissns Göid. / Ein halber Rausch ist hinausgeworfenes Geld.
Ein halber Rausch macht keinen Sinn, der ist sein Geld nicht wert, führt doch eine nur unwesentlich höhere Investition zum vollen Rausch.

I håb scho Sprüng aufn Buckl. / Ich habe schon Sprünge (Risse, Furchen) auf dem Rücken,
sagt der langsam austrocknende Gast im Wirtshaus zur Bedienung, wenn diese längere Zeit nicht bemerkt hat, dass sein Krug leer ist. Stattdessen kann man auch folgenden Dialog benutzen:
Gast: „Håst du vielleicht àn feichtn Waschlappn für mi?"
(Hast du eventuell einen feuchten Waschlappen für mich?)
Bedienung: „Warum, wofür?" Gast: „Weil e scho kurz vor'n Austrickèn bin." (Weil ich schon kurz vor dem Austrocknen bin.)

Des Bier vom Oberbräu is mir àn Årsch hint liàwà wià des vom Unterbräu. / Das Bier vom Oberbräu ist mir am Arsch hinten lieber als das Bier vom Unterbräu.
Ein derbes, aber wohlwollendes Lob: Das Bier vom Oberbräu schmeckt mir mit Abstand besser als das vom Unterbräu. Dieser Spruch ist breit einsetzbar, also nicht nur bei Getränken, sondern z. B. auch bei Personen: „D' Anne is mà àn Årsch hint liàwà wià dà Done" (Die Anni ist mir wesentlich lieber als der Toni).

Mit dein Blembbe konnst de schleichà! / Mit deinem minderwertigen Bier kannst du dich schleichen!

Bleib mir vom Hals mit deinem schlechten bzw. abgestandenen Bier! Alternativ kann man auch sagen: „Dein Blembbe konnst söiwà sauffà." (Dein schlechtes Bier kannst du selber trinken.)

Des wàr ja à Sünd und à Schand. / Das wäre ja eine Sünde und eine Schande,

sagt man, wenn jemand etwas ganz Verwerfliches tun möchte, also z. B. ankündigt, das übrig gebliebene Bier wegzuschütten.

Begründungen dafür, ein Stàmperl Schnaps und mehr zu trinken:

Vor dem ersten Glas: **Oànà geht öiwei.** (Einer geht immer.)

Vor dem zweiten Glas: **Auf oàn Fuàß steht mà net.** (Auf einem Fuß steht man nicht.)

Vor dem dritten Glas: **Aller guten Dinge sàn drei.** (Aller guten Dinge sind drei.)

Bei weiteren Gläsern: **Jetz is eh scho wurscht.** (Jetzt ist es ohnehin schon egal.)

Auf diese Weise kommt man schnell und gut begründet zu einem veritablen Rausch, gegen den man kaum etwas einwenden kann.

I kriàgàd no à Stàmpàl. / Ich bekäme noch einen Schnaps.

Ich hätte noch gern einen Schnaps. Der bairische Konjunktiv soll die Höflichkeit der Bitte bzw. der Bestellung unterstreichen und will gleichzeitig so viel wie „wenn es keine Mühe macht" ausdrücken.

Leidt's no à Tàss? / Leidet es noch eine Tasse?

Ist noch eine Tasse drin, reicht es noch für eine Tasse für mich?

Då gibt's à Kindsdàff. / Da gibt es eine Kindstaufe.

Stößt jemand versehentlich an ein Glas und verschüttet dessen Inhalt, dann ist dieser Spruch angebracht. Die Person, zu der die Flüssigkeit hinläuft, soll dann angeblich die nächste sein, die Vater- oder Mutterfreuden entgegensieht.

I bin oin dàläxn. / Ich bin total derlexen.

Ich bin total ausgetrocknet, ich habe großen Durst. Das Wort „oin" steht grundsätzlich für „alle" bzw. „allen", wird hier aber im Sinn von „völlig" bzw. „total" gebraucht. Waren früher Holzfässer und andere hölzernen Gefäße derart eingetrocknet, dass die Fugen nicht mehr vollständig schlossen und Flüssigkeit zwischen den Dauben (Fassbrettern) austrat, so waren sie „derlexen“ (auch „dàläxnd“).

Wenn de dürscht, gehst naus zu der Langgrågàdn. / Wenn dich dürstet, dann gehst du hinaus zur Langkragigen.

Als „Langkragige“ wurde der Schöpfbrunnen bezeichnet, weil dessen Auslauf einen langen Hals, also einen langen Kragen bildet. Der Verweis auf die „Langgrågàde“ bedeutet also, dass man seinen Durst gefälligst antialkoholisch löschen soll und zwar am Schöpfbrunnen, um dort mit eigener Muskelkraft Wasser hochzupumpen.

Feste und Feiertage

Essen und Trinken sind – besonders in Bayern – untrennbar mit Festen und Feiertagen verbunden und bei geselligen Runden eindeutig das Wichtigste. Gefeiert, ausgelassen getrunken und aufgetischt was die Küche hergab wurde früher nur bei besonderen Gelegenheiten. Das Äußere durfte an solchen Tagen natürlich nicht vernachlässigt werden. Die Sprüche zu Festen und Feiertagen drehen sich also rund um die Festtagskleidung, das Sonntagsgewand, um die Vergnügungen wie den Tanz und das Schnupfen des Schnupftabaks sowie – für viele der unangenehmste Teil – ums Heimgehen. Von den Leuten, die sich damit besonders schwer tun, wird inzwischen gemunkelt, sie hätten einen genetischen Defekt: Ihnen fehle das sogenannte Heim-Gen.

Richt de zamm! / Richte dich zusammen!

Oder:

Leg de o! / Leg dich an!

Aufforderungen an den Partner, die Partnerin oder die jeweilige Begleitung, sich fertig zu machen, sich anzuziehen. Meist etwas ungeduldig geäußert, wenn man ausgehen möchte und es langsam an der Zeit ist aufzubrechen.

Gschneizt und kàmpèd. / Geschneuzt und gekämmt.

Zum Ausgehen bereit.

Der danzt heit wià dà Lump am Stäckà. / Der tanzt heute wie der Lump am Stecken.

Er ist ein eifriger Tänzer, er tanzt nahezu ohne Pause und voller Begeisterung. Er ist so quirlig und beweglich wie ein Stück Stoff (ein Lumpen), der an einem Stock (Stecken) befestigt ist und im Wind hin und her flattert.

'Gäns und d' Àntn, 'Gäns und d' Àntn.

Sprachliches Rhythmus-Beispiel für einen Zweivierteltakt.

D' Àntn und 'Gäns, D' Àntn und 'Gäns.

Beispiel für einen Dreivierteltakt.

„Die Gänse und die Enten" bzw. „Die Enten und die Gänse": Mit diesen beiden Beispielen erklärten früher die Tanzlehrer – meist keine Professionellen, sondern Vater oder Mutter – den Unterschied zwischen dem Zweivierteltakt (Boàrischer, Schottisch) und dem Dreivierteltakt (Walzer, Landler), weil hier der Sprechtakt im Bairischen dem jeweiligen Musik- bzw. Tanztakt entspricht.

'S Neujahr åbgwingà. / Das Neujahr abgewinnen.

Glückwünsche zum Neuen Jahr überbringen. Das „Abgewinnen" rührt daher, dass man früher versuchte, den anderen bei den Neujahrswünschen zuvorzukommen. Wer zuerst gratulierte, hatte den anderen „das Neujahr abgewonnen". Bei Paten oder Großeltern bekamen die Überbringer der Glückwünsche in der Regel eine kleine Belohnung.

Der Küàdà (Kürdà) dauert oft bis zum Müàdà, Es kànnt se schickà, àà bis zum Mickà. / Die Kirchweih dauert oft bis zum Dienstag, Es könnte sich schicken, auch bis zum Mittwoch.

Die Kirchweih wird am Kirchweihsonntag als wichtiges Kirchenfest gefeiert. Früher war die „Küàdà" gerade auf dem Land ein seltener und daher willkommener Anlass, den Alltag für ein paar Tage ruhen zu lassen. Die Feiern dauerten dann häufig vom Sonntag bis zum darauf folgenden Dienstag, dem „Küàdàmüàdà" (Kirchweihdienstag) – und wenn's gar so schön war, manchmal sogar bis zum Mittwoch.

Hau à Bris her! / Hau eine Prise her!

Gib mir doch auch eine Prise Schnupftabak! Die Bitte an den Tischnachbarn – meist im Gasthaus und bei Festen und Feiern –, einen am Genuss des Schnupfens teilhaben zu lassen. Der bekannteste Schnupftabak ist der „Schmaizler“ oder „Schmalzler“, kurz auch „Schmai“ genannt. Dazu ein kleiner Ausflug in die bairische Grammatik: Besonders interessante Dialektlaute ergeben sich, wenn man zum Thema Schnupftabak folgenden Satz durchkonjugiert: „Wenn ich einen Schmai hätte, schnupfte ich ihn (würde ich ihn schnupfen).“

Wenn i àn Schmai häd, schnupfàd è ’n. /
(Wenn ich … schnupfte ich ihn.)
Wennst àn Schmai hädst, schupfàdst ’n. /
(Wenn du … schnupftest du ihn.)
Wenn à àn Schmai häd, schnupfàd à ’n. /
(Wenn er … schnupfte er ihn.)
Wenns àn Schmai häd, schnupfàds ’n. /
(Wenn sie … schnupfte sie ihn.)
Wemmà àn Schmai hän, schnupfàd mà ’n. /
(Wenn wir … schnupften wir ihn.)
Wennts àn Schmai häds, schnupfàds ’n. /
(Wenn ihr … schnupftet ihr ihn.)
Wenns àn Schmai hän, schnupfàdns ’n. /
(Wenn sie … schnupften sie ihn.)

Jetz håt oànà wås gsungà,
Des håt se net greimt,
Den ghert glei der Bläschl,
Àn Årsch hintre gleimt. /
Jetzt hat einer etwas gesungen,
Das hat sich nicht gereimt,
Dem sollte man gleich seine Zunge,
An seinem Arsch hinten ankleben.

Bayerisches Gstànzl: ein Vierzeiler, meist im Dreivierteltakt als Spottgesang präsentiert. Das Wort „Gstànzl“ leitet sich vom italienischen „stanza“ (Strophe) ab. Vorgetragen werden die kurzen improvisierten Lieder z. B. gern bei Hochzeiten oder auch offiziellen Preissingen. Bei Letzterem geben die Teilnehmer abwechselnd ihre Gstànzl in gereimten Versen zum Besten. Da jeder mit seinem Gesang auf den seines Vorsängers eingehen muss, liegt die Herausforderung natürlich darin, aus dem Stegreif einen passenden Text zu erfinden, der sich auch noch reimt. Gelingt das nicht, dann antwortet je nachdem der Gegner, Moderator oder Hochzeitslader mit obigem deftigem Reim.

I mach mei Gràtàlation. / Ich mache meine Gratulation.

Mit diesen Worten gratulierte man früher, insbesondere zum Namenstag. Aus der damaligen Religiosität heraus war dieser Tag aufgrund seines Bezugs zum Namenspatron, einem Heiligen der katholischen Kirche, von dem man sich Hilfe in schwierigen Situationen erwartete, sehr wichtig. Die Priorität des Feierns und Gratulierens verlagerte sich im katholischen Bayern erst in der zweiten Hälfte des 20. Jahrhunderts auf den Geburtstag.

I moàn, du gehst jetz hoàm. / Ich meine, du gehst jetzt heim.

Auch wenn die Pluralform „wir“ verwendet wird („I moàn, mir gengà jetz hoàm“), ist damit vor allem der Angesprochene gemeint. Es handelt sich hier um eine freundliche Aufforderung bzw. um den sprachlichen Versuch, jemandem nahezubringen, dass jetzt die rechte Zeit für einen Aufbruch in Richtung seines Zuhauses wäre. Das betrifft vor allem Gäste, die „àn Sitzàdn“ (einen Sitzenden), also ein starkes Sitzfleisch haben und nur schwer dazu zu bewegen sind, die angenehme Umgebung auf einem Fest oder in einem Gasthaus zu verlassen.

Der braucht öiwei weidàbàddàn. / Den muss man immer weiterpatern.

Den muss man jedes Mal hinauskomplimentieren, also freundlich, aber bestimmt zum Verlassen der Örtlichkeit auffordern. „Weiterpatern“ kommt vom „Pater“ (Ordensbruder) und ist verwandt mit dem „langsamen Bàddà“ (langsamer Pater, der ewig braucht, um eine Messe zu lesen), einer Bezeichnung für einen besonders gemütlichen, behäbigen Menschen.

Maaner und Weiberleid

Zwischenmenschliches und Erotisches

Das Verhältnis zwischen Mann und Frau war zu allen Zeiten und in allen Kulturen ein ganz besonderes. Es hat unendlich viele Facetten und reicht von der Liebe, der Sexualität und Erotik, der Partnerwahl über die Rollenverteilung in der Gesellschaft bis hin zu den gegenseitigen Vorurteilen der Geschlechter. Sich im Bereich des Zwischenmenschlichen und Erotischen gewandt zu bewegen, wollen wir den alten Bayern nicht absprechen, auch wenn Ludwig Thoma in seinem „Agricola“ über die spezielle Beziehung der bayerischen Männer zu ihren Frauen und umgekehrt eher Unrühmliches zu berichten hat: „Unähnlich hierin den Vorfahren achtet dieses Volk den Rat der Weiber nicht und glaubt nicht an deren göttliches Wesen. Ihren Aussprüchen horchen sie nur ungern. Doch fehlt nicht alle Verehrung des Weibes. Zu den geselligen Zusammenkünften haben die Weiber Zutritt; ja, sie dürfen sogar mit den Männern aus einem Gefäße trinken. In dieser Gastfreundschaft herrscht eifriger Wettstreit. Auch tanzen die Jünglinge, welchen dies eine Lustbarkeit ist, mit ihnen umher. Bei dieser Übung beweisen sie mehr Fertigkeit als Anmut.“

’S RÀDLFAHRN LERNT MÀ-R-À AUF ÀN OIDN RÀDL.

Auf Brautschau

Eine der wichtigsten Entscheidungen im Leben war und ist die Wahl des Lebenspartners bzw. der Lebenspartnerin. Früher kam diesem Schritt noch eine weitaus größere Bedeutung zu, war doch der von Gott gesegnete „Bund fürs Leben" nach der katholischen Lehre „unauflöslich", eine spätere Trennung also ausgeschlossen und für den gläubigen Bayern undenkbar. An den falschen Partner zu geraten, konnte also fatal sein: Als sich in meinem Heimatdorf einmal eine Ehefrau an den Herrn Pfarrer wandte und ihn um Rat bat, weil sie von ihrem Mann geschlagen wurde, verwies der sie damals auf die Bibel und verkündete: „Auch Jesus Christus musste sein Kreuz tragen".
Tatsächlich stand aber trotz dieser Problematik bei der Suche nach einem geeigneten Hochzeiter (Bräutigam) bzw. einer Hochzeiterin (Braut) meist nicht die gegenseitige Zuneigung im Vordergrund, sondern die wirtschaftliche Situation. Es musste standesgemäß geheiratet werden: Geld sollte zu Geld kommen. Überhaupt entschieden normalerweise die Eltern oder sogar nur die Väter darüber, wer der oder die Auserwählte sein sollte. Man traf sich im Wirtshaus und einigte sich über die Heirat und alle dazu gehörigen Modalitäten, ohne dabei die beiden eigentlich Betroffenen zu beteiligen. Bei den Modalitäten ging es vor allem um die Höhe der Mitgift – andere Qualitäten der zukünftigen Ehepartner wie z. B. Schönheit oder Fleiß konnten aber durchaus auch eine Rolle spielen.

À ganz à Schwàre. / Eine besonders Schwere.

Wird mit diesen Worten die potenzielle Zukünftige beschrieben, so ist damit nicht ihr Körpergewicht gemeint, sondern das ihrer Mitgift. Es handelt sich also um eine Tochter aus reichem Elternhaus und demzufolge um eine besonders gute Partie. Heute kennt man dazu im Ländlichen noch den Reim „Schönheit vergeht, Hektar besteht."
Dieser Spruch ist nur einer von vielen, der die wichtigste Eigenschaft von Heiratskandidatinnen beschreibt, gerne verwendet wurden auch:

Mit derà wàrst net ausgschmiert. / Mit der wärst du nicht ausgeschmiert.

Mit der hätte man dich nicht betrogen.

De wàr net uneem. / Die wäre nicht uneben.

Die wäre durchaus geeignet.

Mit à soichànà brauchst de net schàmà. / Mit so einer brauchst du dich nicht zu schämen.
Diese kannst du ruhig überall vorzeigen.
À ganz à Sauberne. / Eine ganz Saubere.
Eine besonders Schöne.

Des sàn koàne orechtn Leid net. / Das sind keine unrechten Leute nicht.
Diese Familie ist ganz und gar in Ordnung – die bayerische doppelte Verneinung soll das Lob betonen. Bei der Auswahl der künftigen Ehefrau bzw. des künftigen Ehemannes wurde selbstverständlich auch ein Blick auf deren Familie geworfen. Handelte es sich um ein Haus mit gutem Ruf, kam dieser Spruch zur Anwendung, war der Ruf eher zweifelhaft, wurde die Familie als „Bàckeleid" (Pack, Gesindel) gemieden.

Wås mächst 'n mit derà Larvà? / Was willst du denn mit dieser Larve?
Wer eine Larve, d.h. eine Maske, trägt, versteckt sein wahres Gesicht. Hier sind Frauen gemeint, die sich kräftig schminken, ihr Aussehen also durch den großflächigen Einsatz von Kosmetika zum Positiven verändern, gemeint – man bezeichnete solche Frauen als „Larvà". In Bayern begann der Siegeszug der Kosmetik nach dem Zweiten Weltkrieg mit dem Einsatz des Lippenstifts. Die ältere Landbevölkerung schätzte es allerdings überhaupt nicht, wenn sich die Frauen „angestrichen" hatten. Weibliche Exemplare mit allzu roten Lippen und sonstigen Verschönerungen galten als Heiratskandidatinnen zweiter Klasse. Man unterstellte ihnen, weder fleißig noch strebsam zu sein und sich lieber vor dem Spiegel als im Stall oder auf dem Feld aufzuhalten. Von manchen Eltern wurde deshalb gerne hervorgehoben, dass sie über eine Schwiegertochter verfügten, die sich „nicht anstreicht".

Wås wuist 'n mit derà? De håt nix und is nix. / Was willst du denn mit der? Die hat nichts und ist nichts.
Dieser Frau mangelt es zu sehr an Besitz, die ist keine Option für eine Heirat.

Mit derà kimmst vo Federn auf Strouh. / Mit der kommst du von Federn auf Stroh.
Mit dieser Frau wirst du nicht erfolgreich sein. Mit der kommst du zu

nichts, sondern wirst in deinem Bett bald anstelle auf weichen Daunen auf unbequemem Stroh liegen müssen, weil sie nichts besitzt oder das Geld nicht zusammenhalten kann.

Oiss, wås mà se dàheiràt, braucht mà se net dàarwàn. / Alles was man sich erheiratet, muss man sich nicht erarbeiten.
Ein weiser Rat an die Heiratskandidaten bezüglich der Mitgift.

Bei derà muàßt aufpàssn, des is à ganz à Ràsse! / Bei der musst du aufpassen, das ist eine ganz Resolute!
Bei dieser Frau ist Vorsicht geboten! „Ràss" bedeutet „scharf gewürzt". Eine „ràsse" Frau ist ein sehr selbstbewusstes, energisches, oft auch barsches, unfreundliches Exemplar mit scharfer Zunge.

Des is à so à Woàsàl. / Die ist so eine Waise.
Das ist ein sehr unselbständiges, schüchternes Mädchen.

Des is à ganz à Hànddige. / Das ist eine ganz Barsche.
„Hànddig" bedeutet „bitter, kaum genießbar". Eine hànddige Frau ist also eine, mit der man den Kontakt besser meidet, weil sie zur unfreundlichen Sorte gehört und mit ihr nicht gut Kirschen essen ist.

De håt vielleicht àn hohà Wasserfoi. / Die hat aber einen hohen Wasserfall.
So bezeichnet man anerkennend eine langbeinige Frau.

À Junge frisst àà net mehrà wià-r-à Oide. / Eine Junge frisst auch nicht mehr als eine Alte.
Dies ist ein durchaus wichtiger Hinweis zur Auswahl der Lebenspartnerin, der zum Ausdruck bringen soll, dass einer jungen Hochzeiterin der Vorzug vor einer älteren zu geben ist. Diese kann schließlich noch längere Zeit kräftig zupacken, ist außerdem meist noch hübscher und verursacht trotzdem keine höheren Kosten beim täglichen Lebensunterhalt.

Auf de håt er scho lang gspitzt. / Auf die hat er schon lange gespitzt,
sagt man, wenn einer seine Favoritin vor der Altar führt, die er schon lange im Auge hatte und die ihn endlich erhört hat. Der Spruch ist aber auch auf Gegenstände anwendbar, z. B. auf ein bestimmtes Grundstück,

auf das jemand lange Zeit spekuliert hat und das er auf Grund glücklicher Umstände endlich kaufen kann.

Jeder Håfà find sein Deckl. / Jeder Topf findet seinen Deckel.

Da ein „Hafen“ im Bairischen nicht nur ein Topf, sondern auch die Bezeichnung für eine hässliche Frau ist, will dieser Spruch den weniger Ansehnlichen Mut machen: Jede Frau findet einen passenden Mann, so wie jeder Topf seinen zu ihm gehörenden Deckel findet.

Wås mächst ’n mit den Hamperer? / Was willst du denn mit diesem Taugenichts?

Diese Frage musste sich so manches Mädchen gefallen lassen, wenn es seinen Eltern gestand, wer ihr Auserwählter war.

Wås mächst ’n mit dem Sprüchmacher? / Was willst du denn mit diesem Sprücheklopfer?

Den nimmt doch keiner ernst, dem glaubt doch keiner, den und seine großen Worte kennen wir schon – auch der taugt nicht zum Bräutigam. Aussagen eines „Sprüchmachers“ quittiert man übrigens mit: „Des sàn doch bloß Sprüch!“ (Das sind doch nur Sprüche, nur reine Angabe, da ist doch nichts dahinter.)

Der håt vielleicht so Blåsà her! / Der hat aber große Backen!

Der so Beschriebene steht gut im Futter, das sieht man ihm schon im Gesicht an. Als „Blåsà“ (Blaser) werden die aufgeblasenen Backen bezeichnet.

Der håt vielleicht Arm her! / Der hat aber kräftige Arme!

Ein durchaus bewundernder Ausruf.

Der håt vielleicht àn Trumm Belle auf! / Der hat aber einen großen Kopf!

So einen großen Kopf sieht man selten. Ein „Trumm“ ist ein großes Stück, der „Belle“ ein Synonym für „Kopf“.

Mit dem håst koà Freid. / Mit dem wirst du keine Freude haben.

Mit dem wirst du nicht glücklich werden. Was hier keine gute Zukunft verspricht, ist meist ein Mensch, kann aber auch eine Sache sein.

Für den wàr's àà gscheidà, er dàt se vom Konditor oàne bachà lassen. / Für den wäre es auch sinnvoller, er würde sich vom Konditor eine (Ehefrau) backen lassen.

Gegebenenfalls mit dem Zusatz: „De kunnt à nachà fressen, boi à s' nimmer måg." (Die könnte er dann fressen, wenn er sie nicht mehr mag.) Ratschlag an einen Heiratswilligen, der seine Favoritinnen aber erfahrungsgemäß schon nach kurzer Zeit wieder wechselt. Als Alternative bietet sich an:

Der muàß se oàne schnitzen lassen. / Der muss sich eine schnitzen lassen.

De hän Daum net besser zamtrång kenà. / Die hätten die Tauben nicht besser zusammentragen können,

sagt man über ein Paar, das in allen Belangen besonders gut zusammenpasst und harmoniert. Der Spruch ist abgeleitet von den Tauben, die das Nistmaterial für ihr Nest gemeinsam besorgen und so in gutem Zusammenwirken eine optimale Behausung für den Nachwuchs schaffen.

Hat ein Bursch ein „Techtlmechtl" (Verhältnis) mit einem Mädchen, dann drücken sich die drei Phasen der langsamen öffentlichen Bekanntmachung im Bairischen folgendermaßen aus:

1) Er håt wås mit ihrà. / Er hat etwas mit ihr.

(Oder: **Er håt's mit ihrà.** / Er hat es mit ihr.)

Gemeint ist eine amouröse Beziehung, die noch streng geheim ist und nicht zwangsläufig in eine spätere Ehe mündet. Dabei ist es durchaus möglich, dass einer der beiden verheiratet ist – oder dass sogar beide ihren jeweiligen Angetrauten Hörner aufsetzen. Vor allem in diesem Fall ist die Geheimhaltung für die beiden Betroffenen äußerst wichtig.

2) Er schiàbt mit ihrà. / Er schiebt mit ihr.

So bezeichnet man die Zwischenphase, in der sich das Verhältnis zwar schon herumgesprochen hat, die Betroffenen es aber noch geheim halten möchten.

3) Er làfft (geht) mit ihrà. / Er läuft (geht) mit ihr.

In dieser Phase hat sich die Liebelei schon überall herumgesprochen. Geheimhaltung ist also ebenso unnötig wie nutzlos.

Unser Schwiegertochter hammà uns scho gricht. / Unsere Schwiegertochter haben wir uns schon gerichtet.

Unsere Schwiegertochter haben wir so erzogen, wie es nötig war – jetzt ist sie z. B. als ordentliche Bäuerin für unseren Hof geeignet.

Erotisches

Erotische Beziehungen hatten in Bayern durchaus mehrere Hürden zu nehmen. Zuvorderst waren da die Bemühungen der allgegenwärtigen katholischen Kirche, die Sexualität als Sünde zu definieren und dabei vor allem sexuelle Beziehungen vor und außerhalb der Ehe zu verdammen und zu verbieten. Dass die Auswahl des Ehepartners dann meist durch die Eltern erfolgte, war dem Näherkommen des zusammengesteckten Paares zunächst sicher auch nicht dienlich. Trotzdem war die Erotik auch den dermaßen bedrängten Bayern zu keiner Zeit fremd. Davon zeugen viele nichteheliche Kinder sowie die folgenden Sprüche, die sich genussvoll mit dieser Seite der menschlichen Bedürfnisse beschäftigen.

À bissl wås geht ållerwei. / Ein bisschen was geht immer.

Ein gebräuchlicher Spruch bei jungen Burschen auf der Suche nach einem Mädchen. Bekannt geworden ist er durch die Kult-Fernsehserie „Monaco Franze“, wo er auch in eben diesem Sinn gern und oft von der titelgebenden Figur verwendet wird.

Auf d' Stànz geh. / Auf die Stanz gehen.

Auf Freiersfüßen wandeln, ein Abenteuer suchen. Wer „auf d' Stànz geht“, ist nachts auf dem Weg zum Kammerfenster oder zu einem anderen amourösen Abenteuer. „Stànz“ war ursprünglich der nächtliche Besuch bei der Liebsten, ein Vergnügen, ein Abenteuer, etwas Auffallendes, Ungewöhnliches. „Auf der Stànz“ können aber auch Kinder sein, die ohne Kenntnis der Eltern irgendwo unterwegs sind, wo sie spielen oder etwas erleben können.

Solang mà 's Schweinerne pfundweis kriàgt, kàfft mà koà ganze Sau. / Solange man das Schweinefleisch pfundweise bekommt, kauft man kein ganzes Schwein.

Wer ein ganzes Schwein kauft, muss für dessen Unterbringung, Futter und Pflege sorgen. Geht es ans Fleisch des Tiers, müssen – damit sich die teure Anschaffung gelohnt hat – beim ganzen Schwein auch dessen weniger attraktiven Teile verarbeitet werden, z. B. Ohren, Rüssel, Knochen oder manche Innereien. Und schließlich isst man längere Zeit Fleisch vom immer selben Schwein. Auf die holde Weiblichkeit übertragen: Ein Mann, der bei den Frauen gut ankommt, muss nicht unbedingt heiraten. Anstatt auch die weniger angenehmen Eigenschaften einer Gattin auf Dauer in Kauf zu nehmen und auf die gewohnte Abwechslung verzichten zu müssen, kann er getrost auf die Zuwendung einer ganzen Reihe von Bewunderinnen zurückgreifen.

Wenn 's Wasser kocht, ghern Gneel eiglegt. / Wenn das Wasser kocht, gehören die Knödel eingelegt.
Diese aus der Küche kommende Arbeitsanweisung wird verwendet, wenn man zum Ausdruck bringen möchte, dass eine Frau oder ein Mädchen zu erotischen Abenteuern bereit ist und man als männliches Pendant den günstigen Zeitpunkt nutzen sollte.

Vattà håwe koàn, Muàtter håwe koàne, weil me mei Tànt ledigerweis ghabt håt. / Vater habe ich keinen, Mutter habe ich keine, weil mich meine Tante ledig gehabt hat.
So äußerte sich manches nichteheliche Kind, dem man die Informationen über seine leiblichen Eltern vorenthielt. Nichteheliche Kinder waren früher vor allem für die Familie der Mutter des Kindes eine große Schande. Um über die Sache möglichst bald Gras wachsen zu lassen, wurde dieser unerwünschte Nachwuchs oft schon kurz nach der Geburt bei entfernt wohnenden Verwandten aufgezogen, die ihnen dann diesen Spruch beibrachten.

Brauchst às, håst às, brauchst às net, liegt s' guàt dànem. / Brauchst du sie, hast du sie, brauchst du sie nicht, liegt sie gut daneben.
Alter Spruch, der sich auf die eigene Ehefrau bezieht. Diese stört nicht, wenn sie neben ihrem Mann im Ehebett liegt und schläft, steht aber zur Verfügung, sobald er ein erotisches Bedürfnis verspürt. Ein gutes Beispiel für die Überheblichkeit mancher Männer – und dass es mit der Gleichberechtigung im alten Bayern noch nicht weit her war.

Lieber zehn Depperte ois oà Dapperter. / Lieber zehn Dumme als ein Grapscher.

Mit diesem Spruch reagiert die selbstbewusste Frau auf den unerwünschten Grapsch-Versuch eines Mannes. Alternativer Spruch aus der Neuzeit: „Das Berühren der Figüren mit den Pfoten ist verboten."

À liegàdè Arwàt mit stehàdn Werkzeig. / Eine liegende Arbeit mit stehendem Werkzeug.

Umschreibung der Handwerker für erotische Aktivitäten.

Àn liàwàn gàngàd i jetz mit dà Dirn àn Heistoog nei, i kànnt scho nummoi à Fuàder ålààrn. / Am liebsten ginge ich jetzt mit der Dirn in den Heustock, ich könnte schon noch ein weiteres Fuder ableeren (abladen), sagte mancher Knecht nach einem schweren Arbeitstag. Mit der „Dirn" (Magd) allein im Heu auf dem Heuboden – das gäbe ihm sicher neue Kraft.

Der Baur håt de Burschen hoàmgscheitlt. / Der Bauer hat die Burschen heimgescheitelt.

Kamen des Nachts die Burschen zu den Mägden ans Kammerfenster, wurden sie oft vom Bauern vertrieben, indem er ihnen Holzscheite nachwarf.

Soi e 'n rausdoà? / Soll ich ihn heraustun?

„Soll ich ihn herausholen?", fragte der junge, wortkarge und erotisch unerfahrene Knecht seine Begleiterin unvermittelt nach dem Tanz auf dem Nachhauseweg, nachdem die beiden längere Zeit stumm nebeneinander hergegangen waren.

Der braucht àà naufhem und åweschlång. / Den muss man auch hinaufheben und herunterschlagen.

Manche Männer, die zunächst im Umgang mit Frauen sehr schüchtern sind, haben es aufgrund ihrer Kontaktschwierigkeiten geradezu nötig, dass man sie auf die Frau „hinaufhebt" – können dann aber nicht mehr von ihr lassen, sobald sie es „dàschmeckt ham", also Geschmack daran gefunden haben, sodass man sie von der Frau, auf der sie liegen, wieder „herunterschlagen" muss.

Dialog am Bahnsteig:

„Wo fahrst 'n hi?" / Wo fährst du denn hin?

„Zum Schlienfåhn." / Zum Schlittenfahren.

„Wo håst 'n dein Schlien?" / Wo hast du denn deinen Schlitten?

„Der hoit gråd d' Fahrkartn." / Der holt gerade die Fahrkarten.

'S Ràdlfahrn lernt mà-r-à auf àn oidn Ràdl. / Das Fahrradfahren lernt man auch auf einem alten Fahrrad.

Sind die amourösen Abenteuer älterer Damen – in diesem Fall wohl mit jüngeren Burschen – Diskussionsthema, passt dieser Spruch. Alternativ wären auch anzubringen:

Wenn à oide Hüttn brennt, brennt s' gscheit. / Wenn eine alte Hütte brennt, dann brennt sie stark.

In à-r-à oidn Kapöin is à guàt bättn. / In einer alten Kapelle kann man auch gut beten.

Solang d' Orgel spuit, is Kirch net aus. / Solange die Orgel spielt, ist die Kirche noch nicht zu Ende.

Oberflächlich von Kirchenmusik und Messdauer handelnd, wird hier auf die menschliche Libido Bezug genommen: Der Mensch, vor allem der Mann, hat so lange Interesse an der Erotik wie er noch die erforderliche körperliche Leistungsfähigkeit besitzt.

Der is eàm ins Gäu kemà. / Der ist ihm ins Gäu gekommen.

Ein „Gäu" oder „Gau" ist ein bestehender Herrschaftsbereich. Versucht ein Fremder, dort einzudringen, dann gibt es Ärger, ebenso wie die Zeichen auf Krawall stehen, wenn sich ein anderer Mann an die eigene Ehefrau oder Freundin heranmachen will.

Oiss wås recht is, aber vo meiner Oidn gehst rå! / Alles was recht ist, aber von meiner Alten gehst du herunter!

Das geht aber wirklich zu weit, dass du auf meiner Frau liegst. In der Regel nur im übertragenen Sinn verwendet, wenn der erste Teil des Spruchs „Alles was recht ist" schon reichen würde, so aber noch einen frivolen Dreh mitbekommt.

Duà deine Pratzn (deine Griffe) weg vo mein Wei! / Nimm deine Hände (deine Griffel) weg von meiner Frau!

Finger weg von meiner Frau! Dieser Spruch wird definitiv nicht im übertragenen Sinn verwendet, sondern nur direkt, wenn sich tatsächlich ein anderer Mann an die eigene Ehefrau heranmacht.

Zur Melodie des Liedes „Då drom auf'm Bergàl, då steht à kloàns Haus" gibt es folgenden derb-augenzwinkernden Text:

Beim Schwanàwirt is Hochzeit, beim Schwanàwirt is Tanz,
Da packt de Schwanàwirtin den Schwanàwirt beim –
Schwanàwirt is Hochzeit, beim Schwanàwirt is Tanz,
Da packt de Schwanàwirtin den Schwanàwirt beim –
Schwanàwirt is ...
/ Beim Schwanenwirt ist Hochzeit, beim Schwanenwirt ist Tanz,
Da packt die Schwanenwirtin den Schwanenwirt beim –
Schwanenwirt ist Hochzeit, beim Schwanenwirt ist Tanz,
Da packt die Schwanenwirtin den Schwanenwirt beim –
Schwanenwirt ist ...

Nach einigen Ehejahren

Ob man bei der Suche nach dem geeigneten Ehepartner eine glückliche Hand hatte oder gehörig daneben gelangt hat, zeigt sich erst im Laufe der Zeit. Und zwischen dem idealen Paar, das wunderbar miteinander harmoniert, und den Gatten, die man am besten mit „Wià Hund und Katz" beschreibt, liegen Tausende von Beziehungen, die sich zwischen Arbeit, Kindern, Haushalt und Schlafzimmer immer wieder mehr oder weniger erfolgreich zusammenraufen und den Alltag meistern müssen. Wer in der Beziehung die Hosen anhat, wer den Schritt vor den Traualtar schon bereut und wie man vor der dominanten Gattin seinen Mann steht sind die Themen dieser Sprüche.

Oàmoi neidappt glangt. / Einmal hereingefallen reicht.

Inzwischen bin ich schlauer, den gleichen Fehler mache ich nicht ein zweites Mal, in diese Falle tappe ich nicht noch einmal. Ein häufig von Ehemännern gebrauchter Spruch, die sich in diesem Zusammenhang selbst gerne als „oidà Ehegrippe" (alter Ehekrüppel) bezeichnen. Grundsätzlich ist der Satz aber universell anwendbar, so z. B. auch im Bundestagswahlkampf 1972 von der CSU, um eine Fortsetzung der SPD/FDP-Regierung zu verhindern.

Des wenn e gwißt hätt, dass der bei r-à jeden passt, na häd e net gheiràt. / Das wenn ich gewusst hätte, dass der bei jeder passt, dann hätte ich nicht geheiratet.
Scherzhaft gemeinter Ausspruch eines Mannes, der den Eindruck erwecken soll, er habe bei seiner Eheschließung naiv an die einmalige Passform von Schlüssel und Schloss geglaubt und keine Ahnung gehabt, dass sich sein „Johannes" auch bei anderen Frauen zu erotischen Tätigkeiten eignen würde.

Er wàr scho recht, aaaaber sie! / Er wäre schon in Ordnung, aaaaber sie!, sagt man über so manches Ehepaar, bei dem er zwar ein angenehmer Zeitgenosse wäre, seine Frau aber dermaßen Haare auf den Zähnen hat, dass die „Màtz" (Miststück) kaum zu ertragen ist.

Wart no, wemmà dahoàm sàn, na muàßt scho wieder nei untern Tisch. / Warte nur, wenn wir zu Hause sind, dann musst du schon wieder hinein unter den Tisch.
Damit drohte die herrische Ehefrau ihrem Mann, wenn er sich in Gesellschaft abfällig über sie äußerte. War der Gatte vom mutigen Schlag, dann lautete die Antwort: „Aber des såg e dà glei, dass e wieder recht frech rausschaug." (Aber das sage ich dir gleich, dass ich wieder recht frech herausschauen werde.)

Sei Oide håt 'n à so zammputzt, dass er in koàn Schlappschuàch mehr neipàsst håt. / Seine Alte hat ihn so zusammengeputzt, dass er in keinen Schlappschuh mehr hineingepasst hat.
Seine Frau hat ihn so geschimpft, dass er in keinen Hausschuh mehr gepasst hat. Die hochdeutsche Variante wäre: „… dass er so klein mit Hut war."

Bei derà häd e scho lang amoi mit dà Faust àn Tisch naufghaut. / Bei der hätte ich schon lange mit der Faust auf den Tisch gehauen.
Bei dieser Frau hätte ich schon lange ein Machtwort gesprochen, von der hätte ich mir das nicht alles gefallen lassen.

I làäf auf und dàvo! / Ich laufe auf und davon!
Oder:
Dàvolàffà duà e! / Davonlaufen tu ich!

Die Drohnung mancher verzweifelter Ehefrau im Streit mit ihrem Mann. Worauf der meist sagte: „Wo'st nàme hilàfst?“ (Wo du denn hinläufst?), was heißen sollte: Wo willst du denn hin? Woanders findest du doch keine Bleibe.

Is' scho wieder beim Britschn? / Ist sie schon wieder beim Tratschen?

Sie ist wohl schon wieder beim Austausch von Neuigkeiten und Gerüchten, statt dass sie zu Hause ihre Arbeit macht und den Haushalt besorgt.

Då håwe sauber àn Dreeg neiglangt. / Da habe ich sauber in den Dreck hineingegriffen,

sagten sowohl Frau als auch Mann, wenn sie bei der Auswahl des Ehepartners großes Pech hatten, aber wohl nur der unglückliche Ehemann klagte später seinen Kollegen im Wirtshaus:

Zeit vergeht, 's Liàcht verbrennt, und 's Wei is no net gstarm. / Die Zeit vergeht, das Licht verbrennt, und die Ehefrau ist immer noch nicht gestorben.

Dieser Spruch wird aber auch ganz allgemein verwendet, um den Fluss der Zeit zu illustrieren, also auch, wenn man keinerlei Grund hat, sich das Ableben der Partnerin zu wünschen.

Hoiwert so deier und doppet so sche. / Halb so teuer und doppelt so schön,

freut sich der Ehemann, der alleine ausgeht.

Nimm 's bein Hois! / Nimm sie am Hals!

Umarme sie! Aufforderung an den Ehemann, sich nach einem Streit wieder mit seiner Frau zu vertragen und als Zeichen dafür mit einer Umarmung zu beginnen.

D’ Wåår

Unsere Kinder

Schon in der Bibel steht der Auftrag Gottes an die Menschen: Wachset und mehret euch! Diese göttliche Vorgabe nahmen früher auch die Bayern sehr ernst und so war eine große Kinderschar in den meisten Familien die Regel. Damit waren natürlich verschiedene Probleme verbunden, in erster Linie solche materieller Art. Es war aber auch eine echte Herausforderung, allen Kindern ihre Grenzen aufzuzeigen, jedes einzelne gut zu erziehen, allein schon zur Aufrechterhaltung des Familienfriedens. Gleichzeitig waren Kinder die Zukunft ihrer Eltern – der Sohn, der den Hof übernahm, versorgte in einem direkt gelebten „Generationenvertrag“ das ehemalige Bauernpaar auf seinem Altenteil. Selbst in der Bayerischen Verfassung hat das Thema Nachwuchs seinen Niederschlag, wo sowohl der große Wert der Kinder als auch die Verantwortung der Eltern deutlich werden: „Kinder sind das köstlichste Gut eines Volkes“ (Artikel 125 Absatz 1). „Die Eltern haben das natürliche Recht und die oberste Pflicht, ihre Kinder zur leiblichen, geistigen und seelischen Tüchtigkeit zu erziehen“ (Artikel 126 Absatz 1).

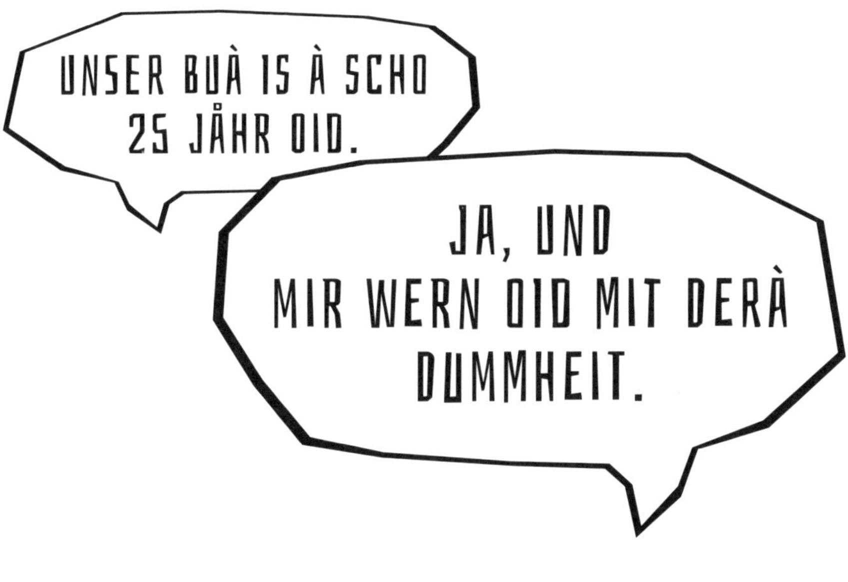

Bildung und Erziehung

Auch wenn sich der durchschnittliche bayerische Bürger dieser hochrangigen verfassungsrechtlichen Bestimmung zur Erziehung seiner Sprösslinge nur selten bewusst gewesen sein dürfte, hat er doch stets Wert darauf gelegt, dass aus seinen Kindern „wås Gscheits" (etwas Ordentliches) wird, was wiederum meist dadurch erreicht werden soll, dass sie „à Buidung ham" (eine Bildung haben). Bevor aber daran gedacht werden kann, dem Nachwuchs die Sitten, Werte und Gebräuche des anständigen gesellschaftlichen Umgangs beizubringen – was im Bairischen die „Bildung" ausmacht –, müssen zunächst die Geburt der folgenden Generation und erste Erziehungsprinzipien ins Auge gefasst werden:

Heit geh i auf 's Weisàt. / Heute gehe ich auf das Weisàt (Weiset).

Gemeint ist, dass man eine junge Mutter mit ihrem Neugeborenen besucht, den beiden alles Gute für die Zukunft wünscht und dazu ein Mitbringsel überreicht. „Weisàt" (oder „Weiset") bezeichnete früher allgemein eine Gabe, verengte sich später auf den Besuch und das Geschenk für die „Kindbetterin" und ist heute nur noch sehr selten zu hören. Das Wort ist mit dem alten Verb „weisen" verwandt, das auch „mitbringen" bedeutete.

De Kinder muàß mà do åbiàn. / Den Kindern muss man doch auch etwas verbieten.

Erziehung bedeutet meist: den Kindern ihre Grenzen aufzeigen. Ebenso: **De Kinder deàf mà net oiss nausgeh lassen.** / Den Kindern darf man nicht alles hinausgehen lassen.

Anarchie im Kinderzimmer ist keine gute Idee. Man darf den Kindern nicht alles durchgehen lassen und erlauben.

De Kinder muàß mà do à Buidung beibringà. / Den Kindern muss man doch eine Bildung beibringen.

Man muss die Kinder doch zu ordentlichem Benehmen erziehen.

Då kommà sång wås mà wui, de Kinder passn einfach net auf. / Da kann man sagen was man will, die Kinder passen einfach nicht auf.

Die Kinder hören einfach nicht zu, sie gehorchen einfach nicht, wenn man etwas anordnet. Jede elterliche Anweisung stößt auf taube Kinderohren.

Wennst jetz net foigst, na zkriàng mà uns. / Wenn du jetzt nicht folgst, dann zerkriegen wir uns.

Wenn du jetzt meine Anordnungen nicht befolgst, dann gibt es Streit zwischen uns.

Wennst jetz net bràv bist, na muàßt Eckerlsteh. / Wenn du jetzt nicht brav bist, dann musst du Eckerlstehn.

Eine etwas antiquierte Drohung, die früher durchaus Anwendung gefunden hat: Zur Strafe musste sich das Kind in eine Zimmerecke mit Blick auf die leeren Wände stellen – eine langweilige Angelegenheit, aber man hatte Zeit, um über sein Fehlverhalten nachzudenken.

Wennst jetz net bràv bist, na friess e di! / Wenn du jetzt nicht brav bist, dann fress ich dich!

Massive Drohung. Wird sie von jemandem mit großem Kropf (Schilddrüsenvergrößerung) gegenüber einem besonders frechen Kind geäußert, könnte er folgende Replik ernten: „À geh, du håst ja den andern no net drunt." (Ach was, Du hast ja den anderen noch nicht heruntergeschluckt.)

Bi net går so gsètzè! / Sei nicht gar so widersetzlich (widerborstig)!

Warnung an Kinder, sich nicht gegen jede Anordnung der Eltern zu sperren. Der Spruch kann auch problemlos bei widerspenstigen Erwachsenen angewandt werden.

Des håt no koàn gschadt. / Das hat noch keinem geschadet.

Auch wenn sie unangenehm waren, war man doch lange der Überzeugung, dass manche harten Maßnahmen für die Entwicklung von Kindern und Jugendlichen durchaus positive Effekte hatten, z. B.: „À Wàtschn håt no koàm gschadt." (Eine Ohrfeige hat noch keinem geschadet.) Die Einberufung eines jungen Mannes zur Bundeswehr konnte ebenso mit diesem Spruch begleitet werden.

Du werst às scho braucht håm. / Du wirst es schon gebraucht haben.

Du wirst es schon verdient haben. Mit diesen Worten kommentierten früher die Eltern die Mitteilung der Kinder, dass sie vom Lehrer mit einer Ohrfeige oder mit Prügeln bestraft worden waren. Wurde durch die Anklage der schulischen Züchtigung quasi die eigene Schuld eingestanden und hatte der Vater dazu noch schlechte Laune, konnte es durchaus vorkommen, dass er gleich noch eine weitere Ohrfeige nachschob.

Des is à so à Quecksuibà. / Das ist so ein Quecksilber.

Das ist ein sehr unruhiges Kind. Quecksilber bedeutet ursprünglich „lebendiges Silber“: Es sieht wie festes Silber aus, ist aber flüssig und beweglich.

Bist du àn Ziàglstål dahoam? / Bist du im Ziegelstadel (in der Ziegelei) daheim?

Mit dieser Frage wurden Kinder dazu angeleitet, die Tür immer zu schließen. In einer Ziegelei, in der Ziegel gebrannt werden, gibt es keine Türen – beim Angesprochenen zu Hause schon. Erwachsene bekommen diese Frage bei Bedarf auch gern zu hören.

Àn Finger machà. / Einen Finger machen.

Etwas mit erhobenem Zeigefinger sagen, mit erhobenem Zeigefinger drohen oder schimpfen.

D' Schuàch derf mà net àn Disch nauf stöin, då gibts àn Vodruß. / Die Schuhe darf man nicht auf den Tisch stellen, sonst gibt es einen Verdruss.

Schuhe auf dem Tisch bringen Ärger und Unglück – hauptsächlich für den Schmutzfink, der sie darauf abgestellt hat.

Àn Sunndà derf mà net nàhn, då woànt d' Muàttergottes. / Am Sonntag darf man nicht nähen, sonst weint die Muttergottes.

Eine Redewendung, mit der man versuchte, Kindern das Erlernen und Einhalten gewisser Verhaltensregeln dank einfacher Erklärungen zu erleichtern, hier das Arbeitsverbot am Sonntag.

„Konn i net“ derf mà net sång. Dann muàß ma's lernà! / „Kann ich nicht“ darf man nicht sagen. Dann muss man es lernen!

Bei anfänglichen Misserfolgen gilt es, nicht gleich die Flinte ins Korn zu werfen, sondern die entsprechenden Handgriffe zu erlernen. Kinder sollten so begreifen, dass es Übung braucht, um im Laufe der Zeit eine Sache immer besser zu beherrschen.

Wià sagt mà (då)? / Wie sagt man (da)?,

fragt meist die Mutter standardmäßig ihr kleines Kind, das beim „Dankeschön" noch etwas zurückhaltend ist.

Duà de schee Hand hergem! / Gib die schöne Hand her!

Eine Anweisung an das Kind, zur Begrüßung die „schöne", also die rechte Hand zu reichen.

Wasch de fei sauber å, dass mà koàne Anständ kriàng. / Wasche dich nur sauber ab, damit wir keine Beanstandung bekommen,

sagt die Großmutter zum Enkel, bevor sie diesen wieder seinen Eltern übergibt.

Wisch dà do amoi dein Riàßl å! / Wisch dir doch einmal deinen Rüssel ab!

Hat sich das Kind beim Essen das Gesicht verschmiert, gehört der Mund abgewischt. Statt nur „Riàßl" zu sagen kann man auf „Schmoizriàßl" (Schmalzrüssel) erhöhen, wenn sich rund um den Mund Spuren von Fett (Schmalz) finden.

Geh amoi her då! / Geh mal her zu mir!

Eindeutige Aufforderung. Manche Mutter rief mit diesem Spruch ihr Kind, das sich z. B. im Gesicht beschmutzt hatte, damit sie den Dreck mit ihrem mit Spucke angefeuchteten Taschentuch beseitigen konnte – was selten auf große Freude beim „Behandelten" stieß.

Dà Buà is mà drüberkemà. / Da ist mir der Bub drübergekommen.

Feststellung von Vater oder Mutter, wenn der Bub eine vor ihm versteckte Sache – Süßigkeit oder Geschenk – gefunden und sich drüber hergemacht hat. Vor allem Geschenke wurden und werden nach dem Erwerb von den Eltern versteckt, damit man die Kinder damit zu gegebener Zeit überraschen kann. Vor allem vor Weihnachten wissen die Kinder aber ab einem gewissen Alter von den versteckten Schätzen und sind oft so neugierig, dass sie im ganzen Haus danach suchen („rumschnuàttn"). Sind sie dabei erfolgreich, so sind sie „drüberkemà".

Wià dà Bàp hoàmkemà is, då bin e aber groàst, mei Liàwà. / Als der Papa heimgekommen ist, da bin ich aber davongerannt, mein Lieber,

sagte der Bub, der etwas angestellt hatte und deshalb die Strafe des strengen Vaters fürchtete.

Du duà dein Rock nå! / Du tu deinen Rock herunter!

Streife deinen Rock nach unten! Früher trugen kleine Kinder keine Unterhosen, was bei herumtobenden Mädchen einen blank präsentierten Po zur Folge haben konnte. Keine Blicke unter den Rock freizugeben, war eine Sache des Anstands. Weitere oft gehörte Aufforderungen an den Nachwuchs, die sicher nicht nur innerhalb der bayerischen Grenzen gehört wurden und werden:

Bleib fei in dà Nàchàd! / Bleib bloß in der Nähe!

Dass d' mà fei bis um fünfe dahoàm bist! / Dass du mir sicher bis um fünf Uhr daheim bist!

Fuchtelt net dauernd mit dein Stècka rum, då konnst ja oàns ins Aug treffà! / Fuchtle nicht dauernd mit deinem Stecken herum, da kannst du ja eines (einen, jemanden) ins Auge treffen!

Der håt me neigreit! / Der hat mich gekratzt!

Die häufige Beschwerde eines meist weinenden Kindes über einen Spielkameraden, den Bruder oder die Schwester. Der Übeltäter muss selbstverständlich bei der Mutter „verbritscht“ (verpetzt) werden.

Hoi mà beim Kramer à Pàckerl Ibidumm. / Hol mir beim Krämer ein Päckchen Ichbindumm.

Ein Auftrag, mit dem man man unbedarfte Kinder am 1. April zum Krämer schickte. Der anschließende Spott war unausweichlich, wenn sie den Aprilscherz nicht rechtzeitig erkannt hatten.

Jetz håt à verkàfft. / Jetzt hat er verkauft.

Jetzt ist er eingeschlafen. Waren die Bemühungen, das Kind zum Schlafen zu bringen, erheblich, dann war die Erleichterung umso größer, wenn es endlich eingeschlafen war.

Mià Kinder ham àn Juchä am gschlaffà. / Wir Kinder haben im obersten Geschoß geschlafen.

Wir Kinder mussten in der obersten Etage schlafen, also in dem Bereich des Hauses, der wegen der Mansarde, aber auch wegen der vom Dach hereinkommenden Hitze im Sommer bzw. der Kälte im Winter wenig beliebt war.

Der Hans gratt sein Vattà nåch, der schaugt eàm rågrissn gleich. / Der Hans gerät nach seinem Vater, der schaut ihm heruntergerissen gleich.

Der Hans schaut genau so aus wie sein Papa, die beiden sind sich so ähnlich, als ob man dem Vater die Gesichtszüge heruntergerissen und auf den Sohn übertragen hätte.

Mach à Màtz! / Mach eine Màtz!

Trau dich! Leg los! Eine „Màtz" ist eigentlich eine falsche, hinterlistige Person (meistens weiblich), es kann aber auch jemand sein, der mutig ist, der es wagt, etwas Verbotenes zu tun. Fordert man jemanden auf, eine „Màtz" zu machen, so ist damit gemeint, dass er etwas Wagemutiges, Verbotenes unternehmen soll, das einen gewissen Mut erfordert. Z. B.: „Àn Pfarrer seine Äpfe brauchàtn stehln." (Die Äpfel des Pfarrers sollte man stehlen.) „Ou ja, mach à Màtz, steig num übern Zaun!" (Oh ja, trau dich, steig rüber über den Zaun!) Als Ergebnis einer solchen Mutprobe gab es dann meist folgenden Spruch:

Du Lausbuà, dir wer e glei Epfe stöin! / Du Lausbub, dir werd ich gleich Äpfel stehlen!

Dir werde ich das Äpfelstehlen austreiben, du Lausbub! Ich werde dir zeigen, was es heißt, Äpfel zu stibitzen!

Dà Doktà håt gsagt, i deàf koà fauls Fleisch trång. / Der Arzt hat gesagt, ich darf kein faules Fleisch tragen.

Mit diesen Worten versuchten sich die Eltern von ihren Kindern, die gern getragen werden wollten, zu befreien. Mit dem Spruch kann man aber auch anlehnungsbedürftige Erwachsene davon abhalten, sich bei anderen festzuhalten oder aufzustützen.

„Unser Buà is àà scho 25 Jåhr oid." „Ja, und mir wern oid mit derà Dummheit." / „Unser Sohn ist auch schon 25 Jahre alt." „Ja, und wir werden alt mit dieser Dummheit",

sagte man, wenn die Rede aufs Altwerden gekommen ist.

Aus Kinder wern Leid. / Aus Kindern werden Leute.

Meist in nachdenklichem Ton angebrachter Kommentar, wenn man nach langer Zeit einen Menschen trifft oder über jemanden spricht, den man zuletzt als Kind gesehen hatte.

I bin à kloànà Maschkàrà, Und håb àn grossn Sååg, Und weil i no nix drinnà håb, Drum bitt i um å Gååb. /
Ich bin ein kleiner Maschkera, Und habe einen großen Sack,
Und weil ich noch nichts darinnen hab, Darum bitte ich um eine Gabe.
Früher gingen die verkleideten Kinder im Fasching von Haustür zu Haustür, sagten diesen Spruch auf und bekamen dafür eine kleine Gabe, meistens Süßigkeiten.

Spiele

Spielzeug war früher rar, denn es war meist kein Geld dafür übrig. Die meisten Menschen waren froh, das Lebensnotwendige finanzieren zu können. Deshalb wurden einfache Spiele, eher Neckereien ersonnen, mit denen man sich ohne Ausgaben amüsieren konnte. So schlicht wie diese kurzen Spiele waren, konnten sie allerdings ausgesprochen grob, ja sogar schmerzhaft werden – der Spaß war wohl teils mehr auf Seiten der spielführenden Erwachsenen zu suchen als bei den Kindern, mit denen der Scherz getrieben wurde.

Soi e dir d' Mannschetten omessn? / Soll ich dir die Manschetten anmessen?
Beim „Manschetten omessen" drückte man das Handgelenk des Spielkameraden kräftig und bewegte es gleichzeitig hin und her, bis es schmerzte – und auch darüber hinaus. Die einleitende Frage ist daher eher eine Drohung mit roher Gewalt.

Machmà-r-à Ohrwàschlrennàts? / Machen wir ein Ohrwaschelrennen?
Nur wer dieses „Spiel" noch nicht kennt, wird darauf mit „Ja" antworten. Dabei werden nämlich die flachen Hände an die Ohren des „Mitspielers" gelegt und sehr schnell abwechselnd nach hinten und vorne bewegt, was für den Betroffenen unangenehm bis schmerzhaft ist. Im Bekanntenkreis, wo dieses „Rennen" bereits bekannt ist, kann man damit auch hervorragend drohen.

Håst scho zoit? Na fåhr mà! / Hast du schon bezahlt? Dann fahren wir los!
Wenn die Kinder auf der Couch saßen, machte sich ein Erwachsener hin und wieder den Spaß, eines davon an den Füßen zu packen und es – nachdem er die genannte Frage nach der Bezahlung gestellt hatte – von

der Couch herunterzuziehen, sodass es am Boden lag. Hintergrund des Spruchs sind die bei Kindern beliebten Karusselle auf Volksfesten, deren Fahrten man natürlich erst dann genießen durfte, wenn man dafür bezahlt hatte. Hier sollte also der Beginn einer Karussellfahrt simuliert werden. Dass man dieses einfache „Tràtzen" (Necken) recht lustig fand, zeigt, wie genügsam man früher im Hinblick auf den Unterhaltungssektor war.

Mächst Mingà schaung? / Möchtest du München sehen?

Antworteten die gefragten unbedarften Kinder mit „Ja", dann wurde das Kind links und rechts am Kopf mit der flachen Hand fest gepackt und hochgehoben. Angeblich gab es sogar die Variante, das Kind an den Ohren hochzuziehen.

Deàmà Semeschaung? / Spielen wir Semmelschauen?

Beim „Semeschaung" handelt es sich um einen Wettbewerb, meistens für Kinder oder mit Kindern. Zwei Personen sitzen oder stehen dabei einander gegenüber und schauen sich mit ernstem Gesichtsausdruck in die Augen. Verloren hat, wer als Erster den Blick abwendet, was meistens mit einem Lachausbruch des Verlierers einhergeht, dem sich alle Anwesenden anschließen. Der Name des Spiels dürfte seinen Grund darin haben, dass der Gewinner manchmal eine Semmel als Preis bekam. Feine Semmeln aus Weißmehl waren früher schon wegen der Kosten eine Rarität, in der Regel aß man nur selbstgebackenes dunkles Brot.

Bockà bockà – dusch.

Auf eine Übersetzung kann hier verzichtet werden, da lautmalerisch schon verraten wird, was mit diesem Spiel gemeint ist: Wenn ein Erwachsener seinen Kopf auf etwa gleicher Höhe mit dem Kopf eines Kindes hatte, rief man „Bockà bockà – dusch". Bei „dusch" stießen beide mit der Stirn – wie zwei Ziegenböcke mit ihren Hörnern – zusammen, was zu einem relativ harten Zusammenprall führen konnte. Solange sich der damit verbundene Schmerz in Grenzen hielt, fanden das alle lustig.

Dà Rapp hockt am. / Der Rabe sitzt oben,

sagte der Erwachsene zum Kind, während er die Finger einer Hand spreizte und diese fest auf den Kopf des Kindes drückte. Damit sollten die Krallen eines Raben simuliert werden. Je nach angewandtem Druck konnte dies eine durchaus schmerzhafte Angelegenheit sein, der sich aber die Kinder in der Regel durch Bücken und Davonlaufen schnell entzogen. Freche Kinder antworteten: „Der Rapp scheißt dà wås." (Der Rabe scheißt dir etwas.)

Heit geht's Fischen guàt – scho wieder à Nåsn! / Heute geht das Fischen gut – schon wieder eine Nase!
Mit Kindern machten die Erwachsenen gerne folgenden Scherz: Man klemmte die Kindernase zwischen Daumen und Zeigefinger und sagte gleichzeitig diesen Spruch. Der Witz an der Sache war, dass mit der „Nåsn" nicht nur die Nase im Gesicht, sondern auch eine Süßwasser-Fischart gemeint war (Chondrostoma nasus, auch Näsling oder Schnabel genannt, häufiges Vorkommen im Rhein, in der Donau oder auch in Isar, Amper und der Glonn). Erwachsene fanden das immer sehr unterhaltsam, vermutlich waren sich aber die meisten des zugrunde liegenden Wortspiels gar nicht bewusst, sondern hatten nur ihren Spaß daran, die Kinder mit dem Zusammendrücken ihrer Nase zu necken und zu überraschen.

Aus der Boh, Zitronàmo, Hinten hängt der Deife dro! /
Aus der Bahn, Zitronenmann, Hinten hängt der Teufel dran!,
riefen die Kinder beim Schlittenfahren, wenn jemand im Weg stand.

Bei manchen Spielen hat sich der Name nicht erhalten oder man hatte sich nie die Mühe gemacht, einen Namen für den Scherz zu erfinden. Namenlos, aber beliebt war ein Spiel, für das nur die Hände benötigt wurden: Einer legte seine Hand mit der Innenseite flach auf den Tisch, ein anderer legte seine Hand in gleicher Weise auf die erste. Waren noch mehr Mitspieler am Tisch, taten diese reihum das Gleiche. Anschließend kamen die jeweils zweiten Hände dran. Und dann wurde es interessant: Im nächsten Schritt musste die unterste Hand aus dem entstandenen „Händeturm" herausgezogen und wieder oben auf den Stapel gelegt werden. Diese Prozedur begann langsam, wurde dann im Verlauf des Spiels aber immer schneller vorgenommen, bis sie schließlich unter großem Gelächter in einem totalen Durcheinander aller beteiligten Hände endete.

Bei den in Bayern weit verbreiteten Kartenspielen Watten und Schafkopfen sind in der Regel 32 Karten im Spiel. Will man die Vollständigkeit des Blattes kontrollieren, so kann man entweder von 1 bis 32 durchzählen oder aber das folgende Gedicht aufsagen und bei jedem Jambus eine Karte herunterblättern. Hat man beim letzten Wort des Gedichts auch die letzte Karte abgelegt, dann ist das Blatt vollständig – eine ideale Hilfe für Kinder und andere Personen, die nicht bis 32 zählen können. Hier das Gedicht:

Schuàster Schneider, flick mà d' Schuàh, Nimm à Leder àà dàzuà.
'S is koà Schuàster in dà Stååd, Der à soichès Leder håt.
Unser Màx is schriftgelehrt, Woàß net, wem des Leder ghert.
Ghert net mei, ghert net dei, Zwoàràdreißge miàssns sei. /
Schuster Schneider, flick mir die Schuh, Nimm ein Leder auch dazu.
Es ist kein Schneider in der Stadt, Der ein solches Leder hat.
Unser Max ist schriftgelehrt, Weiß nicht, wem dieses Leder gehört.
Gehört nicht mein, gehört nicht dein, Zweiunddreißig müssen es sein.

Den Versen ist auf den ersten Blick kein wirklicher Sinn zu entnehmen. Es handelt offenbar von einem Schuster namens Schneider, der manche Schuhreparaturen auch ohne die Verwendung neuen Leders vornehmen kann. In diesem Fall bittet der Kunde aber, ein Stück neues Leder zu verwenden, weil dieser Schuster das beste Leder der Stadt verarbeitet. Beim Schriftgelehrten – einer gesellschaftlich hochgestellten Persönlichkeit – namens Max könnte es sich um den Max beim „Wàtten" handeln, die höchste Karte in diesem Spiel. Selbst dieser kluge Mensch weiß nicht, wer Eigentümer des Leders ist, er weiß nur, dass es weder dem Schuster noch ihm gehört. Den entscheidenden Hinweis gibt dann die letzte Zeile: 32 Karten müssen es sein! Damit wird klar: Es geht nur darum, ein Gedicht mit 32 Jamben aufzusagen. Einen Sinn darf man vergeblich suchen.

Schaung, schmeckà und riachà

Schauen, schmecken und riechen

Von den fünf Sinnen des Menschen scheinen bei den Bayern das Hören und das Tasten weniger wichtig zu sein, jedenfalls gibt es hierzu ausgesprochen wenige Sprüche und Redewendungen. Lassen wir den Grund dafür beim Hören einmal darin liegen, dass das Nicht-Hören oder Weghören sich auch in bayerischen Landen schon sehr früh entwickelt: Erfahrungsgemäß wollen bereits Kinder sehr selten auf ihre Eltern hören. In der Pubertät steigert sich diese Abneigung noch weiter und auch in vielen Partnerschaften wird dann zeitlebens darüber geklagt, dass der oder die andere einfach nicht hört bzw. zuhört. Wer also von Klein auf mit dem Hören hadert, der hat auch später kein Bedürfnis, diesen Aspekt in Redewendungen zu würdigen.
Dass der Tastsinn ebenso zu den nachrangigen Wahrnehmungen zu gehören scheint, liegt wohl im wahrsten Sinn des Wortes auf der Hand: Die Hände der bäuerlich geprägten bayerischen Bevölkerung waren stets von der schweren Arbeit gezeichnet und daher von einer dicken Haut bis hin zur Hornhaut überzogen. Feinsinniges Tasten war damit nur eingeschränkt möglich.
Hier konzentrieren wir uns deshalb auf die drei den Bayern wichtigeren Sinne: das Sehen, das Schmecken und das Riechen, die alle drei ihren Eingang ins spruchreife Bairisch gefunden haben.

Då schaugst mit deine Aung

Das Auge ist das wahrscheinlich zentralste Sinnesorgan des Menschen, wird doch der größte Teil der bewussten Sinneseindrücke über das Sehen aufgenommen. Schaut man sich gegenseitig an, dann sucht man automatisch die Augen des anderen, nimmt so Kontakt zueinander auf. Die Frage, wie jemand schaut, bezieht sich allerdings selten allein auf das jeweilige Augenpaar an sich, sondern auf den gesamten Gesichtsausdruck. Vor allem damit beschäftigt sich dieses Kapitel.

Schaug e öiwà und schaug e öiwà, dàwei sieg i, dass e d' Aung zuà håb. / Ich schaue immer und schaue immer, plötzlich sehe ich, dass ich die Augen geschlossen habe.
Peinliche Selbsterkenntnis.

Schaug net so bläd, sunst bleibt's dà! / Schau nicht so blöd, sonst bleibt es dir!
Wenn du weiter so doof dreinschaust, wirst du diesen Gesichtsausdruck nie mehr los.

Der schaugt wià-r-à Schweiwerl wenn's blitzt. / Der schaut wie eine Schwalbe wenn es blitzt.
Der guckt ganz erschrocken, ganz verdutzt. An die Stelle der Schwalbe kann auch der „Aff" (Affe) treten.

Der schaugt wià-r-à Zeiserl. / Der schaut wie ein Zeisig.
Der schaut ganz unbedarft drein, in seinem Blick liegt die reine Naivität.

Der schaugt wià dà Ochs am Berg. / Der schaut wie der Ochse am Berg.
Der trägt einen dummen Gesichtsausdruck zur Schau, wie einer, der nicht mehr weiter weiß – eben wie ein Ochse, der vor einem Berg steht und nicht weiß, wie er ihn bezwingen oder umgehen soll.

Der schaugt wià-r-à Stier. / Der schaut wie ein Stier.
Eine Person mit ganz finsterer, böser, drohender, angriffslustiger Miene.

Lass doch dei Lätschn net går à so hängà! / Lass doch deinen Mund nicht gar so herunterhängen!,
empfiehlt man jemandem, der einen ausgesprochen missmutigen, depressiven Gesichtsausdruck hat.

Der schaugt aber heit gschpàsse. / Der schaut aber heute spassig.

Mit Freude hat dieser Blick eher weniger zu tun. Der Beschriebene hat einen merkwürdigen, ungewöhnlichen Blick aufgesetzt – mit dem stimmt doch heute etwas nicht.

Jetz konnst mi 'm Ofàrohr ins Gebirg schaung. / Jetzt kannst du mit dem Ofenrohr ins Gebirge schauen.

Die letzte Chance ist vorbei, jetzt hast du keine mehr. Ebenso wie man mit dem Ofenrohr das Gebirge nicht näher heranziehen kann – es ist ja kein Fernrohr –, so hast auch du keine geeigneten Hilfsmittel mehr, um zu deinem Ziel zu kommen.

Schaung mà-r àmoi, wer den Längern håt. / Schauen wir mal, wer den Längeren hat.

Frivole Ohren wollen beim „Längeren" das männliche Geschlechtsteil heraushören. Tatsächlich ist der Ausgangspunkt des Spruchs aber das Auslosen unter Verwendung von Zünd- oder anderen länglichen Hölzern: Einer nimmt sie gebündelt in die Hand, wobei die oberen Enden gleich lang herausragen, während die unteren Enden in der Hand verborgen sind. Dann wird reihum je ein Hölzchen gezogen. Wer das Längste zieht, hat gewonnen. Wenn man also schaut, wer den „Längeren" hat, dann will man wissen, wer die Oberhand hat, wer gewinnen wird oder auch wer recht hat. Wer „den Kürzeren zieht", ist der Verlierer – derjenige, der das Nachsehen hat und mit dem Ofenrohr ins Gebirge schauen kann.

Schaung mà-r àmoi, na seng mà's scho. / Schauen wir mal, dann werden wir es schon sehen.

Abwarten und Tee trinken. Der Spruch wurde in der Kurzform „Schau mà moi" durch Franz Beckenbauer bekannt gemacht. Er wird gerne benutzt, wenn man ein Angebot oder eine Bitte nicht direkt ablehnen will, sich aber schon ziemlich sicher ist, dass man nicht zusagen wird. Gebräuchlich sind auch „Wer ma's scho seng" (Werden wir es schon sehen) oder „Mià wern's scho seng" (Wir werden es schon sehen).

Mir sàn mi 'm Schaung går nimmer mitkemà. / Wir sind mit dem Schauen gar nicht mehr mitgekommen.

Wir konnten gar nicht mehr reagieren, weil alles so schnell ging. Wir waren wie gelähmt und hatten Mühe, alles zu sehen, wir waren allein damit schon überfordert.

Sowås håwe meiner Leddà no net gseng. / So etwas habe ich meiner Lebtag noch nicht gesehen.
Zeit meines Lebens ist mir so etwas noch nicht untergekommen. Etwas derart Ungewöhnliches sieht man nicht alle Tage.

Då wern s' d' Aung aufreissn! / Da werden sie die Augen aufreißen!
Da werden sie aber schauen! Das wird eine Überraschung werden!

Mach deine Soizbixl auf! / Mach deine Salzbüchslein auf!
Ein Salzstreuer weist häufig eine runde Öffnung auf, die aussieht wie eine Pupille – „Salzbüchslein" ist hier also ein Synonym für die Augen. Dieser Spruch wird gern angebracht, wenn jemand etwas sucht und es partout nicht sieht, obwohl es direkt vor ihm liegt. In dieser Situation kann man auch sagen bzw. spotten:
Dàss' de fei net beißt! / Pass auf, dass es dich nicht beißt!
Der Suchende ist schon so nah dran am Objekt seiner Begierde, dass es ihn in die Nase beißen könnte.

Suàchst àn gestrigen Dåg? / Suchst du den gestrigen Tag?,
fragt man jemanden, der suchend oder auch träumerisch sinnierend umhergeht. Direkter, aber weitaus weniger interessant könnte man auch fragen: „Wonach suchst du?"

Schmecks! – Nase und Geruch

Dass der Geruchssinn eine große Rolle beim Schmecken spielt, da er die gustatorische Wahrnehmung über die Geschmacksknospen unterstützt und bereichert, ist kein Geheimnis: Geschmack entsteht aus dem Zusammenspiel von Zunge und Nase. Auch in bairischen Sprüchen sind die beiden untrennbar miteinander verbunden – der Bayer verwendet das Wort „schmecken" als Synonym für „riechen". Die Redewendungen zeigen allerdings ein kleines Übergewicht auf der Seite des Geruchssinnes mit der tonangebenden Nase.

Den schmeck e scho drei Kilometter gegàn Wind. / Den rieche ich schon drei Kilometer gegen den Wind.

Den erkenne ich schon von Weitem, selbst wenn der Wind in die Gegenrichtung bläst.

Des kånn e doch net schmeckà. / Das kann ich doch nicht riechen.

Das kann ich doch nicht ahnen, mach mir keinen Vorwurf wegen etwas, von dem ich nichts wissen kann. Wird anstatt „schmeckà" das „ich" im Satz betont, so ändert sich die Aussprache eben dieses „ichs": „Des kånn i doch net schmeckà."

Schmeck's! / Rieche es!,

sagt man, wenn man zum Ausdruck bringen will, dass man auch nichts weiß.

Der ràsslt wià-r-à Oàchebär. / Der stinkt wie ein Eichelbär.

Mit „Bär" ist der Keiler, das männliche Wildschwein, gemeint. Wildschweine wie Hausschweine fressen gern die Früchte der Eichenbäume, Eicheln enthalten allerdings Gerbstoffe, die auch bei den Tieren zu Magen-Darm-Problemen, Durchfall und damit zu üblem Geruch führen können.

Der muàß sein Riàßl überoi drin håm. / Der muss seinen Rüssel überall drinnen haben.

Der muss seine Nase überall hineinstecken, der ist besonders neugierig und schnüffelt jedem ins Private hinein. Aufdringliche Fragen dieser Person kann man mit folgendem Spruch beantworten:

Neigierige Leit sterm boid. / Neugierige Leute sterben bald.

Alternativ:

Dir kimmt öiwei no àmoi wås aus. / Dir kommt irgendwann schon einmal etwas aus.

Es ist zu befürchten, dass dir irgendwann auch mal eine Information durch die Lappen geht.

A feine Nàne. / Eine feine Nase.

Hat jemand einen sehr feinen, kaum wahrnehmbaren Geruch bemerkt, sagt man: „Du håst aber à feine Nàne." Ein Wortspiel wird daraus, wenn man weiß, dass die „Nàne" auch die bairisch ausgesprochene Form des

Vornamens Anna ist. Mozarts ältere Schwester Maria Anna wurde z.B. „das Nànnerl“ (Diminutiv für „Nàne“) genannt.

Då håst vielleicht à Nåsn ghabt. / Da hast du vielleicht eine Nase gehabt.

Da hast du aber einen guten Riecher gehabt. Manche Leute haben mit ihren Unternehmungen eine glückliche Hand und treffen weitsichtig die richtigen Entscheidungen zu einem Zeitpunkt, zu dem noch niemand mit der dann eintretenden positiven Entwicklung rechnet – so als hätten sie diese Entwicklung riechen können.

Des wer e dir auf d' Nåsn bindn. / Das werde ich dir auf die Nase binden.

Darauf kannst du lange warten, dass ich dir das sage. Dieses Geheimnis werde ich dir nicht anvertrauen.

Des håwe eàm unter d' Nåsn griem. / Das habe ich ihm unter die Nase gerieben.

Heute untermalt der Spruch gern einen Triumph, von dem man jemandem möglichst ausführlich und oft auch mit Schadenfreude gemischt erzählt, um dessen Neid zu wecken. Früher konnte er aber auch angebracht werden, wenn man jemandem etwas Unangenehmes oder Kritisches durch die Blume sagte.

Nimm de söiwà bei der Nåsn. / Nimm dich selber an der Nase.

Du bist keinen Deut besser, denn das, was du bei anderen kritisierst, machst du doch selbst.

Der Nachbar håt eàm für d' Nåsn hibaut. / Der Nachbar hat ihm vor die Nase gebaut.

Der Nachbar hat ihm die Aussicht verbaut.

Öiwà dà Nåsn nåch. / Immer der Nase nach.

Antwort auf die Frage, wohin man geht oder fährt.

Wennst drom bis, schreibst mà-r-à Ansichtskartn. / Wenn du oben bist, schreibst du mir eine Ansichtskarte,

sagt man zum Nasenbohrer, dessen Finger tief in der Nase verschwunden ist und sich offenbar auf dem Weg zur Nasenwurzel befindet – sich im Vergleich zum Gebirge also Richtung Gipfel bewegt, von wo aus man früher häufig Ansichtskarten an Freunde und Verwandte schickte.

Dazu folgende alte Geschichte: In einer Münchner Straßenbahn weint ein kleiner Bub und jammert: „I håb mei Kugerl verlorn, i håb mei Kugerl verlorn." (Ich habe meine kleine Kugel / meinen kleinen Ball verloren.) Worauf alle Fahrgäste das Kind trösten und ihm helfen wollen, indem sie sein „Kugerl" auf dem Boden suchen. Nachdem es nicht zu finden ist, steckt der Bub seinen Zeigefinger in die Nase und sagt: „ Ach, macht nix, dann dràh e mir à Neis." (Ach, macht nichts, dann dreh ich mir ein Neues.)

Nà, i dàziàg's scho no. / Nein, ich kann es schon noch hochziehen.

Gern gegebene Antwort eines Kinds, das ständig den Nasenschleim hochzieht, wenn es von einem Erwachsenen gefragt wird, ob er ihm ein Papiertaschentuch geben soll.

Mir Bayern sàn grob, aber mià moànàs à-r-à so.

Wir Bayern sind grob, aber wir meinen es auch so.

Mit diesem Spruch soll das Kapitel der Redewendungen über Ärger und Streit eingeleitet werden. Er stellt gleich mehrere Dinge klar: Mit den Bayern ist nicht zu spaßen, es wäre deshalb ratsam, Streit mit ihnen zu vermeiden. Andernfalls muss mit einer groben, deftigen Gegenreaktion gerechnet werden. Die Bayern halten ihren streitbaren Wesenszug aber durchaus für vorzeigbar und im Umgang mit anderen auch angebracht. Dies gilt nicht nur für das Verhältnis von Bayern zu Nichtbayern, sondern auch für die Begegnung zweier bayerischer „Ureinwohner". Dass es gerade dann besonders heftig zur Sache gehen kann, liegt in der Natur der Streithammel, treffen doch in diesem Fall zwei aufeinander, denen das Grobe und Deftige im Blut liegt und deren Gemüter oft schon aus nichtigem Anlass und sehr schnell in Wallung geraten. Wahrscheinlich ist im Temperament der Bayern der Grund für die zahllosen Sprüche und Redewendungen zu suchen, die sich im Umfeld aller nur erdenklichen zwischenmenschlichen Probleme bewegen. Diese beginnen bei simplen, kleinen Differenzen, die meist von schlechter Laune – dem typischen bayerischen „Grànt" – ausgelöst werden, und führen über die persönliche Abneigung und einfachere Meinungsverschiedenheiten bis hin zu gröberem Ärger, der schließlich in einem heftigen Streit und im Extremfall in Handgreiflichkeiten und einer ordentlichen Rauferei enden kann.

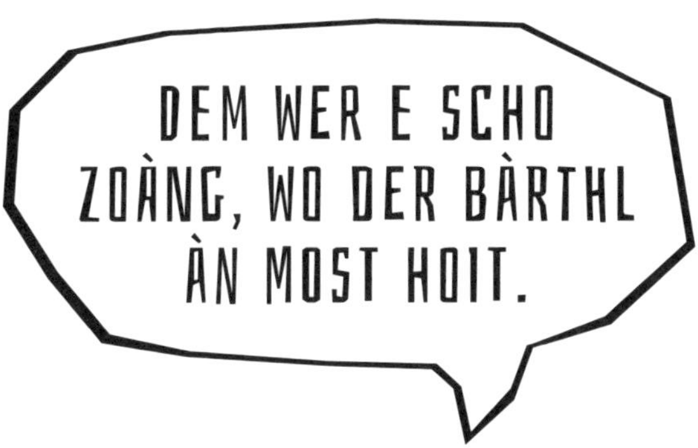

Abneigungen und schlechte Laune

Ursache für Auseinandersetzungen ist häufig die gegenseitige persönliche Abneigung, der gern ein bestimmtes unerfreuliches Erlebnis voran geht, die manchmal aber auch darauf beruht, dass zwischen den Betroffenen schlicht „die Chemie nicht stimmt". Im Grunde reicht aber schon schlechte Stimmung für Reibereien aus. Manche Bayern haben einfach kein Gespür dafür, dass ihr „Grànt" bei ihren Mitmenschen nicht gut ankommt. Dabei handelt es sich hier um eine weit verbreitete und akzeptierte Eigenschaft der Bayern, was sich z. B. daran zeigt, dass eine Münchner Tageszeitung über viele Jahre hinweg die kritische Kommentierung der Politik im Freistaat einem „berufsmäßigen Gràntler" – Bombastus Grantlhauer – übertragen hatte. Auch so mancher Bedienung im Wirtshaus oder Kellnerin auf dem Münchner Oktoberfest eilte der Ruf voraus, grantig und recht unwirsch zu sein. Geriet man an eine solche und wagte es als gestandener Mann, eine Limonade bei ihr zu ordern, gab es sprachlichen Gegenwind: „Spuisachàn hammà fei net!" (Spielsachen haben wir aber nicht!) Es liegt auf der Hand, dass man jemanden, der seinem Grant freien Lauf lässt und sich in solcher Weise über einen lustig macht, nicht leiden kann.

Den håwe dick. / Den habe ich dick.
Den konn e net schmeckà. / Den kann ich nicht riechen.
Den konn e net verputzn. / Den kann ich nicht ertragen.
Mit dem mächt e koà Gmoàschaft nimmer. / Mit dem will ich keine Gemeinschaft mehr.
Diese Sprüche haben alle in etwa die gleiche Bedeutung, nämlich: Den kann ich nicht leiden, mit dem will ich nichts mehr zu tun haben.

Den håwe auf der Lattn. / Den habe ich auf der Latte.
Den habe ich mir schon vorgemerkt und bei Gelegenheit werde ich ihm seine Missetaten heimzahlen. Der Spruch kommt vermutlich von einer Latte von Schulden auf der Zechtafel, auf der für jedes konsumierte Bier ein Strich eingetragen wird, die dann zusammen das Bild von parallel verlegten Dachlatten ergeben.

Über den bin e hoàß. / Über den bin ich heiß.
Über den bin ich verärgert, den kann ich ganz und gar nicht leiden. Regt

man sich über eine verhasste Person auf, die durch ihre Taten – z. B. die Verbreitung von böswilligen Gerüchten – oder ihre bloße Anwesenheit für Wut im Bauch sorgt, dann steigt auch meist der Blutdruck und einem wird heiß. Um diese ungesunde Entwicklung zu vermeiden, ist es am besten, Gerüchte, die einen selbst betreffen, gar nicht zur Kenntnis zu nehmen. Dann kann man ruhigen Gemüts sagen:

Wås e net woàß, macht me net hoàß. / Was ich nicht weiß, macht mich nicht heiß.

Was man mir nicht erzählt, das weiß ich nicht, und deshalb regt es mich auch nicht auf.

Du kimmst mà gråd recht. / Du kommst mir gerade recht.

Bemerkung im Zorn, wenn der Auslöser der Rage gerade in dem Moment erscheint, in dem man sich über ihn oder über eine mit ihm zusammenhängende Angelegenheit geärgert hat.

Du bist mà gråd no åbgangà! / Du bist mir gerade noch abgegangen!

Du hast mir gerade noch gefehlt, jetzt muss ich mich auch noch über dich ärgern. Auch im Präsens: „Du gehst mà gråd no åb." (Du gehst mir gerade noch ab.)

Den kààf e mà. / Den kaufe ich mir.

Den werde ich zur Rechenschaft ziehen. Sobald ich ihn treffe, werde ich ihn zur Rede stellen.

Du schneitz dà z'erst! / Du schnäuze dich zuerst!

„Putz du dir erst mal deine Nase", rief man einem Kontrahenten zu, meist unabhängig davon, ob ihm ein Tropfen von der Nase hing oder nicht. Auf die Schmähung kam es an und darauf, von der eigentlichen Streitfrage abzulenken.

Då geht mà ja glei 's Schnàcklmesser àn Hosnsååg drin auf. / Da geht mir ja gleich das Taschenmesser im Hosensack auf.

Da werde ich wütend, da werde ich zornig, gleich rege ich mich maßlos auf. Bei Taschenmessern lassen sich die Klingen einklappen, sodass man sich beim Transport des Geräts in der Hosentasche nicht verletzt. Das bairische „Schnàcklmesser" hat seinen Namen von dem Geräusch, das die Klinge beim Aus- bzw. Zusammenklappen verursacht, was man auf Bairisch „Schnàckeln" nennt. Früher führte jeder Mann ein solches Messer mit sich, weil es wunderbar vielseitig verwendbar war: Beim Brotzeitmachen, zum Einritzen von Herzen in Baumrinde, zum Spitzen von Holzstecken, zur Selbstverteidigung bei Raufereien usw. Das Schnacklmesser befand sich also in der Regel im zusammengeklappten Zustand in der Hosentasche. Regte man sich über eine bestimmte Person oder über eine Information besonders auf, so klappte sich – so der obige Spruch – das Messer in der Tasche auf, noch bevor man es herausnehmen konnte. Entweder weil man so erregt war, dass man die Reihenfolge durcheinander brachte (zuerst Messer herausnehmen, dann aufklappen), oder – eher unwahrscheinlich – da sich das Messer auf Grund telepathischer Einwirkungen von selbst öffnete. Sicher ist, dass es sich um eine außerordentliche Erregung handelt, die dieser Spruch beschreibt.

Der kriàgt vo mir net so vui, wià-r-e Schwarz untern Fingernågl håb. **/** Der bekommt von mir nicht einmal so viel, wie ich Schwarzes unter dem Fingernagel habe.

Das Schwarze unter dem Fingernagel ist in der Regel Schmutz. Der Betroffene ist dem Sprecher also gar nichts wert, nicht einmal den Dreck unter seinen Fingernägeln. Das Verhältnis dieser beiden ist mehr als schlecht zu nennen, der eine kann nichts mehr vom anderen erwarten. Häufig geht es dabei um verwandtschaftliche Beziehungen, in denen der eine schon auf die Erbschaft spitzt, der potenzielle Erblasser aber gar nicht daran denkt, ihn als Erben einzusetzen.

Dè ràcht koàn Guàtn. / Die raucht keinen Guten.

Raucht man guten Tabak, so wird der dabei entstehende Rauch auch von Nichtrauchern manchmal als wohlriechend empfunden, z. B. bei hochwertigem Pfeifentabak. Qualmt jemand dagegen minderwertiges Kraut, so entsteht eindeutig Gestank. Sich in der Nähe eines solchen Rauchers aufzuhalten, ist wahrlich keine Freude. Im übertragenen Sinn ist eine Person, die „koàn Guàtn" raucht, gereizt und schlecht gelaunt, man kann ihr kaum etwas recht machen, sie nörgelt und kritisiert ständig. Es empfiehlt sich daher, ihre Nähe zu meiden.

Kenn de wieder! / Kenne dich wieder!

Jetzt beruhige dich doch wieder, reg dich ab! So sagt man, wenn sich jemand derart echauffiert, dass man den Eindruck hat, er hätte sich überhaupt nicht mehr in der Gewalt.

Frieß me no net! / Friss mich nur nicht!,
kann man auf grimmige Blicke, scharfe Kritik oder laute Beschimpfungen antworten.

Warnungen

Verbale oder gar körperliche Auseinandersetzungen treten in der Regel nicht unvermittelt auf, vielmehr haben sie eine Vorgeschichte, die meist in Warnungen mündet. Manche davon sollen deeskalierend wirken, der Großteil weist mit seiner unterschwelligen Aggression aber schon auf die nächste Stufe des Streits voraus: Der Übergang von der Warnung zur Drohung eines gereizten Bayern ist fließend.

Sei mà stààd! / Sei mir still!
Oder:
Bi mà stààd! / Bin mir still!
Sag lieber nichts mehr, es reicht schon!

Jetz herst aber auf mit deine Gràmpf! / Jetzt hörst du aber auf mit deinem Unsinn.
Redet jemand Unsinn, so spricht man im Bairischen von einem „Grampf" (Krampf), Plural „Gràmpf" (Krämpfe), den er von sich gibt.

Lass me geh! Lass me steh! / Lass mich gehen! Lass mich stehen!
Lass mich in Ruhe!

Wià hammà's denn? / Wie haben wir es denn?
Das ist ja unerhört! Was erlaubst du dir eigentlich?

Du unterstäh dè! / Du unterstehe dich!
Trau dich das bloß nicht!

Wås glàbst du denn überhaupts? / Was glaubst du denn überhaupt?
Was fällt dir ein, so etwas zu sagen oder zu tun?

Wenn dà wås net pàsst, brauchst às bloß song. / Wenn dir etwas nicht passt, dann musst du es nur sagen.
Eigentlich schon fast eine Drohung, auf die eine ausgewachsene Rauferei folgen kann, wenn der Angesprochene tatsächlich erklärt, dass ihm etwas nicht passt, und die grimmige Warnung als Aufforderung (miss-)versteht.

Lass de ja net dàwischn, sunst gherst dà Katz! / Lass dich bloß nicht erwischen, sonst gehörst du der Katze!
Wenn ich dich bei dieser gewissen Sache erwische, dann bekommst du mit mir gehörigen Ärger – wie die Maus, die von der Katze erwischt und gefressen wird. Gebräuchlich ist auch die Formulierung:
Lass de ja net dàwischn, sunst bist verratzt! / Lass dich bloß nicht erwischen, sonst bist du verratzt!
Wirst du erwischt, bist du verloren (wie eine gefangene und erschlagene Ratte)!

Ohne Anleihen im Tierreich, aber mit verwandter Bedeutung kommen auch diese beiden Warnungen daher:
Då lass de dàwischn! / Da lass dich erwischen!
Dàwischn wenn e de duà! / Wehe, wenn ich dich erwische!
Droht jemand mit einer ungebührlichen Tat, wird ihm hier mitgeteilt, dass er mit den entsprechenden Konsequenzen zu rechnen hat.

Drohungen

Führen die Warnungen nicht zu einer Deeskalation der Lage, so greift man zum nächstschärferen Mittel und droht mit mehr oder weniger konkreten Aktionen. Dass diese Aktionen von der gewalttätigen Sorte sein werden, versteht sich von selbst – schließlich soll der Streitgegner ordentlich eingeschüchtert werden.

… na kriàgst-à-s mit mir z' doà. / … dann bekommst du es mit mir zu tun.
Wenn du noch einen falschen Schritt machst, dann wirst du mit mir Ärger der handfesten Art bekommen. Z. B.: „Wennst den Buàm no oàmoi oglangst, na kriàgst-à-s mit mir z' doa." (Wenn du den Buben noch einmal anrührst, dann bekommst du es mit mir zu tun.)

... na ruck mà zam. / ... dann rücken wir zusammen.

„Zusammenrücken“ wird hier im Sinn von „zusammen-, aufeinanderprallen“ benutzt. Ein Streit wird prophezeit, wenn das Gegenüber nicht gehorcht, eine Anordnung nicht ausführt oder nicht spurt. Z. B.: „Wennst numoi ins Waschbecken neibieslst, na ruck mà aber zam!“ (Wenn du noch einmal ins Waschbecken pinkelst, dann rücken wir zusammen!)

Då konnst wås dalèm. / Da kannst du etwas erleben.

Drohung für den Fall, dass ein bestimmtes unerwünschtes Ereignis eintritt, z. B.: „Wennst me bscheißt, dann konnst wås dàlèm.“ (Wenn du mich betrügst, dann kannst du etwas erleben – dann wird das unangenehme Konsequenzen für dich haben.)

Dem wer e scho zoàng, wo der Bàrthl àn Most hoit. / Dem werde ich schon zeigen, wo der Barthel den Most holt.

Dem werde ich schon zeigen, wo es lang geht. Zur Herkunft dieser Redewendung, die seit dem 17. Jahrhundert literarisch belegt ist, gibt es eine Reihe von Vermutungen, aber keine eindeutige Erklärung. Meist spielen Weinbauern, Wirte oder Kaufleute und ihre ganz besonderen Weinstöcke oder ihr hervorragender Sachverstand rund um den edlen Rebensaft eine tragende Rolle, obwohl Most eigentlich aus Äpfeln, manchmal auch Birnen oder Quitten hergestellt wird. Interessant, aber wohl eher unwahrscheinlich ist eine Variante, die den Ursprung des Spruchs in der Gaunersprache Rotwelsch und ihren hebräischen Einflüssen sehen will: Die dort verwendeten Wörter für „Eisen“ (phonetisch: „barzæl“) und „Geld, Münzen“ („ma'ot“) sollen zu „Barthel“ und „Most“ umgedeutet worden sein. In jedem Fall handelt es sich beim Barthel (Bartholomäus) um einen äußert pfiffigen Menschen, der sich auskennt. Und wer mit obigem Spruch droht, zählt sich ebenso zu den Cleveren, die ihrem Gegenüber, das sich nicht ordentlich zu verhalten weiß, eine Lektion erteilen müssen.

Kimm du mir hoàm! / Komm du mir heim!

Drohung, dass dem Angesprochenen Schlimmes widerfahren wird, sobald er nach Hause kommt, vor allem die Strafe für ungebührliche Worte oder unerlaubte Taten. Kindern, die etwas angestellt hatten, oder Ehemännern, die nur mit größter Mühe den Weg aus dem Wirtshaus fanden, klang dieser grimmige Ausruf wahrscheinlich schon lange vor der heimischen Türschwelle unheilvoll in den Ohren.

Jetz håst às fei gnau beinand! / Jetzt hast du es aber genau beieinander!

Jetzt fehlt aber nicht mehr viel, dann gibt es Ärger. Noch eine solche Bemerkung, dann musst du mit massiven Konsequenzen rechnen.

Jetz wer e aber pöize. / Jetzt werde ich aber pelzig.

Jetzt reicht es aber, jetzt werde ich ungemütlich. Jetzt muss ich aber deutlich widersprechen, das kann ich so nicht mehr hinnehmen. „Pöize" kommt vom Pelz, hier wohl vom Pelz des Bären, was bedeutet, dass man kurz davor ist, wie ein angegriffener, gereizter Bär zum – zumindest verbalen – Gegenangriff überzugehen.

Pàsst dà wås net? / Passt dir etwas nicht?

Hier handelt es sich um einen Spruch als offene Drohgebärde, die nicht selten zu einer handfesten Rauferei führte. Allerdings standen und stehen den Bayern noch eine ganze Reihe ähnlich gestrickter, sehr direkter Aufforderungen zur Verfügung. Bei einer derart großen Auswahl ist klar, dass man schnell einen geeigneten Spruch gefunden hat und eine Schlägerei nicht weit ist:

Jetz gib à Ruàh, sunst dàlebst wås! / Jetzt gib Ruhe, sonst erlebst du etwas!

Jetz gib à Ruàh, sunst wer e grànte! / Jetzt gib endlich Ruhe, sonst werde ich grantig (wütend)!

Wennst jetz net glei à Ruàh gibst, na schäwàts! / Wenn du jetzt nicht sofort Ruhe gibst, dann scheppert es!

Geh no her, wennst wås wuist! / Geh (Komm) nur her, wenn du etwas willst!

Geh no her, wennst de traust! / Geh (Komm) nur her, wenn du dich traust!

Håst à Schneid? / Hast du Mut?

Mächst ràffà? / Möchtest du raufen?

Mächst Schleeg? / Möchtest du Schläge?

No oà Wort, na beil e de à so, dass d' d' Engàl singà herst! / Noch ein Wort, dann beutle ich dich so, dass du die Englein singen hörst!

Letzte Warnung! „Beiln" steht für „beuteln" und bedeutet hier „an den Ohren ziehen".

I pack de bei der Bürschn. / Ich packe dich an der Bürste.

Ich ziehe dich an den Haaren. Mit dieser Formulierung drohte man Langhaarigen, auch Frauen mit längerem Haar.

Starke Drohungen rund um die Ohrfeige, auf Bairisch „Wàtschn", „Schöin/ Schelln" oder „Fotzn":

Mächst à Schöin? / Möchtest du eine Schelle?

Soi i dà à Båår eischèngà? / Soll ich dir ein Paar einschenken?

Mit dem Begriff „einschenken" verbindet man üblicherweise das angenehme Füllen eines Bierkrugs bzw. eines anderen Gefäßes mit vorzugsweise alkoholischem Inhalt. Hier sollen dem Angesprochenen ein paar Ohrfeigen „eingeschenkt" werden.

Soi e dà à Båår råhaun? / Soll ich dir ein Paar herunterhauen?

Glei ziàg e dà à Båår rå! / Gleich ziehe ich dir ein Paar herunter!

Glei schmier e dà oàne! / Gleich schmiere ich dir eine!

Glei fangst oàne! / Gleich fängst du eine!

Jetz werd na glei dà Wàtschnbààm umfoin! / Jetzt wird dann gleich der Watschenbaum umfallen!

Wenn du so weitermachst, dann setzt es was und zwar Ohrfeigen!

Dir kimme! / Dir komme ich!

Dir wer e höiffà! / Dir werde ich helfen!

Dir wer e neihöiffà in d' Schuàch! / Dir werde ich in die Schuhe hinein helfen!

Dir wer e hoàmleichtn! / Dir werde ich heimleuchten!

Diese Redewendungen bedeuten: Ich werde dich auf den Pfad der Tugend zurückführen – und wenn es dafür eine starke Rechte benötigt.

Di heb i glei raus aus dein Schmisettl! / Dich hebe ich gleich heraus aus deiner Chemisette!

Mit dem französischen Wort „chemisette", dem Diminutiv von „chemise" (Hemd), bezeichnete man die gestärkte Hemdbrust an Frack- und

Smokinghemden sowie das Vorhemd, ein Kleidungsstück, welches um 1900 getragen wurde und das meist aus stoffüberzogenem Karton bestand, zwischen Weste und Hemd getragen und auf dem Rücken mit Schnüren zusammengebunden wurde. Auf Kleidung kann allerdings bei einer ernsthaften Rangelei keine Rücksicht genommen werden.

Eine Folge brutal klingender Drohungen, die aber in der Regel nicht wörtlich zu nehmen sind, sondern allgemein eine Gewaltmaßnahme in Aussicht stellen wollen:

Glei dràh e dà àn Krång um! / Gleich dreh ich dir den Kragen (Hals) um!

Di mach e glei um àn Kopf kürzer! / Dich mache ich gleich um einen Kopf kürzer!

Dir schneid e glei àn Kopf rå! / Dir schneide ich gleich den Kopf ab!

D' Ohrwàschl schneid e dà å! / Die Ohren schneide ich dir ab!

I pack de glei beim Årsch und beim Gnàck und heb de so lang zon Fenster naus, bis de d' Mucken åbgfieselt ham. / Ich packe dich gleich beim Arsch und beim Genick und halte dich so lange aus dem Fenster hinaus, bis dich die Mücken abgenagt haben.

Deutliche Drohung mit bildhafter Beschreibung eher irrealer Handlungen.

I hau de ungspitzt àn Boon nei! / Ich schlage dich ungespitzt in den Boden hinein!

Auch hier handelt es sich um eine Drohung mit voraussichtlich schmerzhaften Folgen. Muss ein Pfosten in den Boden gerammt werden, so wird er zunächst angespitzt, damit man ihn leichter in die Erde treiben kann. Verzichtet man auf das Anspitzen, ist es – wenn überhaupt – nur mit besonders harten Schlägen möglich, ihn ins Erdreich zu befördern. Der Vergleich will auf eine Behandlung mit wuchtigen, sehr schmerzhaften Schlägen in naher Zukunft hinweisen.

Den håb i d' Schneid åbkåfft. / Dem habe ich den Mut abgekauft.

Meine Drohungen waren erfolgreich: Er wagt es nicht mehr, sich mit mir anzulegen.

Streit

Liegen zwei Personen im Streit miteinander, ohne dass es zu drastischen, aber im Zweifel durchaus befreienden Handgreiflichkeiten gekommen ist, dann ist es sehr wahrscheinlich, dass sich die Sache über längere Zeit hinzieht. Zeichen einer solchen „Eiszeit" sind unter anderem, dass die Kontrahenten nicht mehr miteinander reden oder ganz im Gegenteil hitzig und kontrovers diskutieren bis hin zu heftigen Beschimpfungen – je nachdem, welcher Grad der Eskalation erreicht ist. In dieser Phase fallen folgende Sprüche und Redewendungen:

Håt's wås gem? / Hat es etwas gegeben?
Gab es Streit? Gab es eine Auseinandersetzung?

Mit dem bin i übers Kreiz kemà. / Mit dem bin ich übers Kreuz gekommen.
Mit dem habe ich Streit. Wenn man nicht harmonisch nebeneinander hergeht, sondern sich die Wege kreuzen, führt dies oft zu gegenseitiger Behinderung – die Parallele zum Streit ist klar.

Mit dem bin i z'kriàgt. / Mit dem bin ich zerkriegt.
Mit dem habe ich Streit, mit dem befinde ich mich im Krieg.

De Zwee (Zwoà) hàckln scho wieder mitànand. / Die Zwei streiten schon wieder miteinander.
„Hàckln" im Sinne von „streiten" kommt vom „hakeln" wie es sich z. B. beim Fingerhakeln findet, der bayerischen bzw. österreichischen Variante des Armdrückens. Angeblich wurden Streitereien früher im alpenländischen Raum gern mit einer Partie Fingerhakeln ausgetragen.

Es Zwee (Zwoà) werds Plåtz håm! / Ihr Zwei werdet Platz haben!
Der Platz wird für euch beide wohl reichen! So sagt man, wenn zwei nebeneinander sitzende Personen sich um den Platz streiten, der ihnen zur Verfügung steht. Meist wird der Spruch aber generell auf zwei Streithähne angewandt, die das Zanken nicht lassen können. Dann zielt diese Formulierung darauf ab, dass die beiden sich vertragen sollen, vor allem weil es keinen echten Grund für einen Zwist gibt. Auch wenn sich z. B. die Katalanen mit der Hauptstadt Madrid streiten, könnte man aus

bayerischer Sicht den Rat geben: „Wenn s' net Plåtz ham, na soin s' hoit ausànand geh.“ (Wenn sie sich nicht miteinander vertragen, dann sollen sie halt auseinander gehen.)

Då kimm i àà no hinter d' Wàng nei. / Da komme ich auch noch hinter die Wägen hinein.

Da werde auch ich noch in den Streit hineingezogen. Da sitze ich plötzlich selbst zwischen den streitenden Parteien, also zwischen allen Stühlen. Es handelt sich dabei um eine durchaus gefährliche Situation, wie sie auch dann besteht, wenn man sich hinter oder zwischen rangierenden Wägen befindet, dort, wo der Wagenlenker keine Sicht hat.

Der geht auf wià-r-à Bigauderer. / Der führt sich auf wie ein Truthahn.

Beschreibung für jemanden, der in der Diskussion plötzlich sehr laut wird – wie ein Truthahn, der sein Revier verteidigt.

Bei den håwe mir àn Schiefern eizong. / Bei dem habe ich mir einen Schiefer eingezogen.

Der ist mir beleidigt oder über mich verärgert, weil ich zu ihm oder über ihn etwas gesagt habe, was ihn beleidigt hat. Ein „Schiefer“ ist ein Holzsplitter. Zieht man sich einen solchen ein, also unter die Haut, dann ist das eine mehr oder weniger unangenehme, schmerzhafte Angelegenheit. Vergleichbar unangenehm ist es, wenn einem jemand zu Recht beleidigt ist.

Des håb i eàm sauber higriem. / Das habe ich ihm sauber hingerieben, sagt man, wenn man jemandem etwas Unangenehmes oder Kritisches durch die Blume mitteilt, also nicht direkt und unmissverständlich, aber doch so deutlich, dass der eigentliche Inhalt der Botschaft nicht zu übersehen ist. Der streitbare Kommentar wurde dem Gegner so genüsslich zu Gehör gebracht.

Den håwe's amoi richte gsagt. / Dem habe ich es einmal richtig gesagt.

Dem habe ich meine Meinung mit deutlichen Worten kundgetan, das war mir schon länger ein Anliegen.

Dir gib e glei àn blädn Hund. / Dir gebe ich gleich einen blöden Hund.

Antwort des als „blöder Hund“ Bezeichneten an den Urheber der Beschimpfung. Anstelle von „blöder Hund“ kann hier jedes andere Schimpfwort stehen. Meist folgte auf die Initialbeleidigung ein schärferes Schimpfwort nach – z. B. „Du Depp, du luftgselchter!“ (Du Depp, du luftgeräucherter!) –, sodass der Streit immer weiter eskalierte.

Mit dir bin e fürte. / Mit dir bin ich fertig.

Mit dir möchte ich nichts mehr zu tun haben. Gegebenenfalls mit dem Zusatz: „Du bist mà dà Hanswurscht z'grouß.“ (Du bist mir der Hanswurst zu groß: Du bist mir viel zu blöd.)

Då dàd à mà-r-àà stingà. / Da würde er mir auch stinken.

Da wäre ich auch sauer, da wäre ich auch beleidigt. In Frageform:

Stinkt à dà? / Stinkt er dir?

Bist du sauer, bist du beleidigt? Oder auf sich bezogen:

Mir stinkt à gscheit. / Mir stinkt er ziemlich stark.

Ich bin total beleidigt, ich bin stocksauer.

Ist es offensichtlich, dass jemand es darauf abgesehen hat, einen zu ärgern oder zu provozieren, dann hat der Betroffene folgende Redensarten zur Verfügung, um zu erkennen zu geben, dass er diese Absicht durchschaut hat:

Der mächt mit mir Roaf treim. / Der möchte mit mir Reifen treiben.

Zu den wenigen Spielgeräten gehörte früher die ausrangierte Fahrradfelge („Reifen“ genannt), die vor allem die Buben auf der Straße oder im Hof laufen ließen und neben ihr hersprangen. Die Felge wurde von den Buben mit einem Stecken in Schwung gehalten, damit sie nicht umfiel. Der Vergleich mit einem getriebenen Reifen bedeutet, dass man für eine befohlene Arbeit in Schwung gehalten werden soll, obwohl man sie für genauso sinnlos hält wie das Treiben einer Fahrradfelge – man wird also bewusst zum Narren gehalten.

Der mächt mit mir Schindluàder treim. / Der möchte mit mir Schindluder treiben.

Zur Herkunft von „Schindluder“, das sich aus dem „Schinder“ und dem „Luder“ zusammensetzt: Der Henker wurde früher auch als Schinder bezeichnet. Ein Luder ist eine raffinierte Frau. Wurde ein Luder zum Tode verurteilt, also dem Henker (Schinder) zugeführt, so musste dieser die Frau ums Leben bringen. Sie war ihm ganz und gar ausgeliefert.

Wird mit einer Person Schindluder getrieben, so ist diese also jemandem ausgeliefert, der meint, er könne mit ihr machen was er will.
Der mächt me bloß dressiern. / Der möchte mich nur dressieren.
Der möchte, dass ich nach seiner Pfeife tanze. Der möchte mich wie ein Zirkustier behandeln, das von seinem Dompteur zu einem bestimmten Verhalten gezwungen wird.

Um einen Streit in den eigenen vier Wänden oder einer sehr vertrauten Umgebung zu beenden, kann man den Kontrahenten schlicht aus dem Haus weisen. Dafür gibt es eine ganze Reihe von Formulierungen:
Schaug/Mach, dass d' hoàmkimmst! / Schau/Mach, dass du nach Hause kommst!
Schaug, dass d' weiterkimmst! / Schau, dass du weiterkommst!
Schaug, dass d' nauskimmst! / Schau, dass du hinauskommst!
Zupf de! / Zupfe dich!
Druck de! / Drücke dich (weg)!
Schwing de! / Schwinge dich!
Verziàg de! / Verzieh dich!
Schleich de! / Schleich dich!
Gern auch erweitert: „Pack dei Gràffe zam und schleich de!" (Pack dein Gerümpel zusammen und schleich dich!)
Då herin håt neàmd nix zon suàchà. / Da herinnen hat niemand etwas zu suchen.
Då herin håt neamd nix verlorn. / Da herinnen hat niemand nix (etwas) verloren.
Naus beim Dèmpè! / Hinaus beim Tempel!

Då håt dà Zimmermo 's Loch nausgmacht! / Da hat der Zimmermann das Loch hinaus gemacht!
Dort hat der Zimmermann die Tür eingebaut, die nach draußen führt. Dieser Satz ist die klare und apodiktische Aufforderung, das Haus umgehend zu verlassen. Jemand, dem so die Tür gewiesen wurde, der wurde drastisch „nausgschafft" (hinausgeschafft, d. h. der Wohnung verwiesen) oder „nausgstàmpert" bzw. „nausgworfà" (hinausgeworfen).

Den håwe nausgstàbt. / Den habe ich hinausgestaubt,
erzählt man befriedigt, wenn man eine unerwünschte Person erfolgreich aus dem Haus oder der Wohnung gewiesen hat.

Då bin e naus àn Trapp. / Da bin ich im Trab hinaus.
Da bin schnell hinausgerannt. Diese Variante hat später der unter lautem Geschimpfe aus einem Haus Gejagte zu berichten.

Rauferei

Echte Raufereien sind heute – zum Glück – selten geworden. Früher dagegen wurde die Entscheidung oft durch die Tat gesucht. Differenzen durch Verhandlungen auszuräumen war eine langwierige Sache und zumindest einer der Kontrahenten wurde meist schnell ungeduldig: Dann kam eine Rauferei in Gang. Die Entwicklung lief dabei in der Regel über eine Meinungsverschiedenheit zweier Männer, die anfingen, sich gegenseitig zu beleidigen, gefolgt von ersten Schubsern, einzelnen Schlägen und schließlich den fliegenden Fäusten. Fand dieses Ereignis im Wirtshaus oder im Tanzsaal statt, so mischten sich bald die Anhänger der beiden Hitzköpfe ein. Anstatt schlichtend einzuschreiten, wurde aber enthusiastisch geholfen, die Kerle der jeweils anderen Partei zu verprügeln. Schwere körperliche Verletzungen waren dabei ebenso keine Seltenheit wie Sachschäden in Form von zerbrochenen Gläsern, zertrümmertem Geschirr und Mobiliar – alles Dinge, die im Kampf gegen den Gegner wunderbar als Schlag- oder Wurfwerkzeug eingesetzt werden konnten. Die vielen zerbrochenen Masskrüge auf der Wiesn sind also sozusagen eine Fortsetzung der traditionellen bayerischen Rauferei.
Ludwig Thoma hat in seinem „Agricola" zur kriegerischen und kampflustigen Seite der Bayern gleich mehrere Beschreibungen parat:
„Wie die Vorfahren, sind die Bajuvaren zu stürmischem Angriff tauglich und gerne bereit ... Sie kämpfen ohne überlegten Schlachtenplan; jeder an dem Platze, den er einnimmt. Der Schilde bedienen sie sich nicht. Als natürlicher Schutz gilt das Haupt, welches dem Angriffe des Feindes widersteht und den übrigen Körper schirmt. Manche bedienen sich desselben sogar zum Angriffe, wenn die übrigen Waffen versagen ... Als Wurfgeschoß dient ein irdener Krug mit Henkel. An ihren Zusammenkunftsorten sucht bei ausbrechendem Kampfe jeder möglichst viele dieser Gefäße zu ergreifen und schleudert sie dann un-

gemein weit. Die meisten Bajuvaren führen eine Art Speere oder in ihrer Sprache Heimtreiber aus dem heimischen Haselnussholze, ohne Spitze, biegsam und für den Gebrauch sehr handlich. Wo diese Waffen fehlen, sucht jeder solche, die ihm der Zufall bietet. Ja es werden zu diesem Zwecke sogar die Hausgeräte, wie Tische und Bänke, ihrer Stützen beraubt. Beliebt sind auch die Bestandteile der Gartenumfriedung. Vor dem Beginn des Kampfes wird der Schlachtgesang erhoben. Es ist nicht, als ob Menschenkehlen, sondern der Kriegsgeist also sänge. Sie suchen hauptsächlich wilde Töne zu erzielen und schließen die Augen, als ob sie dadurch den Schall verstärken könnten."

Jetz geht's grààb auf! / Jetzt geht es grau auf!

Jetzt wird es ganz grau, wie der Himmel vor dem aufziehenden Gewitter – so beschrieb man den Beginn einer Rauferei.

Den/Des pack mà scho! / Den/Das packen wir schon!

Dem werden wir schon Herr, den werden wir schon überwältigen. Optimismus vor der drohenden Schlägerei, der normalerweise dem Gegner beim Raufen gilt, aber auch allgemein auf eine schwere Aufgabe zielen kann.

À gscheidà Kerl håt öiwei à Schnàcklmesser àn Sååg. / Ein gescheiter Kerl hat immer ein Taschenmesser im Sack.

Was ein richtiger Kerl sein will, der hat immer ein Taschenmesser in der Hosentasche – nicht zuletzt um es bei Raufereien jederzeit einsetzen zu können.

Der ghert amoi wieder gscheit gwàssert. / Der gehört wieder einmal gescheit gewässert.

Der muss wieder einmal richtig verdroschen werden. „Wàssern" bzw. „wässern" bedeutet „ins Nasse legen". So wird z. B. der „Ràdè" (Rettich) gesalzen und muss dann vor dem Verzehr „wàssern", also in seinem Saft ziehen. Die Burschen legten früher vor einer zu erwartenden Rauferei Haselnussstecken ins Wasser, weil sie dann mehr „Zug" hatten, d. h. Schläge mit ihnen für den Gegner noch schmerzhafter waren. Gehörte jemand gewässert, dann sollte dieser jemand mit einem eingeweichten Stecken kräftig verprügelt werden.

Der håt mà oàne åbbält. / Der hat mir eine abgebettelt.

Der hat mich so lange gereizt, bis ich ihm eine Ohrfeige gegeben habe, bis die Ohrfeige unvermeidlich war. Andere Varianten zum Austausch von Ohrfeigen:

Den håwe oàne gwischt. / Dem habe ich eine gewischt.

Den håwe oàne råzong. / Dem habe ich eine heruntergezogen.

Den håwe oàne duscht. / Dem habe ich eine geduscht.

Den hammà sauwà hergwàtscht. / Den haben wir tüchtig geohrfeigt.

De hammà gscheit hergwàchèt. / Die haben wir sauber verdroschen.

„Wàchèn" auch „wacheln" (eigentlich „wehen, fächeln, wedeln") ist ein bairischer Ausdruck für „verdreschen, verprügeln, schlagen".

Den ham s' herghaut, dass eàm d' Soss rågrunnà is. / Den haben sie so hergehauen, dass ihm die Soße heruntergeronnen ist.

Den haben sie so verdroschen, dass ihm das Blut heruntergelaufen ist. Anstelle der „Soss" kann auch der „Bààtz" (breiige Masse) Ergebnis eines Schlagabtauschs sein.

De Giàsinger ham rechte Nägel kriàgt. / Die Giesinger haben erhebliche Nägel bekommen.

Die Giesinger mussten eine empfindliche Niederlage einstecken. „Nägel" kommt hier nicht vom „Nagel", sondern von „nigln" (nickeln) für „jemanden quälen, hart behandeln". Die „Nägel" können also adäquat auch durch „Schleeg" (Schläge) ersetzt werden. Als bekräftigende Ergänzung des Spruchs würde sich hier noch anbieten:

Dene hammàs zoàgt! / Denen haben wir es gezeigt!

Und zwar, wer der Stärkere ist.

Spreitz de no ei! / Spreitze dich nur ein!

Wehre dich! Leiste mit ganzer Kraft Widerstand!

De ràffà wià-r-à båår Bigeckl. / Die raufen wie ein paar Bigöckel.

Die prügeln sich wie zwei Truthähne, das sind zwei rauflustige Menschen. Der Vergleich beruht darauf, dass es im Tierreich – bei den Truthähnen – eine feste Hackordnung gibt, die durch Aggressionsverhalten und gelegentliche Kämpfe aufrechterhalten wird.

À so à Gwoitdàddigà! / So ein Gewalttätiger!

Das kann sowohl einer sein, der schnell rohe Gewalt anwendet, als auch jemand, der bei einer Sache unangenehmen Druck macht, dem etwas nicht schnell genug gehen kann.

Der håt sei Buivà scho verschossn. / Der hat sein Pulver schon verschossen.

Von dem geht keine Gefahr mehr aus, der hat weder zusätzliche Argumente noch andere Waffen in der Hinterhand.

Mit den dàt e net ràffà, der is mà vui z'liàdre. / Mit dem würde ich nicht raufen, der ist mir viel zu liederlich.

Der ist mir für eine Rauferei zu schwach, mit dem Hänfling prügele ich mich nicht.

Den duà e nix, der is ma z'gring. / Dem tue ich nichts, der ist mir zu gering.

So schwach wie der ist, ist er doch für mich kein ebenbürtiger Gegner.

Beendigung des Streits und Versöhnung

Der Bayer gilt gemeinhin als Sturkopf. Seine Bereitschaft, einen Streit dadurch zu entschärfen oder zu beenden, dass er seine Position ganz oder auch nur teilweise aufgibt, ist nicht besonders ausgeprägt. Dies hat sicher viel mit seinem Stolz zu tun, Angehöriger eines starken und bedeutenden Volksstammes zu sein; aus dieser für ihn offensichtlichen Tatsache schöpft er großes Selbstbewusstsein. Ein Streit kann also im schlimmsten Fall lange andauern, oft sogar lebenslang. Kompromisse zu finden und sich wieder zu versöhnen, ist aber auch dem sturen Bayern nicht grundsätzlich zuwider. Selbst nach einer ausgeprägten Rauferei fanden die Kontrahenten meist wieder zusammen, denn das Leben ging weiter und gerade auf dem Dorf, in kleinen ländlichen Gemeinschaften war man doch immer wieder auf gegenseitige Hilfe angewiesen. Dass dann der unterlegene Kämpfer größere Zugeständnisse machen musste, lag in der Natur der Sache.

Sàmmà wieder guàt! / Sind wir wieder gut!

Selbst nach so mancher sehr körperlichen Auseinandersetzung versöhnt man sich wieder mit diesem Spruch. Beendet man eine mehr oder weniger heftig am Biertisch geführte Diskussion mit diesen Worten, werden sie von wohlwollendem Zuprosten begleitet – nichts verbindet so schnell wie ein gemeinschaftlicher Schluck Bier.

Jetz dàd à mà wieder recht schè. / Jetzt täte er mir wieder recht schön.
Gerade war er noch sehr unfreundlich zu mir, jetzt möchte er sich wieder einschmeicheln.

Då håst jetz du wieder recht. / Da hast jetzt du wieder recht.
Gibt man dem Gegner bei einer kontroversen Diskussion zwischendurch einmal in einer Detailfrage recht, so entspannt sich dadurch die Atmosphäre und man geht wieder etwas freundlicher miteinander um. Gern ergänzt man diese Redewendung mit:
Und wer recht håt, zoit à Mass. / Und wer recht hat, zahlt eine Mass.
Hier handelt es sich zwar um einen sehr alten Spruch, es dürfte aber kaum vorgekommen sein, dass der so Befriedete seinem Kontrahenten tatsächlich eine Mass Bier gezahlt hat.

Dass à Ruah is! / Damit Ruhe ist!
Mit diesen Worten macht man ein Kompromissangebot oder nimmt es an, um einen Streit zu Ende zu bringen. Hat der Zwist schon viel zu lange angedauert, passt die Variante:
Dass àmoi à Ruah is! / Damit einmal Ruhe ist!
Dass endlich Ruhe und Frieden einkehrt!

Steig mà doch àn Buckl nauf! / Steig mir doch auf den Buckel hinauf!
Oder:
Rutsch mir doch àn Buckl runter! / Rutsch mir doch den Buckel herunter!
Egal ob hinauf oder hinunter – beide Sprüche haben die gleiche Bedeutung: Lass mich in Ruhe, du kannst mir gestohlen bleiben, ich möchte mich mit dir und deinen Befindlichkeiten nicht mehr befassen. Der „Buckel“ (Rücken) untermalt dabei, dass man sich abwendet, den anderen also abweist. Gleichzeitig steht er für den verlängerten Rücken. Es handelt sich also bei den Redewendungen um eine freundlichere Form des berühmten Götz-Zitats, das Goethe seinem Götz von Berlichingen

in den Mund legte: „Er aber, sag's ihm, er kann mich im Arsche lecken!". Eine dritte Alternative gibt sich dabei noch friedlicher:

Steig mà doch àn Huàt nauf! / Steig mir doch auf den Hut hinauf!

Letztlich ist es unwichtig, ob man auf den Hut oder den Buckel steigt – die Diskussion ist damit beendet.

Schreib dà Zwoà! / Schreib dir Zwei!

Beim bayerischen Kartenspiel „Wàtten" zeigt man mit diesem Spruch an, dass man die aktuelle Spielrunde aufgibt mit der Folge, dass der Gegner (nur) zwei Punkte gutgeschrieben bekommt und ein neues Spiel ausgegeben wird. Hier gibt man seinen Standpunkt in der aktuellen Diskussion auf, weil man einsieht, dass es sich nur um eine Belanglosigkeit handelt, für die zu streiten es sich nicht lohnt. Der Spruch bedeutet daher: Lass mich in Ruhe, lassen wir dieses Thema, es ist es nicht wert.

I håb àà mein Stoiz. / Ich habe auch meinen Stolz,

sagt jemand, der aufgefordert wird, nicht mehr beleidigt zu sein und sich wieder zu versöhnen, der ein Entgegenkommen seinerseits aber noch ablehnt. Wenn man im Recht ist, hat man es schließlich nicht nötig, der anderen Seite Zugeständnisse zu machen.

Jetz bi do net går so kitzle! / Jetzt sei doch nicht gar so kitzlig!

Sei nicht so empfindlich. Man muss nicht bei jeder Kleinigkeit eingeschnappt, nicht wegen geringfügiger Kritik beleidigt sein. Sei friedlich!

Er håt 'n zum Verheà schaffà lassen. / Er hat ihn zum Verhör schaffen lassen.

Er hat ihn zum Gütetermin beim Bürgermeister laden lassen. Früher gab es die Möglichkeit, nachbarschaftliche Streitigkeiten durch ein Versöhnungsgespräch, einen Gütetermin (heute: Mediation) beim Bürgermeister zu schlichten. Waren alle unbürokratischen Lösungen gescheitert, wurde es offiziell. Dann konnte man die gegnerische Partei „zum Verhör schaffen lassen".

Liàwà reich und gsund ois arm und krank

Lieber reich und gesund als arm und krank

Bereits im Kapitel übers Essen und Trinken waren die großen sozialen Unterschiede, die es im früheren Bayern gab, inhaltlicher Teil der dazugehörigen Sprüche. Während sich eine kleine Oberschicht die Bäuche voll schlug, mussten Gütler, Dienstboten und Tagelöhner froh sein, wenn sie nicht hungerten. Diese unzureichende Ernährung zusammen mit der täglichen harten Arbeit setzten dem Körper sehr zu und dieser reagierte mit Krankheiten. Medizinische Hilfe gab es ohnehin kaum, aber die kleinen Leute konnten sich einen Arzt auch nicht leisten. Bei ihnen war vor allem eines immer knapp: das liebe Geld. Armut und Krankheit traten deshalb sehr oft gemeinsam auf und sorgten dafür, dass die Sorgen nicht enden wollten.

Die Adeligen bauten sich Schlösser, die Großbauern stattliche Höfe und Bauernhäuser und auch die Kirche zeigte nach außen, dass es der liebe Gott mit ihr und ihrem Personal gut meinte, und stellte nicht nur den Bischöfen schöne Residenzen, sondern sogar den Dorfpfarrern ansehnliche Pfarrhöfe zur Verfügung. Auch bei der Kleidung war die Oberschicht bestrebt, ihren Reichtum zur Schau zu stellen. Der sonntägliche Kirchgang glich bis zum Ende des 20. Jahrhunderts oft mehr einer Modenschau als einem Gottesdienstbesuch. Diesem Prassen stand die Armut einer breiten Unterschicht gegenüber, die ihr Schicksal viele Jahrhunderte lang als gottgegeben hinnahm. Für diese armen bis sehr armen Leute, die kaum einmal Gelegenheit hatten, aus ihrem zehrenden Alltag auszubrechen, waren noch im letzten Jahrhundert die kleinen Geschenke und Freuden, die kaum Ausgaben verlangten, ein wahres Glück – z. B. ein Jahrmarkt, auf dem man sich vergnügte und wo ein Mädchen einen wertlosen, aber trotzdem lang ersparten Ring kaufen oder ein junger Mann seiner Angebeteten eine Schießbuden-Rose überreichen konnte.

Arme und reiche Leute

In den folgenden Beschreibungen der Habenichtse durch die reichen Leute findet sich kaum Mitgefühl oder Bedauern, umgekehrt aber großes Selbstbewusstsein und Freude darüber, nicht zu dieser Schicht der Armen zu gehören. Die etwaige Bereitschaft, etwas von seinem Reichtum an die Bedürftigen abzugeben, ist kaum erkennbar. Man muss feststellen, dass das biblische Gleichnis, wonach eher ein Kamel durch ein Nadelöhr geht, als dass ein Reicher ins Paradies gelangt, offensichtlich trotz der damals allgegenwärtigen Religion nicht bei denen angekommen ist, die damit angesprochen werden sollten. Dagegen liest man aber auch in den selbstbezogenen Sprüchen der Armen keine Verzweiflung – der Trost über die eigene sorgenvolle Situation steckt im Humor.

De miàssn jeden Pfenning umdràhn, bevor s' 'n ausgem. / Die müssen jeden Pfennig umdrehen, bevor sie ihn ausgeben.
In armen Haushalten will jede Ausgabe vorab wohl durchdacht sein. Es muss sehr sorgsam mit den spärlichen Mitteln umgegangen werden.

Hint und vorn håt's net glangt. / Hinten und vorne hat es nicht gereicht.
Die verfügbaren finanziellen Mittel haben auch nicht annähernd gereicht, an allen Ecken und Enden musste gespart werden.

De ham nix Übrigs. / Die haben nichts Übriges.
Das sind arme Leute, da reicht das Geld gerade noch für das Lebensnotwendige, darüber hinaus bleibt nichts übrig.

De ham gråd so vui, dass' no umgeht. / Die haben gerade so viel, dass es noch umgeht.
Die haben nur so viel Geld zur Verfügung, dass sie gerade noch über die Runden kommen. Wenn es nicht mehr „umgeht", sich also im übertragenen Sinn die Maschine nicht mehr dreht, dann ist das Existenzminimum nicht mehr gesichert. Jemand, bei dem diese Situation eintritt, „schwimmt hinunter" bzw. kommt „auf Gànt", muss also Konkurs anmelden. Die „Gànt" kommt aus dem Lateinischen (quantum = wie viel) und bezieht sich auf die Zwangsversteigerung, bei der der Versteigerer die Frage stellt, wie viel geboten wird. Über die Konkursler wird dann gesagt:

Sie sàn verdarm. / Sie sind verdorben.
Oder:
Sie sàn verkracht. / Sie (ihr Betrieb) ist zusammengekracht.

Er håt recht gsuffà und sie war stingfei. / Er hat sehr viel Alkohol getrunken und sie war stinkfaul.
Diese vorurteilsbelastete Beschreibung galt leider des Öfteren vor allem Kleinbauern, die „auf Gànt“ gekommen waren, weil sie zu sehr dem Alkohol zugesprochen hatten bzw. auf ihrem Grund und mit ihrem Vieh keinen guten Ertrag erwirtschaften konnten.

De ham nix wià Henà, Leis und Fläch und de sàn krank. / Die haben nichts als Hühner, Läuse und Flöhe und sogar die sind krank.
Abschätzige Bemerkung über ganz arme Leute. Werden „Henà“ und „Leis“ zu „Hühnerläusen“ zusammengezogen, dann besitzen die so vernichtend beschriebenen Leute nur krankes Ungeziefer und nicht einmal Hühner als kleinste Vieheinheit.

Ham s' no öiwà so à Wix beinand? / Haben sie noch immer so eine Unordnung beieinander?
Herrscht bei denen zu Hause immer noch so eine Unordnung, haben sie immer noch so einen Saustall?

Des leidt's net. / Das leidet es nicht.
Eigentlich: Das lässt es nicht zu. Das können wir uns nicht leisten. Unsere finanziellen Möglichkeiten lassen diese Ausgabe nicht zu, wir haben nicht genug Geld dafür.
Im Perfekt: „Des håt's uns net glien.“ (Das hat es uns nicht gelitten.)
Im Futur: „Des werd's uns nià lein.“ (Das wird es uns nie leiden.)

Då hammà uns hoit durchfretten miàßn. / Da mussten wir halt mit ganz wenig auskommen.
Da mussten wir uns nach der Decke strecken, da hatten wir nur das Lebensnotwendige. Ein „Fretter“ ist ein armer Schlucker. Dauert diese schwierige Situation an, so sagt man: „Miàßt mà uns hoit à so furtfretten.“ (Müssen wir uns halt weiterhin mit ganz wenig begnügen.)

Mi friàt's wià-r-àn nackerten Schuilehrer. / Mich friert es wie einen nackten Schullehrer.

Der Vergleich kommt von der früher sehr schlechten Entlohnung der Lehrer, die sich deshalb kaum genügend warme Kleidung leisten konnten. An die Stelle des nackten Schullehrers kann auch der Schneider treten, dessen wirtschaftliche Situation der des Lehrers lange Zeit sehr ähnlich war. Ohne diverse arme Berufsgruppen ins Spiel zu bringen, konnte man bei extremer Kälte und unzureichender Kleidung sagen:

Mi håt's glei gworfà, à so hat's me gfroun. / Mich hat es gleich geworfen, so hat es mich gefroren.

Ich habe stark gezittert, weil ich so gefroren habe. Mein Zittern hat mich fast umgeworfen.

Håst scho àmoi àn Nackerten in d' Hosentaschn neiglangt? / Hast du schon einmal einem Nackten in die Hosentasche gegriffen?

Damit bringt man zum Ausdruck, dass man nicht über die benötigten finanziellen Mittel verfügt, z. B. auf die Aufforderung hin, eine Runde im Lokal zu bezahlen.

Håm sång d' Schwååm. / Haben sagen die Schwaben.

Antwort auf eine Forderung, die man nicht erfüllen kann, z. B. die ausgeliehenen 100 Euro zurückzugeben, die man leider immer noch nicht besitzt. Alternative:

Woher nehmà und net stöin? / Woher nehmen und nicht stehlen?

Diese rhetorische Frage entgegnet man jemandem, der eine Sache erbeten hat, die man selbst nicht besitzt und sich auch nicht leisten könnte. Man müsste sie stehlen, um sie zu besitzen – was aber natürlich schon aus moralischen Gründen nicht in Frage kommt.

Wo nix is, då håt der Kaiser 's Recht verlorn. / Wo nichts ist, da hat der Kaiser sein Recht verloren.

Zu den Rechten eines Herrschers gehört, von seinen Untertanen Abgaben zur Erhaltung seines Herrschaftsgebiets zu fordern, auf dem sie leben und dort seinen Schutz genießen. Sind aber die Untertanen so arm, dass sie nichts mehr haben, was sie dem Kaiser an Steuern geben könnten, so nützt diesem auch sein Recht nichts mehr. Dieser Spruch findet immer dann Anwendung, wenn von einem Schuldner nichts mehr zu holen ist bzw. eine Sache, die man braucht, nicht mehr verfügbar ist.

Grundsätzlich passt er aber auch beim generellen Fehlen von etwas Erwünschtem, z. B. angesichts des leeren Gesichts eines Schülers, dem der Lehrer eine einfache Frage gestellt hat, der aber trotzdem völlig bar jeden Wissens ist.

Schlechte Papiere! / Schlechte Aussichten!

In Anwendung: „Wenn uns der Vaddà koà Göid leicht, na hammà schlechte Papiere." (Wenn uns der Vater kein Geld leiht, dann sieht's schlecht aus für uns.)

Koàn Knopf Göid håm, aber ogem wià-r-à Steing voi Affà. / Keinen Knopf Geld haben, aber angeben wie eine Steige voller Affen.

Mächtig angeben, obwohl man arm ist wie eine Kirchenmaus. Gegebenenfalls auch verkürzt: „Ogem wià-r-à Steing voi Affà."

Nur der Nout koàn Schwung lassen. / Nur der Not keinen Schwung lassen,

sagte man über jemanden, der großzügig Geld ausgibt, obwohl er es sich eigentlich nicht leisten kann. Spendiert ein armer Schlucker im Gasthaus eine Runde Freibier, dann lässt er seiner Not definitiv keinen Schwung.

D' Nout streit. / Die Not streitet.

Gab es in einer Familie, bei der bekanntermaßen das Geld sehr knapp war, Krach, dann konnte man diesen Spruch anbringen. Es ist keine Überraschung, dass sich Streitigkeiten von armen Eheleuten meistens um die Frage drehten, wofür das wenige Geld ausgegeben werden sollte oder musste bzw. wofür es auf gar keinen Fall ausgegeben werden durfte (für die zu häufigen Wirtshausbesuche des Gatten).

Sepp, ziàg d' Hosn aus, heit geh i furt. / Sepp, zieh die Hose aus, heute will ich ausgehen,

sagte sein Bruder zum Joseph (dem bayerischen Sepp), da sie aus einer sehr armen Familie stammten und zusammen nur eine schöne Ausgehhose besaßen.

Wià von Kaan raus. / Wie vom Karren raus.

War jemand sehr ungepflegt und unordentlich in seiner äußerlichen Erscheinung, stellte man ihn mit dem Spruch den Leuten gleich, die im „Karren" wohnten, also dem fahrenden Volk, den Sinti und Roma: „Der kimmt dåher wià von Kaan raus." (Der kommt daher wie ein Zigeuner.)

Der kimmt dàher wià-r-à Hådàrlumperer. / Der kommt daher wie ein Lumpensammler.

Der trägt zerlumpte, minderwertige Kleidung. Er ist gekleidet wie ein Lumpensammler, also einer, der gewerbsmäßig durch die Straßen zieht und nicht mehr benutzbare Kleidung oder andere wertlose Textilien sammelt, um sie einer Wiederverwertung zuzuführen, z. B. der Papierproduktion. „Hadern“ ist ein Synonym für „Lumpen“. Zu dieser Bezeichnung eine kurze wahre Geschichte: Als im Münchner Stadtteil Hadern eine bekannte Persönlichkeit zu Grabe getragen wurde, sagte einer der Trauerredner: „Mit ihm tragen wir ein Stück Hadern zu Grabe.“ Das war keine glückliche Formulierung.

Den hängt 's Làmpè naus. / Dem hängt das Lämmchen heraus.

Wenn jemandem ein Stück Hemd oder der Hemdzipfel aus der zerissenen oder nicht ordentlich zugemachten Hose heraushing, wurde er mit dieser Bemerkung ausgelacht. Es handelt sich dabei um den Vergleich mit einem trächtigen Schaf, das gerade eines seiner Jungen zur Welt bringt und dem das Lämmchen bei der Geburt teilweise aus dem Mutterleib „heraushängt“.

Då schaugt der Pfarrer raus. / Da schaut der Pfarrer heraus.

Hat der Strumpf an der Großen Zehe ein Loch, sodass diese dort zum Vorschein kommt, dann sieht das einem glatzköpfigen Menschen in Miniatur durchaus ähnlich. Da sehr häufig auch Pfarrer von Haarausfall betroffen waren und man Menschen mit allgemein hohem Ansehen doch auch gern neckte und an deren weißer Weste kratzte, hat man diesen Spruch despektierlich auf die Geistlichen gemünzt.

Buult der Fràck? / Knittert dieses Sakko?

Diese Frage stellten Landbewohner auf Einkaufstour dem Verkäufer auch in städtischen Bekleidungshäusern, um sich versichern zu lassen, dass das auszuwählende Sakko von guter Qualität sei. Sie stießen damit allerdings auf totales Unverständnis. Zum einen war das Verb „buulen“ für knittern dort völlig unbekannt, zum anderen verstand man unter einem Frack einen eleganten Abendanzug, während die Landbevölkerung jedes Sakko als „Fràck“ bezeichnete.

De wissen nimmà, wià s' 's Göid aufarwàn miàßn. / Die wissen nicht mehr, wie sie das Geld aufarbeiten müssen.

Die wissen schon gar nicht mehr, was sie mit dem ganzen Geld anfangen sollen, wie sie ihr Vermögen noch vernichten können. Mit dieser Redewendung kommentiert der einfache Mann das Verhalten besonders reicher Leute, die schon alle schönen Dinge des Lebens besitzen, aber immer noch auf einem großen Vermögen sitzen, das sie für allerlei sinnlosen Schnickschnack ausgeben.

Der braucht 's Göid net oschaung. / Der muss das Geld nicht anschauen.

Für den spielt der Preis keine Rolle. Der kann sich alles leisten, weil er reich ist oder zumindest reiche Eltern hat.

Es is ja net wià bei de armà Leid. / Es ist ja nicht wie bei armen Leuten.

Die durchaus stolze Feststellung, dass man sich schon einiges leisten kann. Bei uns geht es schließlich nicht wie bei armen Leuten um jeden Pfennig. Wenn eine Sache zur Neige geht, hat man in diesem Haushalt noch genügend Reserven an anderer Stelle. In diesem Zusammenhang hörte man früher auch den Spruch:

Mir ham scho no wås hint. / Wir haben schon noch etwas hinten.

Wir haben noch einiges an Reserven, aber über deren Umfang geben wir keine Auskunft. „Hint" hieß es deshalb, weil sich diese Reserven im Hintergrund befanden, also im Gegensatz zu dem zur Schau gestellten Reichtum nicht für die Augen Neugieriger bestimmt waren.

Wer ko, der ko. / Wer kann, der kann.

Dieser berühmte Ausruf des Pferdehändlers und Kutschers Franz Xaver Krenkl, den er dem späteren König Ludwig I. von Bayern entgegnete, als seine Kutsche verbotenerweise die des royalen Sprosses überholte, war sehr mutig, sprach sich schnell herum, wurde zu einem Beispiel für bürgerliches Selbstbewusstsein und lebt bis heute als geflügeltes Wort weiter – häufig auch in der erweiterten Form: „Wer ko, der ko, und wer net ko, der mächàt à." (Wer kann, der kann, und wer nicht kann, der würde auch wollen.)

Der wo zoit, der schafft o. / Wer zahlt, schafft an.

Damit wird zum Ausdruck gebracht, dass nur der über die Inhalte und die Ausführung eines Projekts bestimmen darf, der auch die Kosten dafür trägt. Oder umgekehrt: Wer keinen finanziellen Beitrag leistet, der hat auch nichts zu sagen.

Då lassbmà uns net oschaung. / Da lassen wir uns nicht anschauen.

Da lassen wir uns nichts nachsagen. Und scheel von der Seite anschauen lassen wir uns schon lange nicht. Vor allem wenn es um die Höhe eines Geldgeschenks oder den Wert eines Sachgeschenks geht, ist man eher großzügig, als dass man sich des Geizes bezichtigen lässt. Das „b" im „lassbmà" soll als Assimilierung den sprachlichen Übergang von „s" auf „m" erleichtern.

Då hammà 's Gschau kriàgt. / Da haben wir das Schauen bekommen.

Da haben wir die Aufmerksamkeit aller bekommen, die Beachtung der ganzen Gesellschaft erregt. Wir sind besonders aufgefallen, z. B. weil wir auffällig, modern und teuer gekleidet waren oder weil wir dummerweise zu spät zu einer Veranstaltung gekommen sind. Das „Gschau" kann man sowohl aus Bewunderung als auch aus Missfallen bekommen.

Z'erst kemà d' Leid, na kemà b'Fresch. / Zuerst kommen die Leute, dann kommen die Frösche,

sagt man bei der Zurückweisung eines Vordränglers oder von jemandem, der eine ihm nicht zustehende Position einnehmen möchte. Gleichzeitig schiebt man den Drängler mit dem Ellenbogen und sanftem Druck nach hinten oder zur Seite. Das „b" vor „Fresch" ist wieder ein hervorragendes Beispiel für die bairische Assimilierung des „d" (für „die").

Er kimmt dàher wià dà Graf Goks. / Er kommt daher wie der Graf Koks.

„Graf Goks" (auch: „Graf Goks von der Gasanstalt") nannte man scherzhaft eine Person, die besonders vornehm oder angeberisch daherkam. Die Bezeichnung stammt ursprünglich aus dem Ruhrgebiet, wo man damit die Industriellen betitelte, die durch den Einsatz von Koks und Kohle reich geworden waren. Sie verbreitete sich schnell in ganz Deutschland und wurde auch in Bayern eingebürgert und verwendet.

Der braucht se. / Der braucht sich.

Der gibt an, der ist überheblich, der läuft mit stolzgeschwellter Brust durch die Gegend. Der Betroffene „braucht“ seine Überheblichkeit für sein übersteigertes Selbstwertgefühl – Angeberei und Selbstbewusstsein steigern sich gegenseitig auf der nach oben offenen Skala.

Er braucht redn, er braucht ogem, er braucht se aufreng. / Er braucht reden, er braucht angeben, er braucht sich aufregen.

Ausgerechnet der muss reden, angeben, sich aufregen. Ihm steht es am allerwenigsten zu, sich zu äußern, mit irgendetwas anzugeben oder sich zu echauffieren.

Des is ja bloß dà Neid! / Das ist ja nur der Neid!

Ein rascher Trost, wenn jemand eine negative Bemerkung über die Kleidung, den Schmuck, die Einrichtung etc. fallen gelassen hat.

D' Leid ham se gfreit, dass' bei uns so weit feit,
Aber d' Leid wissen àn Dreeg, so weit feit's bei uns net. /
Die Leute haben sich gefreut, dass es bei uns so weit fehlt,
Doch die Leute wissen einen Dreck, so weit fehlt es bei uns nicht.

Gedicht über jene unangenehmen Mitmenschen, die sich an der scheinbar misslichen finanziellen Lage ihrer Nachbarn, Bekannten, sogar Verwandten erfreuen, denen es aber tatsächlich gar nicht so schlecht geht.

Is öiwà no weidergangà, na werd's desmoi àà wieder weidergeh. / Es ist immer noch weitergegangen, dann wird es auch diesmal wieder weitergehen.

Tröstender Spruch nach einem unerwarteten schweren Schicksalsschlag, bei dem die Betroffenen befürchten müssen, dass ihre gesamte Existenz vernichtet ist.

Is bei àn Baun àà scho oft à Koiwàkuàh verreckt. / Ist bei einem Bauern auch schon oft eine Kälberkuh eingegangen.

Noch ein Trost für sich und andere bei wirtschaftlichem Schaden, denn der Tod einer Kälberkuh, also einer wertvollen Mutterkuh, war für jeden Bauern egal ob arm oder reich ein großer Schaden, aber trotzdem musste der Betrieb auf dem Hof weitergehen.

Geld und Besitz

„Geld regiert die Welt" – heißt ein bekanntes Sprichwort. Wer Geld hat, kann damit vieles, wenn nicht fast alles kaufen. Mit dem Ziel eines angenehmen, sorgenfreien Lebens vor Augen ist es also ganz natürlich, dass die meisten Menschen bestrebt sind, möglichst viel Geld zu verdienen und zu besitzen. Auch an den Bayern ist dieser Wesenszug nicht vorübergegangen. Ludwig Thoma schreibt dazu: „Das Geld haben die Bajuwaren schätzen gelernt. Sie lieben nicht nur die alten, längst bekannten Sorten, sondern auch sämtliche neue."

Interessanterweise muss man feststellen, dass Sparsamkeit und Geiz vor allem dort zu Hause sind, wo Reichtum und Besitz bereits in großem Umfang existieren. Menschen, die ohnehin „nichts Übriges" haben, scheinen dagegen eher bereit zu sein, dieses Wenige mit anderen zu teilen. Auch die folgenden Sprüche und Redewendungen bestätigen, dass die Bayern immer schon eine große Vorliebe für im Beutel klingende Münzen hatten, wobei die einen bestrebt waren, das Geld zusammenzuhalten und zu vermehren, während die anderen es mehr schätzten, seinen Wert aktiv zu nutzen und es mit vollen Händen auszugeben.

Er håt sei ganz Göid verblitzt. / Er hat sein gesamtes Geld verjubelt.

Vor allem nach Jahrmärkten und Volksfesten war dieser Spruch oft von den Eltern der Kinder zu hören, die ihre gesamten, ohnehin geringen Ersparnisse für scheinbar sinnlose Dinge wie Karussellfahrten oder Süßigkeiten ausgegeben hatten.

Hibsch à Göid håt à verschuàstert. / Hübsch ein Geld hat er verschustert.

Er hat ziemlich viel Geld in den Sand gesetzt, er hat einen großen Verlust gemacht. „Hibsch" (hübsch) hatte früher in Bayern fast ausschließlich die Bedeutung „ziemlich viel".

'S Göid is då und hi muàß sei. / Das Geld ist da und hin muss es sein.

Gibt jemand Geld für sinnlose Zwecke aus, so bedeutet das, dass dieses Geld „hin", also wertlos geworden ist. Man hätte es genauso gut zum Fenster hinauswerfen können. Leute, die viel Geld besitzen, tun sich damit leichter als andere. Vor allem die, die weniger gut betucht sind, kommentieren dann den großzügigen und gleichzeitig verantwortungslosen

Umgang mit Geld mit diesem Spruch, der aufgrund seines Jambus auch sehr eingängig ist.

De voduàt sei ganz Göid mi 'n Gwàndn. / Die vertut ihr ganzes Geld mit der Kleidung.

Die gibt ihr ganzes Geld für ständig neue Kleidung aus, bis nichts mehr übrig ist.

Andauernd håt s' Arwàt mi 'n Göid. / Dauernd hat sie Arbeit mit dem Geld.

Dauernd spricht sie über Geld, das bewegt sie offenbar sehr. Und das wird langsam lästig.

Ghoit dei Göid! / Behalte dein Geld!,

entgegnet man jemandem, der für einen Gefallen bezahlen will. Der Sprecher will sich als großzügig erweisen oder weiß, dass der andere ohnehin nur über sehr begrenzte Mittel verfügt.

Schåd ums Göid. / Schade ums Geld.

Hat jemand für etwas zu viel bezahlt oder minderwertige Ware erhalten, ist es durchaus angebracht, den Verlust des finanziellen Einsatzes zu bedauern, z. B. nach dem Besuch eines Konzerts, das einem überhaupt nicht gefallen hat.

Då reid me 's Göid. / Da reut mich das Geld.

Das ist mir die Sache nicht wert, da würde es mich reuen, für so etwas mein schwer verdientes Geld auszugeben.

Då is net vui hi. / Da ist nicht viel hin.

Da geht es nur um kleine Beträge, da kann der Verlust nicht groß sein. Diese Feststellung äußert man, wenn man etwas zu einem niedrigen Preis kauft, sich aber unsicher ist, ob es einem selbst oder der Familie gefällt, nutzt oder ob es die erwartete Funktion überhaupt voll erfüllt. Trotz dieser Unsicherheit greift man zu, denn selbst wenn die Investition die Erwartungen nicht voll erfüllt, ist der Verlust gering und deshalb leicht zu verschmerzen.

Des kost koà Hauseck. / Das kostet keine Hausecke.

Das kostet nicht viel, jedenfalls nicht so viel, wie eine Ecke, also ein kleiner Teil eines Hauses kosten würde. Das kann man sich schon leisten.

Wås mächst 'n mit de båår Nutscherl? / Was möchtest du denn mit den paar Kröten?

Mit diesem geringen Betrag brauchst du gar nicht anzufangen, damit kannst du doch nichts bewegen. Hat man nur noch einige wenige kleine Münzen in der Geldbörse, so sagt man: „I håb bloß no à båår Nutscherl." (Ich habe nur noch ein paar kleine Münzen.) Das Wort „Nutscherl" hieß ursprünglich „Notscherl" und bezeichnete den Notgroschen, also eine geringe finanzielle Reserve für schlechte Zeiten.

… na is oiss beinand. / … dann ist alles beieinander.

Das Beschriebene kann nur eine bestimmte Größe haben oder nur eine bestimmte Menge sein, mehr steckt da unmöglich dahinter. Z. B.: „Wås? 50 Tågwerk Grund soi der håm? Wenn der 30 Tagwerk håt, na is oiss beinand!" (Was? 50 Tagwerk Grund soll der haben? Wenn der 30 Tagwerk besitzt, dann ist aber alles eingerechnet, mehr ist das keinesfalls.)

Is net so aus! / Ist nicht so aus!

Oder:

Is net so weit her! / Ist nicht so weit her!

Das ist nicht so wild! Das ist gar nicht so toll bzw. nicht so schlimm wie man erzählt oder wie es scheint. Prahlt z. B. jemand mit seinem Reichtum, kontert einer, der die Tatsachen kennt, mit einem der beiden Sprüche und demontiert den Angeber, dessen tatsächlicher Besitz nicht an seine großspurige Aussage heranreicht. Hatte jemand früher ein gutgehendes Geschäft, das aber im Laufe der Zeit stark nachgelassen hatte, so sagte man zu diesem Verfall: „Is nimmer so aus!" (Ist nicht mehr so aus!)

À båår Aung sàn's àà wieder. / Ein paar Augen sind es auch wieder.

Wenn es auch nur ein geringer Gewinn ist, aber ein bisschen hat es doch eingebracht. Kleinvieh macht auch Mist. „Augen" kommt dabei von Kartenspielen, bei denen die Zahl der Punkte (Augen) über den Sieg entscheidet, z. B. beim Schafkopfen. Auch dort ist diese Redewendung nach wie vor gebräuchlich.

Då wo der Taler gschlång worn is, då guit er nix. / Wo der Taler geschlagen worden ist, da gilt er nichts.

Wo eine Münze geprägt wurde, dort hat sie wenig Wert. Der Spruch bringt zum Ausdruck, dass die Leistungen einer Person in der Fremde höher anerkannt werden als zu Hause. Wie es z. B. dem Kunstmaler ergeht, dessen Bilder in seiner Heimatstadt nicht gewürdigt werden, während er andernorts großen Erfolg hat.

D' Maus um àn Boig schinden. / Die Maus um ihren Balg bringen.

Die Maus um ihr Fell bringen. Eine Maus, die ja bekanntermaßen sehr arm ist – daher auch der Spruch „Arm wie eine Kirchenmaus" – wird um das Letzte gebracht, was sie noch hat, nämlich um ihr warmes Fell. Wer die Maus um den Balg schinden will, ist extrem geizig und will bei einem Geschäft auch noch die letzte Kleinigkeit für sich herausholen. Eine verbreitete Variante ist auch die Laus, die anstelle der Maus um den Balg geschunden wird. Über eine solche Person sagt man auch:

Der dàhungert öiwei no àmoi. / Der verhungert ohnehin irgendwann einmal.

Der ist so geizig, dass er trotz seines Reichtums sicher irgendwann verhungern wird. Der gönnt sich selbst das Geld für sein Essen nicht.

Vo den geht nix weg. / Von dem geht nichts weg.

Von dem bekommt absolut niemand etwas, so sehr hat ihn der Geiz im Griff. Der sitzt auf seinem Reichtum und ist bestrebt, ihn noch weiter zu vergrößern.

Vo den konnst 's Spåån lernà. / Von dem kannst du das Sparen lernen.

Der gibt niemals unnötig oder sinnlos Geld aus, keinesfalls würde er etwas verschenken. Willst du wissen wie Sparen geht, dann schau dir den Geizkragen an.

Der håt àà öiwà gmoànt, eàm glangt's net. / Der hat auch immer gedacht, es reicht ihm nicht.

Mit dieser Feststellung wird ein Verstorbener charakterisiert, der Zeit seines Lebens sehr geizig war, obwohl er keineswegs am Hungertuch nagen musste. Ein solcher Mensch war „à ganz à Hungràgà" (ein ganz ein Hungriger, also ein – in diesem Fall eingebildeter – Hungerleider) bzw. „à Gniggàdà" (ein Knickriger, ein Geiziger).

Wås e håb, des håwe. / Was ich habe, das habe ich,

sagt man, wenn man darüber zu entscheiden hat, ob man etwas gleich nimmt oder später. Die sofortige Entgegennahme wird hier als besser bzw. sicherer präsentiert als weiteres Warten, denn was man einmal bei sich hat, das muss man nicht zu einem späteren Zeitpunkt und zu schlechteren Konditionen erstehen. Der Spruch kann aber auch bedeuten, dass man den Teil einer Aufgabe erledigt hat oder sofort zu erledigen gedenkt, also im Sinne von: „Was ich geschafft habe, das habe ich geschafft.“; und für die verbleibenden Aufgaben hat man noch ausreichend Zeit. Auch im Plural ist die Redewendung üblich: „Wås mà ham, des hammà.“ (Was wir haben, das haben wir.)

Wås weg is, is weg. / Was weg ist, ist weg.

Hier ist etwas unwiederbringlich verloren oder erledigt. Das kann sich auf einen finanziellen oder anderweitigen Verlust beziehen, aber auch sogar etwas Positives bedeuten, wenn man z. B. einen Teil seiner Arbeit erledigt hat, die damit schon einmal „weg“ ist.

Gschenktà, gschenktà, nimmer gem, Glichà, glichà, wieder gem. / Geschenkt, geschenkt, nicht mehr zurückgeben, Geliehen, geliehen, wieder zurückgeben.

Der einfache Reim besagt: Wenn man etwas geschenkt bekommen hat, gehört es einem für immer, hat man sich etwas nur ausgeliehen, dann muss man es wieder zurückgeben.

Jeder Kramer lobt sei Wåår

Eine altbekannte Erfahrung ist die Tatsache, dass man es mit der eigenen Hände Arbeit kaum zu Reichtum bringen kann, der Handel dafür aber durchaus Möglichkeiten bietet. Jeder Händler möchte seine Ware zu einem möglichst guten Preis verkaufen und seinen Gewinn aus den Geschäften maximieren. Er wird daher sein Angebot stets loben und zwar selbst dann, wenn er genau um die Minderwertigkeit seiner Ware weiß. Mit diesem Spruch, der dieses Kapitel einleitet, bringt der Kunde also zum Ausdruck, dass das Lob eines Produkts durch seinen Verkäufer nicht viel wert ist, weil man die Absicht, die dahintersteckt, durchschaut hat.

Auch die im Geschäftsleben der Bayern übliche Sprache ist eine Fundgrube für typische Redewendungen. Dabei geht es einerseits darum, dass oft versucht wird, den potenziellen Käufer übers Ohr zu hauen, andererseits um den Erfolg und Misserfolg der schlitzohrigen Geschäftsleute.

D' Leit fanga. / Die Leute fangen.

Die Kunden übertölpeln, betrügen, ihnen falsche Tatsachen vorgaukeln, um sie zum Kauf zu animieren. Ein gewiefter Verkäufer „fängt" seine Kundschaft, indem er sie mit wortreichen Ausführungen von allen Seiten umzingelt, bis sie in die Falle gehen und kaufen.

Den ham s' sauber eigsoàfert. / Den haben sie sauber eingeseift.

Den hat man so lange beschwatzt oder ihm geschmeichelt, bis er alles, was man ihm erzählt hat, geglaubt und die Vorschläge der Schmeichler übernommen bzw. seine Unterschrift geleistet hat.

Jeden Tag steht à Dàmischer auf, mà muàß 'n bloß finden. / Jeden Tag steht ein Dummkopf auf, man muss ihn nur finden.

Mit einfältigen Menschen kann man gute Geschäfte machen – und es gibt davon genügend auf dieser Welt. Jeden Morgen steht ein solcher auf und die Kunst, viel Geld zu verdienen, besteht darin, diesen potentiellen Kunden zu finden, um ihn übers Ohr hauen zu können.

Der håt seine Kundn bschissn, dass eànà d' Aung tropft ham. / Der hat seine Kunden betrogen, dass ihnen die Augen getränt haben.

Der hat seine Kunden auf eine Art und Weise „ausgschmiert" (angeschmiert), die sie noch nie gesehen hatten, der hat sie in außerordentlichem Maß übervorteilt, sie nach Strich und Faden ausgnutzt.

Der is wàx. / Der ist teuer.

Der verlangt überhöhte Preise, ein Wucherer. Man sagt in diesem Fall auch:

Des is à teirer Kramer. / Das ist ein teurer Krämer.

Der håt Apodeggerpreise. / Der hat Apothekerpreise.

Der verlangt Preise wie in einer Apotheke, wo das Preisniveau für Medikamente und sonstige angebotene Waren bekanntermaßen besonders hoch ist.

De nehma's àà von de Lewendign. / Die nehmen es auch von den Lebendigen.

Die nehmen das Geld von den Lebenden. Der geforderte Preis ist total überzogen. In der Regel befindet man sich mit diesem Spruch in einer Situation, in der man den Preis wohl oder übel akzeptieren muss, z. B. beim Besuch des Münchner Oktoberfests, wo sowohl das Bier als auch die Speisen ausgenommen teuer sind.

Då bin e sauber eigangà. / Da bin ich sauber eingegangen.

Da bin ich so richtig hereingefallen, dieses Geschäft war kein gutes.

Der håt mà-r-à Fliàng neido. / Der hat mir eine Fliege hineingetan.

Der hat mein Vorhaben torpediert, der hat durch sein Handeln dafür gesorgt, dass es bei mir nicht so rund läuft wie geplant. Eine Fliege ist an sich ein kleines, unscheinbares Tier. Tritt sie aber an Stellen auf, wo sie nicht hingehört, so kann sie durchaus sehr negative Wirkungen auslösen, z. B. in der Suppe oder in der Marmelade. So eine Suppe bzw. Marmelade mit Einlage möchte keiner mehr essen und es bleibt nur das totale Verlustgeschäft d. h. das Wegschütten der Suppe und Wegschmeißen der Marmelade.

Weil se koàner mehr gmuà siecht. / Weil sich keiner mehr genug sieht.

Weil keiner mehr seinen Hals voll kriegt, weil keiner mehr genug bekommen kann. So erklärt man die Ungerechtigkeit auf der Welt: Keiner nimmt Rücksicht auf den anderen, jeder sucht nur seinen Vorteil. Selbst wenn er schon großen Reichtum angehäuft hat, will er ihn noch weiter vermehren.

Gråd weil e de kenn, drum trau e dà net! / Gerade weil ich dich kenne, deshalb trau ich dir nicht!

So antwortet z. B. der vorsichtige Metzger, wenn ein Viehhändler seine zum Verkauf stehenden Tiere besonders lobt und schließlich auf seine Seriosität mit der Feststellung hinweist: „I bscheiß de do net, du kennst me do.“ (Ich betrüge dich doch nicht, du kennst mich doch.)

Der muàß seine Griffe überoi drin håm. / Der muss seine Finger überall drinnen haben.

Der möchte überall mitmischen, kein Geschäft ohne diesen umtriebigen Menschen.

Der ziàgt net recht. / Der zieht nicht recht.

Der Betroffene, der potenzielle Kunde sträubt sich noch, konnte jedenfalls noch nicht überzeugt werden, seine Unterschrift zu leisten, obwohl man sich sehr bemüht hat, ihn zu überreden.

Des mach e eàm scho gschmàckè. / Das mache ich ihm schon schmackhaft.

Das werde ich ihm schon andrehen, ich werde es ihm so positiv beschreiben, dass er anbeißt. Hierbei kann es sich um eine Ware, eine Immobilie oder auch eine Heiratskandidatin handeln.

À bissl trèpfèd's öiwei. / Ein bisschen tröpfelt es immer.

So sagten die Inhaber kleiner Geschäfte oder Betriebe, die zwar keine großen Gewinne abwarfen, die aber regelmäßige Einnahmen brachten, die also ausreichten, um den Lebensunterhalt der Familien zu gewährleisten.

Heit schneibt's de Wirt 's Göid. / Heute schneit es den Wirten das Geld,

sagt man, wenn die Wirte an einem Tag oder bei einem bestimmten Ereignis besonders viel Umsatz und Gewinn machen, allem voran an einem schönen Tag auf dem Münchner Oktoberfest. In diesem Fall würde auch passen:

So à Bierzöit auf der Wiesn is à Goidgruàm. / So ein Bierzelt auf dem Oktoberfest ist eine Goldgrube.

Der verdient se dumm und dàppe. / Der verdient sich dumm und dämlich.

Der macht ausgesprochen gute Geschäfte, er verdient damit außerordentlich viel und zwar ohne großes eigenes Zutun.

Des is à gmàhde Wiesn. / Das ist eine gemähte Wiese.

Damit bezeichnet man ein Geschäft, bei dem mit keinerlei Widerstand oder Widerspruch zu rechnen ist und an dessen Ende man ohne großen Aufwand einen hohen Gewinn erwarten kann. Benutzt wird auch die Verkleinerungsform: „Des is à gmàhts Wiesl." (Das ist eine kleine gemähte Wiese.) Eine ähnlich günstige Situation beschreibt der Spruch:

Des is à gfundns Frèssn. / Das ist ein gefundenes Fressen.

Durch Zufall hat sich eine ausgesprochen günstige Situation ergeben, die der Begünstigte natürlich in vollem Umfang nutzt, z. B. wenn ein Immobilienhändler unerwartet als Erster von der Absicht eines Bauern erfährt, große Flächen Baugrund zu verkaufen. Eine solche Information ist für ihn ein „gfundns Frèssn" und er wird nicht locker lassen, bis er das Geschäft gemacht hat. Der Spruch stammt aus dem Tierreich, wo die Raubtiere in der Regel um ihr Fressen bzw. ihre Beute kämpfen müssen. Finden sie durch Zufall ein totes Tier oder eines, das schwach ist und kaum noch Widerstand leistet, so handelt es sich um eine leichte Beute, um ein „gefundenes Fressen".

Der konn se b'Finger bis zu de Öiàbong hint åbschleckà. / Der kann sich seine Finger bis zu den Ellenbogen hinter ablecken.

Der hat großes Glück gehabt, mit einem derart erfreulichen Ausgang seiner Unternehmungen konnte er ursprünglich nicht rechnen. Stattdessen kann man auch sagen:

Der konn se ålle zehn Finger åbschleckà. / Der kann sich alle zehn Finger ablecken.

Dem ghert doch mi 'm Schlegel aufs Hirn naufghaut. / Dem gehört doch mit dem Schlegel aufs Hirn geschlagen.

Der hat eine offensichtlich besonders günstige Gelegenheit nicht erkannt und sie sich entgehen lassen.

'S Gschäft bliàht. / Das Geschäft blüht.

Das Geschäft läuft gut. Das kann ernst, aber auch ironisch gemeint sein, wenn ein Auftrag eigentlich nicht der Rede wert ist.

Då bleibt nix hengà. / Da bleibt nichts hängen.

So beschreibt man ein Geschäft, bei dem man keinen oder wenig Profit macht. Hat man im Gegenteil eine lukrative Unternehmung in Arbeit, dann heißt es:

Då bleibt fei scho wås hengà. / Da bleibt aber schon etwas hängen.

Ein Geschäft, das einen spürbar guten Ertrag abwirft.

Dès is net lauter Profit. / Das ist nicht lauter Gewinn,

sagt man, um zu verdeutlichen, dass ein Vorteil, den man erlangt hat, auch mit Nachteilen verbunden ist. In der Regel sind damit finanzielle Angelegenheiten gemeint.

Den geht's nååß nei. / Dem geht es nass hinein.

Der hat große, möglicherweise unlösbare Probleme, dem geht es wirtschaftlich nicht mehr gut.

Schlåg ei! / Schlag ein!

Handelsgeschäfte wurden früher in der Regel per Handschlag abgeschlossen. Ein Angebot verband man daher mit diesem Imperativ, z. B.: „500 Mark, des is mei letzt's Wort. Schlåg ei!" (500 Mark, das ist mein letztes Wort. Schlag ein!) Dazu wurde dem Gegenüber die rechte Hand hingehalten. Reichte der Verhandlungspartner tatsächlich seine Hand und schlug ein, verband er das häufig mit dem Ausruf: „Guit scho!" (Gilt schon!) Ist man sich dagegen nach wie vor nicht einig, so sagt man:

Då mach mà heit koà Gschäft net. / Da machen wir heute kein Geschäft.

Hammà net, kriàng mà-r-a nimmer rei. / Haben wir nicht, kriegen wir auch nicht mehr herein.

Auch außerhalb des Geschäftslebens antwortet man mit diesem Spruch, wenn man nicht über das verfügt, was von einem gefordert, gewünscht oder erwartet wird.

Derf's à bissl mehrà sei? / Darf es ein bisschen mehr sein?,

fragt bekanntermaßen die Verkäuferin in der Metzgerei – grundsätzlich deshalb, weil es oft schwierig ist, den Schnitt an Fleisch und Wurst so zu setzen, dass man das gewünschte Gewicht exakt erwischt. Mancher Metzgermeistersgattin wird allerdings unterstellt, dass es sich dabei um eine bewusste Maßnahme zur Steigerung des Umsatzes handelt.

Dann hammà's. / Dann haben wir es.

Das wär's dann. Damit beendet man den Einkauf.

Leid, kàffts Kàmpè, es kemà lausige Zeiten. / Leute, kauft Kämme, es kommen lausige Zeiten.

Werbespruch der Hausierer und Fliegenden Händler, die Kämme in ihrem Sortiment hatten. Die „lausigen" Zeiten können zwar durchaus für die nahe Zukunft stehen, in der eine starke Vermehrung der Läuse auf den Köpfen der Bevölkerung nicht auszuschließen ist. Normalerweise sind damit aber allgemein schlechte Zeiten gemeint.

Hauptsach, gsund sàmmà!

Am wichtigsten ist doch die Gesundheit!

Das Leben ist nicht immer eitel Sonnenschein, und gerade der Großteil der früheren bayerischen Bevölkerung, der hart für seinen Lebensunterhalt arbeiten musste, hatte unter den Belastungen des Alltags durchaus zu leiden. So lange wenigsten der Körper ohne Zipperlein seinen Dienst versah, war aber auch der arbeitsamste Tag zu schaffen und es ging doch immer weiter voran. Krankheiten waren bei der grundsätzlich schlechten und fürs ärmere Volk einfach kaum bezahlbaren medizinischen Versorgung meist eine mittlere Katastrophe.

Noch heute gilt: Wünscht man jemandem zum Geburtstag oder zu Neujahr „Alles Gute“, so ergänzt man diesen Wunsch häufig um den Zusatz: „Vor allem Gesundheit – das ist das Wichtigste“. Spätestens ab einem gewissen Lebensalter ist das nicht nur so dahingesagt, sondern durch und durch aufrichtig und wird auch ganz bewusst betont, denn eine Lebensweisheit hierzu lautet ganz richtig: „Gesundheit ist nicht alles, aber ohne Gesundheit ist alles nichts.“

Kaum einem bleibt im Laufe seines Lebens die leidige Erfahrung erspart, dass das Schicksal vielfältige Krankheiten und andere Belastungen für uns bereithält. Keine Frage also, dass es im bairischen Dialekt dazu eine Reihe von Redewendungen gibt. Zum einen handelt es sich dabei um Klagen allgemeiner Art über die Mühsal des täglichen Schaffens und die Steine, die einem das Leben immer wieder in den Weg wirft, zum anderen haben die Sprüche speziell die vielen Varianten der gesundheitlichen Einschränkungen und die galgenhumorige Art der Bayern, damit umzugehen, zum Thema.

WENN GREÀ KOÀ FARB NET WÅR, NA HÄTT ER GÅR KOÀNE.

Då machst wås mit, bis d' Großvattà werst. / Da machst du etwas mit, bis du Großvater wirst.

Das Leben ist lang und mühselig und du musst vieles erdulden, bis du das Alter eines Großvaters erreicht hast.

Is des à Greiz! / Ist das ein Kreuz!

Seufzer über das ach so traurige Leben, das generell oder auch genau in diesem Moment kaum zu ertragen ist. Erweitert: „Is des à Greiz auf derà Wöid." (Ist das ein Kreuz auf dieser Welt.)

Sei duàt's wås. / Sein tut es etwas.

Das Leben ist etwas und zwar ein Jammertal.

Es geht net aus. / Es geht nicht aus.

Die schlechten Nachrichten hören nicht auf. So klagt man, wenn nach eine Reihe unschöner Erlebnisse oder schwerer Schicksalsschläge noch ein weiterer dazukommt.

Mà håt's net leicht, aber leicht håt's oàn. / Man hat es nicht leicht, aber leicht hat es einen.

Wenn „es einen hat", dann ist es um die geistige Gesundheit des Betroffenen nicht gut bestellt. Man hat es also nicht leicht im Leben, aber bei der ganzen Plackerei kann man leicht verrückt werden.

So gengà de Gàng. / So gehen die Gänge.

So gehen die Wege, so ist das nun einmal, so ist das Leben.

Es hängt net öiwà auf oà Seitn. / Es hängt nicht immer auf eine Seite.

Nicht immer überwiegt eine Seite, nämlich die schlechte Seite, es wird schon wieder besser werden. So sagt man, um Zuversicht zu verbreiten, wenn es über längere Zeit schlecht gelaufen ist und eine Reihe von Misserfolgen zu verzeichnen war.

Beinand bin e gwen wià-r-à kranks Roß um à Mark. / Beieinander war ich wie ein krankes Pferd für eine Mark.

Ich war in einem außerordentlich schlechten Gesundheitszustand, vergleichbar mit einem kranken Pferd, das nur noch eine Mark wert ist. Von ähnlicher Bedeutung sind die folgenden Sprüche:

I war beinand wià-r-à Pàckl Kunsthonig. / Ich war beieinander wie ein Päckchen Kunsthonig.

Mir ging es so schlecht, dass ich mich nur ganz langsam bewegen konnte – so zäh wie Kunsthonig.

I war haudè beinand. / Ich war schlecht beieinander.

„Haudè" (haudig) bedeutet „schwach, kraftlos", als ob man nur noch Haut ohne Muskeln auf den Knochen hätte. Die Steigerung hiervon wäre: „I war hundshaudè beinand." (Ich war außerordentlich schlecht beieinander.)

I bin ja àà gråd à Hoiwàdà. / Ich bin ja auch nur ein Halber.

Ich bin ja selbst gehandicapt, ich kann auch nur die halbe Leistung bringen.

Bei mir feit's weidà. / Bei mir fehlt es weiter.

Bei mir fehlt mehr, zu viel, als dass ich normal funktionieren könnte. Ich habe eine schwerere Krankheit.

Mir håd's 's Gschdöi zammghaut. / Mir hat es das Gestell zusammengehauen.

Ich war so müde oder derart ausgelaugt, dass ich mich nicht mehr auf den Beinen halten konnte. Die Formulierung kann aber auch im wörtlichen Sinn bedeuten, dass man zusammengebrochen und bewusstlos geworden ist.

Eám is dà Dampf ausgangà. / Ihm ist die Luft ausgegangen.

Oder:

Er håts nimmer dàschnauft. / Er hat es nicht mehr erschnauft.

Er hatte nicht genügend Kondition, keinen ausreichend langen Atem, nicht genügend Luft, keine Kraft mehr.

I bin no ganz bärndàtze. / Ich bin noch ganz bärentatzig.

Ich bin schlapp, faul, ohne Antrieb. Ich befinde mich noch fast im Schlaf, bin noch ganz unbeholfen und möchte mich am liebsten nicht bewegen. „Bärentatzig" kommt von einer Fehlstellung der Beine von Pferden.

Der håt bloß no Haut und Boànà. / Der hat nur noch Haut und Knochen.

Der ist so abgemagert, dass er nur noch aus Haut und Knochen besteht.

Der schaut aus wià 's Leiden Christi. / Der sieht aus wie das Leiden Christi,
sagt man, wenn einer sehr blass oder sehr mager ist und einen deutlich schlechten Eindruck von der Gesundheit her macht.

Wenn greà koà Farb net wàr, na hätt er går koàne. / Wenn grün keine Farbe wäre, dann hätte er gar keine.
Ist jemand im Gesicht ganz blass und sieht sehr mitgenommen aus – nicht unbedingt nur aufgrund einer Krankheit, sondern z. B. auch nach einer durchzechten Nacht –, dann ist er grün um die Nase. Vom Teint und seinen farblichen Abweichungen handeln auch folgende Redewendungen:
Der is ja kààsweiß! / Der ist ja weiß wie Käse!
Der schaugt aus wià gschpiem und gschissn. / Der sieht aus wie gespien und geschissen.
B' Farb is eàm åbgschossn. / Die Farbe ist ihm abgeschossen.
Er ist urplötzlich blass geworden, z. B. weil er so erschrocken ist.

Wo bist 'n du beikemà? / Wo bist denn du beigekommen?
Oder:
Wo bist 'n du zuàrèkemà? / Wo bist denn du dazugekommen?
Bei welcher Gelegenheit hast du dich denn verletzt? Was ist dir denn da passiert und wo?

À kloàns Schlàgàl håt 'n gstroàft. / Ein kleines Schläglein hat ihn gestreift.
Er hatte einen leichten Schlaganfall.

Der oide Wirt is àà scho ganz sche zammgangà. / Der alte Wirt ist auch schon ganz schön geschrumpft.
Der alte Wirt ist schon recht schmächtig und klein geworden, seit ich ihn das letzte Mal gesehen habe. Er kommt ganz gebückt daher.

Håst wås àn Feichtàhois neibråcht? / Hast du etwas in deinen Feiertagshals hineingebracht?
Frage an einen, der sich verschluckt hat und husten muss. Beim „Feichtàhois“ handelt es sich um die Luftröhre, die in jeder Sekunde des Lebens zum Atmen benötigt wird, damit durchgehend eine außerordentlich wichtige Funktion erfüllt und als Ranghöhere über der Speiseröhre steht, bei der es nichts ausmacht, wenn sie längere Zeit keine Aufgabe

hat. Für sie wäre der Begriff „Werktagshals" konsequent, der aber nicht gebräuchlich ist.

Der böit wieder! / Der bellt wieder!
Der hustet sehr laut und durchdringend.

Då haut's mà vielleicht so Brockà rauf. / Da haut es mir vielleicht so Brocken herauf.
Etwas unappetitlicher Kommentar zu einem Hustenanfall, bei dem sich eine größere Menge an zähem Schleim aus Lunge oder Bronchien löst und nach oben befördert wird.

I brauchàt wås für d' Huàschtn. / Ich bräuchte etwas für die Husten,
sagt man zum Apotheker, obwohl man eigentlich etwas gegen den Husten braucht, zur Bekämpfung und nicht zur Förderung des lästigen Hustenreizes. Der Husten ist im Bairischen weiblich: die Husten.

Wer lang huàscht, lebt lang. / Wer lang hustet, der lebt lang.
Antwort auf die Mitleidsbekundungen wegen eines schlimmen Hustenanfalls oder eines lange Zeit andauernden Hustens.

Gschdrecktàlengs håd's 'n highaut. / Der gestreckten Länge nach hat es ihn hingehauen.
Er ist gestürzt und der ganzen Körperlänge nach hingefallen.

Schaug àmoi, wià der dahergräwèt. / Schau nur, wie der daherkrabbelt,
sagt man, wenn jemand offensichtlich große Mühe beim Gehen hat und deshalb nur langsam und gebückt daherkommt.

Wenn s' à Schoàß druckt, rennà s' scho zon Doktà. / Wenn sie ein Darmwind drückt, dann rennen sie schon zum Arzt.
Damit macht man sich über besonders ängstliche Leute lustig, die wegen jeder Bagatelle gleich zum Arzt laufen. Aber ein Hypochonder sieht eben im leichtesten Bauchgrimmen schon fast seinen Tod voraus.

Då dràht's dà d' Zächànägl auf. / Da dreht es dir die Zehennägel auf.
Wirkt sich etwas sehr ungünstig auf das Wohlbefinden aus, z. B. ein extrem scharf gewürztes Gericht oder durch Mark und Bein gehende Winterkälte, dann ist dieser Spruch angebracht.

Lumperboà, Schindderboà, Höif mà für mei Überboà. / Lumperbein, Schinderbein, Hilf mir für mein Überbein.

Mit diesem alten Zauberspruch versuchte man früher, ein Überbein zu heilen, indem man gleichzeitig mit dem Aufsagen der beiden Verse einen Hühnerknochen über die Schulter warf.

Wenn der so weidermacht, nachà miàss mà 'n wegdoa. / Wenn der so weiter macht, dann müssen wir ihn wegtun.

Wenn es mit ihm so weiter geht, dann müssen wir ihn zum Schlachten wegbringen. So spricht man grundsätzlich über Tiere im Stall, die krank und höchstwahrscheinlich nicht zu kurieren sind. Scherzhaft kann man den Spruch aber auch auf einen kränkelnden Bekannten anwenden.

Den hammà nimmer håm kenà. / Den konnten wir nicht mehr haben.

Mit dem konnte man nicht mehr reden, der hat beim geringsten Anlass überreagiert, war immer mürrisch und schlecht gelaunt und es war grundsätzlich überaus schwierig, mit ihm zurecht zu kommen. Das mürrische Verhalten kann dabei in einer körperlichen oder auch seelischen schlechten Verfassung begründet liegen. War diese Phase vorüber, sagte man:

Jetz kommà 'n wieder håm. / Jetzt können wir ihn wieder haben.

Jetzt ist er wieder ganz vernünftig.

Werd scho wieder wern, Sagt b' Frau Kern.
Bei der Frau Dorn, Is 's àà wieder worn. /
Wird schon wieder werden, Sagt die Frau Kern.
Bei der Frau Dorn, Ist es auch wieder geworden.

Mit diesem kleinen Gedicht versuchte man, einen Kranken zu trösten und gleichzeitig die Stimmung etwas aufzulockern.

B' Fotzn geht scho wieder. / Der Mund funktioniert schon wieder.

War jemand schwer krank und deshalb ungewohnt wortkarg, dann erkennt man die Besserung seines Zustands unter anderem an einem Anstieg seiner sprachlichen Beiträge. Vor allem bei Personen, die als sehr gesprächig bzw. als echte Plappermäuler bekannt sind, ist diese Formulierung gebräuchlich.

Des is à ganz à Gusseiserner. / Das ist einer wie aus Gusseisen.

Der ist besonders robust, der hält viel aus und ist nie krank. Dem kann man viel zumuten, der hat eine Widerstandskraft als wäre er aus Gusseisen.

Mà konn nix dàlàffà. / Man kann nichts erlaufen.

Man kann durch bloßes Laufen nichts erreichen. So kommentierte man u. a. den frühen Tod eines sportlichen Menschen, der sich mit regelmäßigen Wald- oder Langläufen fit gehalten hatte und dennoch von den weniger aktiven Zeitgenossen überlebt worden war.

De soin amoi àn ganzn Dåg Mischt broàtn, nachà brauchà s' koà Gymnastik nimmer. / Die sollen einmal den ganzen Tag lang Mist auf dem Feld ausbringen, nachher brauchen sie keine Gymnastik mehr.

Besonders in der Nachkriegszeit brachte man auf dem Land seine ablehnende Haltung und sein Unverständnis gegenüber dem Sport im Allgemeinen und der Gymnastik im Besonderen mit diesem Spruch zum Ausdruck.

Jetz werd in d' Händ gschpiem

Jetzt wird in die Hände gespuckt

Auf dem Land gab es früher nur wenige Möglichkeiten, sein tägliches Brot zu verdienen. Berufe, bei denen der Geist gefordert und dafür der Körper eher geschont wurde – Pfarrer, Lehrer oder Arzt –, waren dünn gestreut, zumal sich die durchschnittliche bayerische Familie die dafür benötigte Ausbildung ihrer Kinder gar nicht leisten konnte. Den Weg ins Gymnasium und sogar zu einem Studium fanden Buben vom Land in der Regel auch nur, wenn Eltern und Pfarrer sie für das Theologiestudium für geeignet hielten. Mädchen kamen grundsätzlich für eine weiterführende Bildung kaum und für die bayerische katholische Theologie selbstverständlich gar nicht in Betracht, ihnen stand dafür der Weg ins Frauenkloster offen. Der Stolz darüber, dass aus dem Sohn ein Priester bzw. aus der Tochter eine Klosterschwester geworden war, beschränkte sich dann nicht nur auf die Eltern: Die ganze Familie freute sich über diesen Weg der „Auserwählten".

Auf die Idee, die Kinder auf eine höhere Schule zu schicken, auf dass sie eine akademische Laufbahn außerhalb der Theologie einschlagen könnten, kamen die Eltern auf dem Land nur selten. Schließlich wurde auf den vielen Bauernhöfen die Arbeitskraft des Nachwuchses gebraucht, um Vieh und Ackerboden ordentlich zu versorgen und zu bestellen. Gehörte man nicht zu den glücklichen Grundbesitzern, sondern zum großen Teil der armen Kleinbauern und Tagelöhner, mussten die Kinder erst recht mitarbeiten oder schon früh als Mägde und Knechte aus dem Haus – ihre eigene Versorgung und oft auch die ihrer vielköpfigen Familie zu Hause hing von ihrer Leistungsfähigkeit als tüchtige Helfer und ihrer körperlichen Belastbarkeit ab.

Die Landbevölkerung war so fast ausschließlich in der Landwirtschaft und daneben noch als Handwerker beschäftigt. Die vielen Redewendungen rund um Einsatz, Faulheit, Tricks, Jammer, Schinderei, Fleiß und den ewigen Ärger mit den Chefs bei der Arbeit kommen daher aus eben diesem Metier der körperbetonten Arbeitsweise auf dem Feld, im Stall oder in diversen Handwerksstuben. Das Alter der Sprüche zeigt sich an den teils beschriebenen Tätigkeiten und Leistungen, die durch den heute üblichen Einsatz von Maschinen nicht mehr vom Menschen erbracht werden.

Die Arbeit – mal schwierig, mal erfolgreich

Die Arbeit war sowohl in der Landwirtschaft als auch im Handwerk körperlich sehr anstrengend. Maschinen gab es nicht oder kaum und so mussten auch die schwersten Arbeiten mit der Kraft der Zugtiere und Menschen erledigt werden. Man denke nur an die alljährliche Heu- und Getreideernte, bei der man im Sommer unter der sengenden Sonne das Gras bzw. die Fruchtstände mit der Sense schnitt, bündelte, mit hoch beladenen Ochsen- oder Pferdewagen zum Hof transportierte und dort in der Scheune, im „Stock", bei extrem großer Hitze stapelte. Sein Tagwerk gegen die Widrigkeiten der Natur und des Lebens erfolgreich zu bewältigen, gelang durch unermüdlichen Einsatz und schlauen Umgang mit den zur Verfügung stehenden Mitteln.
Gerade in der Landwirtschaft gab es zwar kaum einen Tag, an dem der Betrieb still stand, aber der Sonntag nahm doch besonders im katholischen Bayern eine besondere Rolle ein und garantierte mit Messgang, Sonntagsbraten und ruhigeren Stunden ein gewisses Maß an Erholung. Der Übergang vom geruhsameren Sonntag auf den Montag, den ersten Tag der neuen Arbeitswoche, war schon damals – und ist es heute noch – ein harter und ungeliebter Schritt, wie auch die ersten Sprüche dieses Kapitels zeigen.

Moing geht's wieder nei à 's Gschirr. / Morgen geht es wieder hinein in das Geschirr.
Morgen ist das Wochenende oder der Urlaub zu Ende und man muss wieder zur Arbeit gehen – wie ein Pferd, dem wieder das Pferdegeschirr angelegt wird.

De Wochà fangt ja scho guàt o. / Diese Woche fängt ja schon gut an,
soll der berühmt-berüchtigte bayerische Räuber Mathias Kneißl (Kneißl Hiàs) am Tag seiner Hinrichtung, einem Montag, gesagt haben. Auch wenn der Tag der Hinrichtung der 21. Februar 1902 und somit tatsächlich ein Freitag war, wird dieser Spruch dem Kneißl Hiàs zugeschrieben und seither gern benutzt, wenn schon am Montag, dem ersten Tag der neuen Woche, etwas schief geht.

Auf geht's! / Auf los geht's los!

Jetz werd in d' Händ gschpiem und los geht's! / Jetzt wird in die Hände gespuckt und los geht's!

Ausrufe des Bauern, des Meisters oder von sonstigen Vorgesetzten zum Beginn der Arbeit. Alle sollen wissen, dass sie jetzt anpacken müssen. Dabei wurde oft tatsächlich in die Hände gespuckt und die Spucke in den Handflächen verrieben, vor allem bei der Arbeit mit Schaufel, Rechen oder Gabel, weil sich dadurch eine bessere Haftung der Handflächen an den Holzstielen dieser Arbeitsgeräte erzielen lässt. Gleichbedeutend ist der folgende Spruch, der vom Münchner Oktoberfest stammt, aber auch auf dem Land weite Verbreitung gefunden hat:

Auf geht's beim Schichtl! / Los geht's beim Schichtl!

Der Schichtl ist das älteste Theater auf dem Münchner Oktoberfest. Seit 1869 beglückt es sein Publikum mit Varieté und allerlei kuriosen Späßen und damals wie heute ist der wichtigste Teil der Vorstellung die Hinrichtung eines beliebigen, direkt aus den Reihen der gespannten Zuschauer gezogenen Delinquenten durch Enthauptung: Mit großem Brimborium wird der arme Missetäter mit verhülltem Kopf aufs Schafott gelegt, unter Trommelwirbel fällt das Beil, Blut wird verspritzt und das Erschrecken des Publikums begleitet die passende Trauermusik. Hat sich die Aufregung gelegt, wird der „geköpfte" Zuschauer für seinen Mut belobigt und unversehrt, also einschließlich Kopf und Hals, wieder in den Zuschauerraum entlassen. Trotz der Bekanntheit dieses geradezu traditionellen Rituals und des kleinen Schauspielhauses, wo es alljährlich geboten wird, muss vor dem Beginn einer jeden Vorstellung natürlich für selbige und den eindrucksvollen Einsatz der Guillotine geworben werden. Zu diesem Zweck findet sich meist ein Herr vor dem Theaterzelt, der mit kräftiger Stimme das makabre Vergnügen anpreist, und zwar seit der Geburtsstunde im Jahr 1869 mit dem Slogan: „Auf geht's beim Schichtl!"

Pack mà's! / Packen wir es!

Hier handelt es sich ebenfalls um eine Aufforderung, mit der Arbeit zu beginnen. Manche ergänzten diesen Spruch wie folgt:

Pack ma's, de oid Huàberin, jung is' àà nimmer. / Packen wir sie, die alte Huberin, jung ist sie auch nicht mehr.

Ein deutlich frivoler Aufruf. Mit der Ergänzung, dass die Huberin nicht mehr die Jüngste ist, wird klargestellt, dass Eile geboten ist und man mit dem Unterfangen sofort loslegen sollte.

Mach koàne Dànz! / Mach keine Tänze!

Mach keinen Wirbel, mach keine Scherereien. Wer „Tänze macht", tanzt um etwas herum und vermeidet die eigentliche Sache dabei, er verzögert also den Fortgang der Arbeit.

Mach koàne Pflànz! / Mach keine Umstände!

Mach keinen Blödsinn, zier dich nicht! Herkunft: von „pflänzeln", was „sich zieren, sich putzen" bedeutet.

Des is wià gmàtzt. / Das ist wie verhext.

Das klappt einfach nicht, das macht unerwartete Schwierigkeiten. Als ob uns eine fiese „Màtz", die anderen gern Schwierigkeiten macht, in die Suppe gespuckt hätte.

Des håt uns gscheit gfuchst. / Das hat uns stark gefuchst.

Damit haben wir uns abmühen müssen, das hat uns große Schwierigkeiten bereitet und zu einer erheblichen Verzögerung geführt.

Des is doch koà Arwàt! / Das ist doch keine Arbeit!

So kann man doch auf die Dauer nicht arbeiten, das ist doch keine Lösung. Mit ungeeignetem oder schlechtem Werkzeug bekommt man z. B. keine schwierige Aufgabe erledigt.

Des is à Arwàt für oàn, der wo Vattà und Muàttà dàschlång håt. / Das ist eine Arbeit für jemanden, der Vater und Mutter erschlagen hat.

Das ist eine unzumutbare, sehr belastende, unangenehme Arbeit, so etwas kann man allenfalls von einem Strafgefangenen verlangen, der ein schweres Verbrechen begangen und diese Arbeit als Strafe verdient hat.

Jetz is' scho gwungà. / Jetzt ist es schon gewonnen.

Jetzt haben wir das Schwierigste, das Schlimmste, das Gefährlichste schon hinter uns. Wenn dieser Punkt erreicht ist, heißt es häufig für die weiteren Arbeitsschritte:

Geht nimmer gnau. / Es geht nicht mehr genau.

Man muss bei den noch verbleibenden Aufgaben nicht mehr besonders exakt arbeiten, weil das Maßgebliche schon erledigt ist und es beim Rest nicht mehr auf die letzte Genauigkeit ankommt. Der Spruch ist auch beim Kartenspielen gebräuchlich, wenn man sich des Sieges schon sicher ist, aber der Partner noch überlegt, welche Karte er ausspielen soll.

Jetz geht wås ausànand. / Jetzt geht etwas auseinander,
sagt man, sobald sich eine über längere Zeit blockierte Situation endlich, oft überraschend, auflöst, z. B. wenn man lange vergeblich einen fest sitzenden Wurzelstock ausgraben will, der sich nach vielen Mühen endlich lockert.

Bi net går so gaufferisch! / Sei nicht gar so hektisch!
„Gaufferisch" bedeutet so viel wie bei einer Sache übereilt und schlampig vorgehen.

Vor lauter Laaßmeàmit. / Vor lauter Lass-mich-auch-mit.
Weil er so hektisch war, weil er es so eilig hatte, ging etwas schief, hat etwas nicht geklappt. Z. B.: „Vor lauter Laaßmeàmit håt er sei Werkzeig vergessn." (Vor lauter Lassmichauchmit hat er sein Werkzeug vergessen.)

Des deichsln mir zwoà scho. / Das deichseln wir zwei schon.
Das lenken wir schon gemeinsam in die richtige Richtung. Die Deichsel ist die lenkbare Anhängevorrichtung an einem Wagen. „Deichseln" steht also für das Einstellen der korrekten weiteren Vorgehensweise, wobei gleichzeitig eine gewisse Geschicklichkeit bis hin zur Schlitzohrigkeit des „Deichslers" mitschwingt.

Des wer mà glei håm. / Das werden wir gleich haben.
Das wird gleich erledigt sein, dafür brauchen wir nicht lange. Gegebenenfalls augenzwinkernd mit dem Zusatz: „Des mach mà moing." (Das machen wir morgen.) Ist dann die Aufgabe erledigt, sagt man: „Des hämà." (Das hätten wir.)

... und dà Kàs is bissn. / ... und der Käse ist gebissen.
Und damit ist die Sache erledigt. Beliebte Formulierung bei entscheidungsfreudigen Personen, die nicht lange fackeln, sondern sich für einen bestimmten Weg entscheiden, auch wenn er mit Risiko verbunden ist.

De Såg schneidt guàt, de schneidt 's Wasser bis auf 'n Grund. / Diese Säge schneidet gut, die schneidet das Wasser bis zum Grund.
Ironische Bewertung einer Säge mit stumpfem Sägeblatt, also mit

schlechter Schneide. Wasser zu schneiden – und sei es bis auf den Grund des Gewässers – ist generell ein Leichtes und erfordert keine scharfe Schneide.

Mit den konnst dà net àmoi à koite Wassersuppn verdeànà. / Damit kannst du dir nicht einmal eine kalte Wassersuppe verdienen.
Investiert man viel Zeit und Arbeit in ein Projekt, das kaum einen Ertrag abwirft, ist dieser Spruch angebracht.

Mit Gwoit hebt mà àn Ochs num. / Mit Gewalt hebt man einen Ochsen hinüber,
kommentierte man das Geschehen, wenn einer ein Problem ohne lange Diskussionen mit roher Gewalt löste, während andere noch über eine Lösung mit geringerem Kraftaufwand nachdachten.

Jetz pack mà's kràwåttisch. / Jetzt packen wir es kroatisch.
Jetzt packen wir es mit Gewalt, mit größtem Krafteinsatz. Die Gruppe der Panduren, die zu einem erheblichen Teil aus Bewohnern des heutigen Kroatien bestand, kämpfte in den Schlesischen Kriegen auf der Seite Österreichs und hielt Bayern von 1742 bis 1745 besetzt (Pandurenjahre). Sie waren wegen ihrer Gräueltaten gefürchtet. So wurde in Bayern „kroatisch" zu einem Synonym für „gewalttätig".

Passt, des hört 's Passen går nimmer auf. / Passt, das hört das Passen gar nicht mehr auf,
sagt man, wenn es gelungen ist, etwas genau einzupassen, also z. B. richtig zuzuschneiden.

Des glangt à d' Haut nei. / Das reicht in die Haut hinein.
Das ist völlig ausreichend, mehr ist keinesfalls erforderlich. Die Redewendung ist vielseitig verwendbar, angefangen vom Verteilen der Essensportionen über die Menge der eben eingekauften Wurst bis hin zur Entscheidung, wie viel Dünger auf einem Feld auszubringen ist.

Då muàßt aufpàssen wià-r-à Håftlmacher. / Da musst du aufpassen wie ein Haftelmacher.
Da musst du ganz exakt arbeiten bzw. sehr vorsichtig vorgehen. Die Haftelmacher stellten Haftel her, also Heft- und Stecknadeln (meist aus

Messingdraht), auch Häkchen und Ösen für Kleider. Im Umgang mit diesen sehr filigranen Produkten war besondere Sorgfalt geboten.

Des dàgibt! / Das gibt aus!

Das ist deutlich spürbar, diese Arbeit hat sich rentiert. Wenn es z. B. stark geregnet hat und das Regenfass wieder gut gefüllt ist, sagt man: „Des håt dàgem." (Das hat ausgegeben.)

Des is ghupft wià gsprungà. / Das ist gehüpft wie gesprungen.

Es ist egal, wie man es macht – jede der diskutierten Lösungen führt zum Ziel, es kommt aufs Gleiche hinaus. Du bist also frei in deiner Entscheidung, wie du die Sache anpacken willst. Die gleiche Bedeutung hat der Spruch:

Des konnst machà wià-r-à Dåchdecker. / Das kannst du machen wie ein Dachdecker.

Im Mittelalter waren die Dachdecker noch nicht in eigenen Zünften organisiert, sie konnten sich daher frei entscheiden, welcher Zunft sie sich anschließen wollten. Und noch ein dritter Spruch fällt unter diese Bedeutung, wenn auch ins Negative gedreht:

Wiàstà 's machst, is' verkehrt. / Wie du es machst, ist es verkehrt.

Egal wie du hier vorgehst, es wird wohl schief gehen.

Mià sàn då wià-r-à Brezn. / Wir sind da wie eine Breze,

kündigt man an, um zum Ausdruck zu bringen, dass man absolut pünktlich sein wird.

Pünktlich wià d' Maurer. / Pünktlich wie die Maurer.

Ein Kommentar an jemanden, der sehr pünktlich zu einem vereinbarten Termin erscheint. Die Redewendung hat ihren Ursprung in einem Vorurteil, nach dem vor allem die Maurer immer ganz besonders darauf geachtet haben sollen, dass das Ende ihrer täglichen Arbeitszeit, der Feierabend keine Minute zu spät anfing.

Der Ober sticht àn Unter. / Der Ober sticht den Unter.

Ober und Unter sind Spielkarten bei verschiedenen Kartenspielen, sie entsprechen Dame und Bube. Dabei steht der Ober wie schon der Name sagt über dem Unter, er sticht den Unter. Der Ranghöhere hat also gegenüber seinem Untergebenen das Sagen oder: „Der Chef hat immer recht."

Då gibts koàn Ràdè (Ràdi). / Da gibt es keinen Rettich.

Da gibt es keinen Zweifel, keine Diskussion, keine Alternative. Das ist so, basta!

Warum bist à Bäuerin worn! / Warum bist du eine Bäuerin geworden!

Rhetorische Frage, bzw. eher Anklage an eine Bäuerin, die sich über ihre schwere Arbeit auf dem Hof beklagt. Es handelt sich um die Feststellung, dass sie an ihrem Schicksal selbst schuld sei, wollte sie doch selbst Bäuerin werden bzw. hat sich für ihren Mann und seinen mit Mühe und Schweiß zu bewirtschaftenden Hof entschieden. „Bäuerin" ist dabei übrigens durch jeden anderen Beruf ersetzbar.

Manchmal geht etwas daneben

Ist die Arbeit herausfordernd, schwierig oder schlicht kaum zu schaffen, dann geht eben auch einmal etwas schief. Trotz der früher geringen technischen Unterstützung gelang es zwar in der Regel gut, alles Geforderte ordentlich zu erledigen, ganz ohne Schwierigkeiten und Fehler mit mehr oder weniger weitreichenden Konsequenzen ging das Tagwerk aber auch nicht vonstatten. Probleme führten dabei meist nicht zur Verzweiflung ihrer Verursacher, sondern dazu, mit noch größerem Engagement nach Lösungen zu suchen und die Patzer wieder auszubügeln – ein durchaus löblicher Anspruch an die eigene Arbeit. Wie man sieht, diente so mancher Spruch rund um Missgeschicke und Fehler vor allem dem Zweck, sich den entsprechenden Ärger von der Seele zu schimpfen, damit es anschließend befreiter weitergehen konnte.

Knapp vorbei is àà dànem. / Knapp vorbei ist auch daneben.

Das Ziel wurde zwar nur ganz knapp, aber trotzdem spürbar verfehlt. Es macht keinen Unterschied, ob ein Jäger sein Ziel klar oder nur um Haaresbreite verfehlt, in beiden Fällen hat er das Wild nicht getroffen.

Jetz is dà Reàmà rågfoin. / Jetzt ist der Riemen heruntergefallen.

Einige der ersten landwirtschaftlichen Maschinen, z. B. Dreschmaschinen, Windmühlen oder Hakenzylinder, wurden von einem externen Elektromotor angetrieben, der über einen Riemen mit einem an der Maschine befindlichen Rad verbunden war. Fiel der Riemen von einem der beiden Räder herunter, geriet als Folge der Betrieb ins Stocken. Der

Spruch beschreibt diese Situation und steht allgemein für einen vorgesehenen Ablauf, der unerwartet und ärgerlicherweise unterbrochen wird, z. B. bei Stromausfall oder bei einem Defekt an einer Maschine.

Glump vàrreckts! / Gelumpe verrecktes!

Mit diesen deutlichen Worten bringt man seinen Unmut über ein Gerät von schlechter Qualität zum Ausdruck oder darüber, dass man bei dessen Reparatur nicht zum Ziel kommt. „Glump" wird in einem solchen Fall auch gerne mit einem Präfix verstärkt, z. B. „Scheißglump", „Malefizglump", „Bluàtsglump", „Kruzifixglump".

Jetz is' gfeit! / Jetzt ist es gefehlt!

Jetzt ging was schief, ist die Lage ziemlich aussichtslos, jetzt gibt es Ärger.

Oiss über 'n Hauffà werfà. / Alles über den Haufen werfen.

Alles, was schon fest vereinbart und Grundlage für eine Reihe von Vorarbeiten war, ohne Not wieder ändern, sodass man wieder ganz von vorne anfangen muss.

Jetz steht's Spitz auf Knopf. / Jetzt steht es Spitz auf Knopf.

Jetzt wird es spannend, die Sache steht auf des Messers Schneide, gleich entscheidet sich, ob das Unterfangen klappt oder nicht. Die Redewendung hat ihren Ursprung in der Zeit der Schwerter- und Degenkämpfe. Dort kam es darauf an, wie einem der Gegner sein Schwert präsentierte: Mit der gefährlichen Spitze, mit der man sticht, voran oder mit dem Schwertknauf („Knopf"), mit dem man auch sein Siegel auf etwas setzen konnte. Je nachdem konnte die Auseinandersetzung kriegerisch ausgehen oder zu einer diplomatischen, vertraglichen Lösung führen.

Jetz werd's hint häher wià vorn. / Jetzt wird es hinten höher als vorne.

Jetzt ist eine ungewöhnliche Situation eingetreten, jetzt wird es gefährlich, es droht etwas schief zu gehen. Die Redewendung passt auch, wenn jemand etwas völlig Unerwartetes, Unpassendes äußert und eine eigentlich friedliche Stimmung dadurch zu kippen droht. Sie kommt aus der Reitersprache: Nimmt ein Pferd seinen Kopf nach unten und bockt mit erhobenem Hinterteil und ausschlagenden Hinterbeinen, entsteht für den Reiter eine gefährliche Situation, in der er leicht abgeworfen werden kann.

Liàwà schlecht gfahrn ois guàt gangà. / Lieber schlecht gefahren als gut gegangen.

So antwortete man auf den Hinweis, dass sich ein Fuhrwerk oder eine Kutsche – heute ein Auto – in einem schlechten Zustand befindet, dass also eine Fahrt damit keineswegs ein Vergnügen darstellt. Gleiches gilt für Bemerkungen über eigensinnige Zugtiere oder schlechte Straßen. Man nimmt solche Erschwernisse gerne in Kauf, wenn man sich dafür die Belastung eines langen Fußmarschs erspart.

Auf àn Metter komma's nià dàrån. / Auf einen Meter kann man es nie erraten.

Auf den Meter genau kann man es nie hinbekommen. Es ist ausgesprochen schwierig, etwas ganz genau einzupassen. Die Differenz von einem Meter ist dabei allerdings sehr großzügig bemessen und natürlich nicht ernst gemeint. Der Spruch kommt vor allem zur Anwendung, wenn man sehr ungenau gemessen oder gearbeitet hat.

Des druckt se scho, wenn 's Hei drauf kimmt. / Das drückt sich schon, wenn das Heu darauf kommt.

Passt etwas auf Anhieb nicht ganz genau, dann ist man gewillt, es unter Anwendung von starkem Druck passend zu machen, und ist auch überzeugt, dass genau dieser Ansatz funktionieren wird. Kann man das Problem aber auch mit größter Kraftanstrengung nicht lösen, dann sagt man:

Då feit's ja um de ganz Neihauser Straß. / Da fehlt es ja um die ganze Neuhauser Straße.

Die Differenz zwischen dem erwarteten und dem tatsächlichen Ergebnis einer Arbeit ist enorm groß. Die Neuhauser Straße ist die Hauptgeschäftsstraße in München.

Na miàßts às hoit hoibschiàchè weißn. / Dann müsst ihr sie halt mit einer 12 cm starken Farbschicht weißeln,

sagte der Maurer scherzhaft, wenn ihm eine Wand nicht ganz gerade gelungen war. Eine „schiàchàge“ Mauer ist 24 cm stark, eine „hoibschiàchàge“ Mauer ist dementsprechend 12 cm stark und wird heute als „12er Wàndl“ bezeichnet. Das Wort „schiàche“ kommt von dem früheren Längenmaß „Schuh". Der dreiste Maurer empfiehlt also, seine handwerklichen Fehler durch eine enorm dicke Farbschicht auszugleichen – was niemals ernst gemeint sein kann.

Zwoàmoi åbgschnien und no z'kurz. / Zwei Mal abgeschnitten und immer noch zu kurz.

Scherzhafte Feststellung, wenn man z. B. von einem Brett zu viel abgeschnitten hat und das benötigte Teil zu kurz und damit für den benötigten Zweck unbrauchbar geraten ist.

Vogl frieß oder stirb! / Vogel friss oder stirb!

Dieser Imperativ gilt jemandem, dem man nur die Wahl zwischen zwei sehr ungünstigen Alternativen lässt. Entweder nichts oder nur ein kleines Bisschen oder anders ausgedrückt: Entweder du frisst die kleine Menge oder du stirbst, weil du dann gar nichts hast.

Jetz sitzt à drin im Schlàmàssl. / Jetzt sitzt er drinnen im Schlamassel.

Jetzt befindet er sich in einer ausweglosen Situation, in einem Dilemma. Ganz egal, wie er sich entscheidet, wie es mit seiner Arbeit weitergeht, es wird mehr oder weniger große Nachteile für ihn haben.

Jetz geht's àn Gråàm nei. / Jetzt geht es in den Graben hinein.

Wir sind vom richtigen Weg abgekommen und fahren geradewegs auf einen Graben zu. Wir befinden uns in einer ausweglosen Situation, aus der es kein Zurück und keine Rettung gibt, da die Geschäfte permanent schlecht laufen.

Då bist hergschenkt. / Da bist du hergeschenkt.

Dein Standpunkt ist nichts mehr wert, deine Situation ist denkbar schlecht. Da hast du verloren, das ist für dich aussichtslos.

Bläd glàffà. / Blöd gelaufen.

Unglücklich gelaufen.

Mit den folgenden Formulierungen wehrt man sich gegen übertriebene, zu häufige oder unberechtigte Kritik an seiner Arbeit oder auch generell gegen verbalen Unmut ggenüber der eigenen Person:

Wås håst 'n scho wieder zon Màssln? / Was hast du denn schon wieder zu kritisieren?

Du woàßt öiwei wås. / Du weißt immer etwas.

Du håst öiwei wås zum Aussetzen. / Du hast immer etwas auszusetzen.

Wegà dem Bissl brauchst net koppn. / Wegen dieser Kleinigkeit brauchst du nicht zu kritisieren.

Wer „koppt", der drückt sein Missfallen aus oder äußerst sich kritisch.

Eàm geht 's Trumm naus. / Ihm geht das Trumm hinaus.

Er hat am Ende das Nachsehen, er hat die „Arschkarte" gezogen. Alle anderen haben etwas gewonnen, aber er hat Pech gehabt. Z. B.: „Dà Sepp håt an Bauplåtz kriagt, der Ànderl an Hof und dà Màre is 's Trumm nausgangà." (Der Sepp hat einen Bauplatz bekommen, der Andreas den Hof und für die Maria war nichts mehr da, die ist leer ausgegangen.) Ein „Trumm" ist ein großes Stück. Da hier nur etwas Negatives gemeint sein kann, handelt es sich dabei möglicherweise ursprünglich um einen „Trumm" Stuhlgang oder bayerisch derb ausgedrückt: einen Haufen Scheiße.

Wås håst 'n wieder gliefert? / Was hast du denn wieder geliefert?, fragt man, wenn jemand schuldbewusst ankommt, um seine Missetat einzugestehen, und man dem Betreffenden schon an der Nasenspitze ansieht, dass er etwas angestellt hat.

Dà Moàster håt gestern wieder àn Schlager gliefert. / Der Meister hat gestern wieder einen Schlager geliefert.

Der Meister hat gestern wieder einen sehr ungewöhnlichen Fehler gemacht, einen Fehler, den man ihm nicht zugetraut hätte. Noch bevor es in den 1950er Jahren in der populären Musik Schlager, also eingängige Lieder mit Instrumentalbegleitung, gab, wurde dieses Wort in Bayern bereits im Sinne von „Besonderheit" oder „Bemerkenswertes" verwendet.

Sàkràment, jetz håb e àn gscheidn Wurm neibråcht. / Verflucht, jetzt habe ich einen großen Wurm hineingebracht.

Verflucht, jetzt habe ich einen groben Fehler gemacht, jetzt habe ich etwas Gravierendes falsch gemacht. Die gleiche Bedeutung hat der Spruch:

Gestern håwè àn gscheidn Boog gschossn. / Gestern håbe ich einen großen Bock geschossen.

I kànnt 'n dàgàrmà. / Ich könnte ihn erwürgen.

Mit diesen Worten bringt man seinen Ärger über jemanden zum Ausdruck, der sich einen groben Fehler erlaubt hat – ohne dass man es mit dem Erwürgen (in der Regel) ernst meint. „Dàgàrmà“ (dergarmen), verkürzt „dàgàrm“, enthält den Wortstamm „gar“ und ist demnach „einem den Garaus machen“ verwandt. Es geht heute kaum noch jemandem über die Zunge.

Faule und fleißige Arbeiter

Zu allen Zeiten gab es Lob für geschicktes und fleißiges Personal und Tadel für unfähige und faule Arbeiter. Angesichts der Schwere der Arbeit und der widrigen Umstände wie extremer Kälte im Winter oder brütender Hitze im Sommer ist es nicht verwunderlich, dass früher der eine oder andere Dienstbote oder Geselle versuchte, besonders belastenden Einsätzen zu entgehen. Dass der Bauer oder Meister seine Angestellten mit teils deftigen Ansprachen zur Arbeit anhielt und Schlendrian nicht durchgehen ließ, war also nicht zu vermeiden. Bei manchem Knecht oder Lehrling ging es aber nicht nur um die fehlende Motivation, sondern um dessen Fähigkeiten überhaupt. Und wo diese fehlten, da half auch das Antreiben durch den Vorgesetzten nichts.

Då håst du àn Årsch z' weit drunt. / Da hast du den Arsch zu weit unten.

Wer seinen Hintern weit unten hat, der hat eine geringe Körpergröße. Mit dem Spruch möchte man also sagen, dass jemand für die anstehende Aufgabe oder im Vergleich mit anderen zu klein, zu schwach oder zu unfähig ist. Er fand auch Anwendung angesichts der in den 1990er Jahren üblichen Hosenmode, bei der der Schritt des jeweiligen Beinkleids etwa auf Höhe der Knie getragen wurde („Hosenscheisserhosen“). Hier war zwar nicht der Hintern, aber der entsprechende Hosenstoff „z' weit drunt“.

Der håt se koàn Hàx ausgrissn. / Der hat sich kein Bein ausgerissen.

Der war träge und faul, er hat sich vor der Arbeit gedrückt. Umgekehrt sagt einer, der sich besonders angestrengt hat: „I håb mà-r-àn Hàx ausgrissn.“ (Ich habe mir ein Bein ausgerissen.)

Wià d' Jünger am Ölberg. / Wie die Jünger am Ölberg,
sagt man, wenn man mehrere Personen erblickt, die untätig am Boden liegen oder herumsitzen und der Zeit beim Verstreichen zusehen.

Den wer e d' Wààl vürerichtn. / Dem werde ich die Waden nach vorne richten.
Den werde ich auf den Pfad der Tugend oder zur Raison bringen. Die gleiche Bedeutung hat:
Den wer e àn Màrsch blåsn. / Dem werde ich den Marsch blasen.
Diese Redewendung stammt aus der Soldatensprache. Wenn zum Abmarsch geblasen wurde, musste mit schwerwiegenden Konsequenzen rechnen, wer der Aufforderung nicht folgte.

Den steig e aber auf d' Eisen! / Dem steige ich aber auf die Eisen!
Dem werde ich Beine machen, den werde ich streng kontrollieren, den werde ich zur Arbeit anhalten. Der Spruch richtet sich vor allem in Richtung der faulen Mitarbeiter. Mit „Eisen" dürften die Hufeisen beim Pferd als Synonyme für die Beine oder besser die Zehen gemeint sein, auf die man dem faulen Kerl tritt, um ihn zur Arbeit zu zwingen.

Der is doch koàn Schuss Buivà wert. / Der ist doch keinen Schuss Pulver wert,
sagt man über jemanden, der zu nichts zu gebrauchen ist. Würde man ihn erschießen, wäre er sogar das Pulver für den Schuss nicht wert.

Den konnst in dà Pfeif ràchà. / Den kannst du in der Pfeife rauchen.
Der taugt für gar nichts, den kann man für nichts einsetzen und verwenden, allenfalls als Tabak in der Pfeife. Alternativ kann man solche Taugenichtse und Nichtskönner auch folgendermaßen beschreiben:
Der z'reißt doch nix. / Der zerreißt doch nichts.
Kein kräftiger Arbeiter, der am Ende eines Tages ein Ergebnis seines Tuns vorzuweisen hat.

Der håt ja lauter Dàmà. / Der hat ja lauter Daumen.
Ein sehr ungeschickter Mensch, der sich zwar handwerklich betätigt, dabei aber so tollpatschig vorgeht, als ob er nicht über zehn Finger, sondern an beiden Händen nur über unbeholfene Daumen verfügen würde.

Der kennt se hint und vorn net aus. / Der kennt sich hinten und vorne nicht aus.
Der hat überhaupt keine Ahnung. Egal wo er ansetzt, ob hinten oder vorne – er ist total überfordert.

Kritik an einem recht unbeholfenen Menschen:
Gstöi de no wieder recht o! / Stell dich nur wieder recht an!
Gstöi de net à so o! / Stell dich nicht so an!
Wià kommà se bloß à so ogstöin! / Wie kann man sich nur so anstellen!
Då wàr àà no wås dabei! / Da wäre auch noch was dabei!
Als ob hier etwas dabei wäre, da ist doch nichts dabei! Das ist keine Kunst, da muss man doch nichts können, um diese Aufgabe zu erledigen. Verkürzt: „Des wàr àà no wås!" (Das wäre auch noch was!)

Wås greischt 'n går à so wegà den Bissl Arwàt? / Warum stöhnst du denn so wegen dem Bisschen Arbeit?
„Greischn" bedeutet im Bairischen „jammern, ächzen, stöhnen".

D' Arwàt håt er ganz nach der Zwerch ogschaugt. / Die Arbeit hat er ganz schief angeschaut.
„Nach der Zwerch" heißt so viel wie „schräg, schief, skeptisch". Wenn jemand seine Aufgabe skeptisch betrachtet, dann ist wohl nicht zu erwarten, dass er sie motiviert und gut erledigt.

De Gschwindàn heits es àà net, hà? / Die Schnellsten seid ihr auch nicht, was?
Deutliche Kritik an Arbeitern, die ungewöhnlich langsam ans Werk gehen und sehr lange brauchen, um ihren Auftrag zu erledigen.

Avante, avante, sunst wer e gràntè! / Avanti, avanti, sonst werde ich grantig!
Der kleine Reim, der vom italienischen „avanti" (schnell) ausgeht, kam in der 1960er Jahren mit den italienischen Gastarbeitern nach Bayern.

I konn essn und tringà wås e måg, mir schmeckt einfach koà Arwàt. / Ich kann essen und trinken was ich mag, mir schmeckt einfach keine Arbeit.

Aussage einer Person, die sich mit der Arbeit und Plackerei an sich einfach nicht anfreunden kann.

Zweng dir dàrenn e me do net. / Wegen dir überschlage ich mich doch nicht.

Wegen dir werde ich nichts überstürzen, von dir lasse ich mich doch nicht antreiben. „Dàrennà" kommt wörtlich vom zu schnellen Rennen, das zum Sturz und im Extremfall zu einem tödlichen Unfall führen kann. Ist dieses Schicksal einem Autofahrer widerfahren, so hat er sich „dàrennt".

Då wàr ja à Glerntà à Depp. / Da wäre ja ein Gelernter ein Dummkopf.

Es wäre nicht sinnvoll, eine Lehre zu machen, wenn man von Haus aus schon alles könnte – aber so ist es eben nicht. Dies entspricht der Lebensweisheit, dass noch kein Meister vom Himmel gefallen ist.

Duà de net å! / Tu dich nicht ab!

Bemühe dich nicht. Es ist nicht nötig bzw. nicht wirtschaftlich, dass du noch mehr Zeit investierst.

Net gschimpft is globt gmuà. / Nicht getadelt ist genug gelobt.

Bayerische und auch schwäbische Grundeinstellung, dem Loben von Leistungen gegenüber. Auch scherzhafte Erklärung eines Vorgesetzten, wenn die Mitarbeiter über zu wenig Anerkennung klagen.

Heit geht's mà dick ei. / Heute geht es mir dick ein.

Heute bin ich im Stress, heute habe ich vor lauter Arbeit keine Zeit für eine Unterhaltung.

Mi 'n Hans kimm e guàt d' Schuuß. / Mit dem Hans komme ich gut zu Schuss.

Mit dem Hans komme ich gut zurecht, mit dem verstehe ich mich gut, der tut was er soll. Der Spruch ist auch auf Sachen anwendbar, z. B.: „Mit dem neià Auto kimm e guàt d' Schuuß." (Mit dem neuen Auto komme ich gut zurecht.) Das „d" vor „Schuuß" ist das Ergebnis einer Assimilierung des ursprünglichen „z" (für „zu") und geht dem Bayern leichter von der Zunge.

Der håt wås los. / Der hat etwas drauf.

Der versteht sein Handwerk, der arbeitet gut und schnell, den kann man weiterempfehlen.

Wennst de mi 'n Baur z'kriàgt håst, na bist nix mehr z'nein. / Wenn du dich mit dem Bauern zerstritten hast, dann bist du nicht mehr zu beneiden.

Wenn sich Dienstboten mit dem Bauern gestritten hatten, mussten sie befürchten, in der Folgezeit schlecht behandelt und drangsaliert zu werden. Dem konnten Knechte und Mägde auch kaum entkommen, teilten sich doch alle auf einem Hof ein Dach. Manchmal war dies besonders schlimm, wenn eine Magd sich den erotischen Wünschen des Bauern widersetzte, dem Mann und seiner gekränkten Laune aber partout nicht aus dem Weg gehen konnte.

I håb eàm àn Bääl higworfà. / Ich habe ihm den Bettel hingeworfen.

Ich habe entnervt aufgegeben, ich habe gekündigt, ich habe kapituliert. „Bettel" steht hier kurz für das „Erbettelte" und bezeichnet etwas Wertloses, auf das man leicht verzichten kann.

Wià 's Viech

Von Mensch und Tier

Im Münchner Hofbräuhaus sitzen ein Bayer und ein Berliner gemeinsam an einem Tisch. Der Bayer trinkt eine Mass ... und no à Mass ... und no oàne. Nach einiger Zeit des erstaunten Zusehens meint der Berliner: „Also wissen se, Männeken, wir Berliner trinken immer nur so viel, wie wir Durst haben." Worauf der Bayer nach kurzem Überlegen kopfschüttelnd und mitleidig meint: „Wià 's Viech."

Dies ist zwar nur ein alter Witz, aber er enthält durchaus einen wahren Kern – nämlich die Tatsache, dass zwischen Mensch und Tier mehr Gemeinsamkeiten bestehen als man denkt. Und hier ist wohl auch der Grund dafür zu suchen, dass es in der bairischen Sprache so viele Vergleiche zwischen Mensch und Tier gibt.

Waldtiere

Der schlaft wià dà Hås hinter der Staun. / Der schläft wie der Hase hinter der Staude.

Als Fluchttier, das vor Fressfeinden ständig auf der Hut sein muss, schläft ein Hase, der bewegungslos im Busch sitzt, keineswegs, er döst höchstens und hat dennoch alles im Blick. Dieser Spruch beschreibt jemanden, der nur so tut, als würde er schlafen, der er aber hellwach ist und alles mithört.

Då wo se Fuchs und Hås „Guàt Nacht" song. / Dort wo sich Fuchs und Hase „Gute Nacht" sagen.

Fuchs und Hase sagen sich in menschenleeren, sehr entlegenen Gegenden „Gute Nacht". Hier hat man es also mit einer einsamen Region weit ab vom Schuss zu tun oder deutlich: dem Arsch der Welt.

Wårum lachstn wià-r-à zahnàdà Hoizfuchs? / Warum lachst du wie ein zahnender Fuchs im Wald?

Diese Frage stellt man jemandem, der – herzhaft oder gequält – lacht und dabei im breit gezogenen Mund die Zähne zeigt.

I håb àn Hunger wià-r-à Woif. / Ich habe einen Hunger wie ein Wolf.

Ich habe einen Riesenhunger, ein ganzes Schaf käme jetzt gerade recht.

Geflügel

Mià gengà mit de Henà às Bett. / Wir gehen mit den Hühnern ins Bett.

Wir gehen sehr früh ins Bett. Die Hühner gehen in ihren Stall, sobald es draußen dunkel wird, und verlassen ihn wieder mit der Morgendämmerung. Auch die Menschen lebten früher nach diesem Rhythmus, weil künstliche Beleuchtung schlicht noch unbekannt oder mit zu hohen Kosten verbunden war.

À Weib is à Henà und à Henà is à Màtz. / Eine Frau ist eine Henne und eine Henne ist eine Màtz.

Schlussfolgerung: Jede Frau ist eine „Màtz", d. h. eine falsche, hinterlistige Person, die nach Lust und Laune lügt und Intrigen spinnt und auch nicht davor zurückscheut, Verbotenes zu tun, um ihre Ziele zu erreichen. Sie ist ein Miststück, ein Biest, ein „Luàdà" (Luder).

Der schaugt aus wià d' Henà hintern Schwoàf. / Der sieht aus wie die Henne unter dem Schwanz.

Unter dem Schwanz der Henne befindet sich deren Allerwertester, es handelt sich also um eine etwas unappetitliche Gegend. Der vorliegende Spruch zieht diesen Vergleich mit einer Person, die recht mitgenommen aussieht, z. B. nach einer durchzechten Nacht.

Du schaugst, wià wenn dà d' Henà 's Brot gnommà hään. / Du hast einen Blick, als ob dir die Hühner das Brot weggenommen hätten.

Der so Angesprochene macht einen sorgenvollen, traurigen, geknickten Eindruck.

Der geht umànand wià-r-à legàdè Henà. / Der geht umher wie eine legende Henne.

Der läuft langsam und bedächtig umher, wie eine Henne, die den idealen Platz sucht, um ihr Ei abzulegen. Meistens handelt es sich dabei um kranke oder alte Menschen.

Der steigt wià dà Gockl auf 'n Mist. / Der stolziert wie der Hahn auf dem Mist.

Was für ein Angeber, schaut euch nur mal seinen Gang an! Alternativ: **Der steigt wià-r-à Pfau.** / Der stolziert wie ein Pfau.

À guàdà Gockl werd net fett. / Ein guter Hahn wird nicht fett.

Mit diesem Spruch bedenkt man einen schlanken Mann. Man unterstellt ihm damit, dass seine wohlproportionierte Figur auf seine erotischen Neigungen und die damit verbundenen körperlichen Aktivitäten zurückzuführen ist.

Bluàdiger Henàdreeg. / Blutiger Hühnerdreck.

Ausdruck des Erstaunens.

Is scho furt mit de Gäns. / Ist schon fort mit den Gänsen,

sagt man, wenn etwas vorzeitig entfernt wurde oder wider Erwarten nicht mehr da ist. Der Spruch kann auch als Antwort auf die Frage dienen, wo denn eine bestimmte Person abgeblieben sei. Die Redewendung dürfte sich auf Wildgänse beziehen, die immer nur eine gewisse Zeit an einem Ort verweilen und dann weiterziehen.

Zoin duàt na dà Linderbaur, wenn er mit de Gäns vorbeitreibt. / Zahlen wird dann der Linderbauer, wenn er die Gänse vorbeitreibt.
Würde man einen Gläubiger darauf vertrösten, dass die Schulden vom Linderbauer beglichen werden, wenn der seine Gänseschar gerade vorbeitreibt, so würde das bedeuten, dass die Schulden am St. Nimmerleinstag, also nie getilgt werden. Der Linderbauer des Spruchs war nämlich der größte Bauer der Gemeinde, unter dessen Würde es selbstverständlich gewesen wäre, als Gänsejunge aufzutreten. Die Redewendung benutzte man nur dann, wenn man davon ausgehen konnte, dass man für eine kleine Hilfe, die man bekommen hatte, nicht zur Kasse gebeten wurde.

Wenn dà Vogl beim Fråß is, singt er net. / Wenn der Vogel beim Fressen ist, dann singt er nicht.
Alte Erziehungsregel: Beim Essen spricht man nicht.

„Jetz geht's aufwärts", håt dà Spåtz gsagt, wià 'n Katz über d' Stiàng naufzong håt. / „Jetz geht's aufwärts", hat der Spatz gesagt, als ihn die Katze die Treppe hinaufgezogen hat.
So beschreibt man eine ziemlich verfahrene Lage, in der es nicht wirklich aufwärts geht.

„Des sàn Trümmer", håt dà Spåtz gsagt, wià-r-à seine Wààl ogschaugt håt. / „Das sind Trümmer", hat der Spatz gesagt, als er seine Waden angeschaut hat.
Möchte man etwas Unterdimensioniertes beschreiben, dann kommt dieser ironische Spruch gerade recht. Waden, die besonders dünn sind, bezeichnet man gern als „Spåtznwààl" oder „Spåtznwàdel" (Spatzenwaden). Alternativ kann man auch sagen:
„Des sàn Trümmer", sagt der Wimmer. / „Das sind Trümmer", sagt der Wimmer.
Ein bairisches „Trumm" ist ein gewaltiges, großes Stück.

Der isst wià-r-à Spåtz. / Der isst wie ein Spatz.
Der isst nur eine sehr kleine Menge.

Den hammà ausgnommà wià-r-à Weihnachtsgans. / Den haben wir ausgenommen wie eine Weihnachtsgans.
Wird eine Weihnachtsgans ausgenommen, dann werden ihre Eingewei-

de entfernt. Hier wird allerdings einer Person ihr Geld in rauen Mengen abgenommen, z. B. beim Kartenspiel oder bei einem Handel.

Då geht's ja zuà wià in àn Daumschlåg. / Da geht's ja zu wie in einem Taubenschlag.
Da geht's hoch her, da ist etwas los – wie in einem Taubenschlag, in dem die Tauben ständig aus- und einfliegen.

Rinder

Der Hocker wackelt wià-r-à Kuàhschwoàf. / Der Hocker wackelt wie ein Kuhschwanz.
Das Sitzmöbel bewegt sich also ungewöhnlich stark.

Des geht auf koà Kuàhhaut. / Das geht auf keine Kuhhaut.
Das ist so unerhört, so groß, so umfangreich, dass die Fläche einer Kuhhaut – eine der größten Häute, von einem der größten, in bayerischen Landen beheimateten Tier – dafür nicht ausreicht. Eine der Erklärungen zur Herkunft des Spruches besagt, dass man im Mittelalter glaubte, die Sünden der Menschen würden von Engeln auf einer Kuhhaut niedergeschrieben. Hatte man so viele Sünden beieinander, dass sie nicht einmal mehr auf dieses große Leder passten, dann war der Eingang ins Paradies mehr als gefährdet. In der Regel wird der Spruch heute nicht mehr auf das Sündenregister einer bestimmten Person oder auf die unwahrscheinliche Größe bestimmter Dinge angewandt, sondern nur im übertragenen Sinne benutzt: Das ist ja nicht auszuhalten! Das ist schlimm, das ist unmöglich.

Pass auf, då håt à Kuàh herpflädert! / Pass auf, da eine Kuh hingemacht!
Dazu folgender Dialog – Paul: „Pass auf, då håt à Kuàh herpflädert!" „Des glaub i net" (Das glaube ich nicht), antwortet der Simmerl, taucht seinen Finger in den Kuhfladen, leckt ihn ab und sagt: „Pfeigråd! Guàd, dass mà net neigstiegn sàn!" (Tatsächlich! Gut, dass wir nicht hineingetreten sind!)

Lern àn Ochs às Schreim! / Lehre einen Ochsen das Schreiben!
Gemeint ist: Genau so wenig, wie man einen Ochsen das Schreiben leh-

ren kann, kann man dem Schüler oder der unverständigen Person, über die man gerade spricht, etwas beibringen.

Des is gråd à so, wià wenn à Ochs neischaugt. / Das ist gerade so, als ob ein Ochse hinein schaut.

So kann man sein eigenes Tun kommentieren, wenn man etwas begutachtet, ohne irgendeine Ahnung davon zu haben, z. B. der Blick eines technischen Laien in die geöffnete Motorhaube

Bis e då lang 's Roß eispann, dàwei fahr e mi 'n Ochs weitmächte. / Bis ich da lang das Pferd einspanne, derweil fahre ich mit dem Ochsen schon ziemlich weit.

Das dachte und sagte sich so mancher faule Bauer, der sich die Mühe ersparen wollte, ein Pferd einzuspannen, und stattdessen mit dem Ochsenfuhrwerk loszog. Dass es damit deutlich langsamer voran ging und der Ochse sich mehr anstrengen musste als ein Pferd, das war ihm die ersparte Mühe wohl wert.

Der studiert auf Geistlichkeit, auf dass er koà Ochs net werd. / Der studiert Theologie, um zu vermeiden, dass er ein Ochse wird.

Der studiert Theologie, um zu vermeiden, dass er so schwer arbeiten muss wie ein Ochse.

Der håt à Gnàck wià-r-à Stier. / Der hat einen Nacken wie ein Stier.

Der hat einen besonders kräftigen Nacken und ist wahrscheinlich auch ein allgemein muskulös gebautes Exemplar Mann.

À plärràdà Stier! / Ein plärrender Stier!

So bezeichnet man einen Mann, der eine sehr laute Stimme besitzt, herumschreit und damit die gesamte Umgebung stört.

Der håt se d' Herndl àà scho åbgstessn. / Der hat sich die Hörner auch schon abgestoßen.

Der ist auch schon vernünftiger geworden, der will seinen Willen auch nicht mehr mit Gewalt durchsetzen. Junge Menschen, die meist nicht wissen, wo sie mit ihrer ganzen Energie hin sollen, wollen bevorzugt mit dem Kopf durch die Wand. Dies scheitert in der Regel daran, dass die Wand, also der Widerstand gegen ihre Vorhaben, stärker ist als ihr

Schädel, was durchaus mit schmerzhaften Erfahrungen enden kann. Wer einige Male auf diese Weise gescheitert ist und sich dabei „die Hörner abgestoßen" hat, der wird daraus lernen und künftig besonnener vorgehen. Der Spruch kann auch bei der Beschreibung eines ehemaligen Casanovas angebracht werden, der nach einer ausreichenden Zeit der erotischen Abenteuer langsam ruhiger und sesshafter geworden ist.

Hunde

Des sàn de ürgàn Hundt, de wo se söiwà beißen. / Das sind die ärgsten Hunde, die sich selber beißen.
Das sind die schlimmsten Hunde, die sich selbst beißen. So sagt man zu jemandem, der sich durch eigene Schuld selbst verletzt hat.

Wenn dà Hund net gschissen hätt, hätt er àn Hås dàloffà. / Wenn der Hund nicht geschissen hätte, dann hätte er den Hasen erlaufen.
Hätte der Hund nicht während der Jagd seine Notdurft verrichten müssen, dann hätte er den Hasen erwischt – wenn das Wörtchen „wenn" nicht wäre.

À Hund is à scho! / Ein Hund ist er schon!
Oder:
À Hund bist fei scho! / Du bist wirklich ein Hund!
Anerkennende Äußerung über einen Menschen, der mit ungewöhnlichen, oft schlitzohrigen Methoden erfolgreich ist oder einen Erfolg erzielt, den man ihm gar nicht zugetraut hätte.

Des is à armer Hund! / Das ist ein armer Hund!
Ein „armer Hund" ist entweder jemand, der im eigentlichen Wortsinn „arm", also mittellos ist, oder aber jemand, dem das Bedauern seiner Mitmenschen gilt, weil er z. B. schwer erkrankt ist oder von seinem Ehepartner schlecht behandelt wird.

Des is vielleicht à Hundling! / Das ist aber ein Filou!,
sagt man anerkennend über eine raffinierte Person.

À so wirft mà's àn Hund hi! / So wirft man es dem Hund hin!
So unfreundlich und grob kann man vielleicht einem Hund seinen Kno-

chen hinwerfen, einen Mitmenschen sollte man aber schon etwas höflicher behandeln.

Der is auf und dàvo wià-r-à gstutzter Hund. / Der ist auf und davon wie ein gestutzter Hund.
Ein gestutzter Hund ist ein kastrierter Hund, dem ja im Allgemeinen nachgesagt wird, unterwürfiger und weniger couragiert zur Sache zu gehen.

Es heits mà so Hundsbuàm! / Ihr seid mir so Hundsbuben!
Ihr seid aber freche Buben! Kommentar, der gern nach einem gelungenen Streich angebracht wurde. Dabei klingt auch eine gewisse Anerkennung durch. Das „es“ ist hier die frühere Form von „ihr“, das „heit“ der Vorgänger von „seid“, an das als bairische Besonderheit nochmal ein auf das „s“ verkürztes „es“ angehangen wird.

Du Hundsgrippe! / Du Hundskrüppel!
Schimpfwort – vor allem für freche Kinder. In diesem „Hund“ ist keinerlei Anerkennung enthalten.

À so à Misthund! / So ein Misthund!
Schimpfwort für erwachsene Männer.

I bin hundsmiàd. / Ich bin hundemüde.
Die Erschöpfung wirft einen fast von den Beinen.

Katz und Maus – und Ratzn

Entweder – oder, Katz oder Kådà.
/ Entweder – oder, Katze oder Kater.
Du musst dich jetzt entscheiden.

Des is doch oiss für d' Katz. / Das ist doch alles für die Katze.
Das ist doch sinnlos, aussichtslos oder wirkungslos, z. B. wenn einem der Arzt Unmengen von Tabletten verschreibt, an deren Wirkung man erhebliche Zweifel hat.

Jetz gherst dà Katz. / Jetzt gehörst du der Katze,
sagt man zu einem, der sich auf verlorenem Posten befindet. Alternativ:

Jetz bist verratzt. / Jetzt bist du verratzt.
Jetzt bist du verloren – wie die Ratte im Angesicht des Kammerjägers.

Bluàd vo dà Katz! / Blut von der Katze!
Ausdruck des Erstaunens.

Du bist ja à ganz à Gschmoàchàge! / Du bist ja eine ganz besondere Schmeichlerin!
Du bist ja eine ganz Zutrauliche. So spricht man zu einer Katze, die die Beine einer Person umschleicht, um gekrault zu werden. Auch auf manche Frau ist diese Redewendung anwendbar, vor allem wenn sie bei ihrem Partner ein Anliegen durchsetzen möchte.

Her und àn Bààm nauf! / Her und auf den Baum hinauf!
Der Spruch erinnert an fliehende Katzen, die bei Gefahr sofort auf den nächsten Baum klettern, und bezeichnet überstürztes, nicht durchdachtes Handeln mit in der Regel ungünstigem Ausgang.

Katz frisst b'Meis. / Die Katze frisst die Mäuse.
Damit bringt man zum Ausdruck, dass jeder seinen eigenen Geschmack hat, dass man also über Geschmack nicht streiten kann – die bairische Alternative zum lateinischen „De gustibus non est disputandum".

Der is arm wià-r-à Kirchàmaus. / Der ist arm wie eine Kirchenmaus.
Wären Mäuse in Kirchen anzutreffen, so wären sie sicher sehr schlecht genährt, weil es dort kaum Futter für sie gibt.

Då mechàt e à Meisal sei. / Da würde ich gerne ein Mäuschen sein.
Da würde ich gerne als kleine Maus versteckt und quasi unsichtbar dabei sein und heimlich zuhören.

Mach Meis? / Mach Mäuse?
Machst du Scherze?

Der is nååß wià-r-à Båchratz. / Der ist nass wie eine Bachratte.
Der ist tropfnass. Wer so nass ist, der sieht aus „wià-r-à dàfte Maus" (wie eine getaufte Maus).

Der schlafft wià-r-à Ratz. / Der schläft wie eine Ratte.
Der schläft gut und tief.

Pferde

Weibersterm, koà Verderm, Rossvàrreckà, groußer Schreckà. / Weibersterben, kein Verderben, Pferdeverrecken , großer Schrecken.

Stirbt die Frau eines Bauern, ist das aus wirtschaftlicher Sicht nicht so tragisch, weil der Bauer – vorausgesetzt er verfügt über einen ansehnlichen Hof samt Grundbesitz – leicht wieder eine neue Gattin finden kann und diese seinen Besitz dann sogar mit ihrem „Heiràtsguàt" (Mitgift) noch erweitert. Der Tod eines Pferdes ist dagegen in jedem Fall ein großer finanzieller Schaden.

À guàds Roß ziàgt zwoàmoi. / Ein gutes Pferd zieht zweimal.

Ein Pferd besitzt viel Kraft, grundsätzlich 1 PS (Pferdestärke). Hatte man allerdings einen Wagen so schwer beladen, dass das Pferd beim Anziehen zunächst nicht vom Fleck kam, dann erwartete man von einem guten, kräftigen, voll in Saft und Kraft stehenden Pferd, dass es die Last doch beim zweiten Versuch schaffte. Bei einem schwachen, älteren Pferd dagegen half weder gutes Zureden noch die Peitsche. Der Spruch wird auch im übertragenen Sinn verwendet, z. B. beim Kartenspielen, wenn ein Spieler ein gutes Blatt auf der Hand hat und darauf hofft, dass er in der nächsten Runde nochmals gute Karten bekommt.

Nur langsam mit de jungà Ross. / Nur langsam mit den jungen Pferden.

Nur langsam, nichts überstürzen. Auch mit jungen Pferden muss man langsam und behutsam vorgehen, um sie an ihre Aufgaben zu gewöhnen.

I håb eàm zuàgredt wià-r-àm kranken Ross. / Ich habe ihm gut zugeredet wie einem kranken Pferd.

Ich habe so geduldig und sanft auf ihn eingeredet, wie man auch einem kranken Pferd zuflüstern würde, um es zu beruhigen.

Àm gschenktn Gaul schaugt mà net ins Maul. / Einem geschenkten Gaul schaut man nicht ins Maul.

Das Alter und damit die Leistungsfähigkeit eines Pferdes kann man an dessen Zähnen ablesen. Beim Pferdekauf ist deshalb ein Blick auf das Gebiss des Pferdes unverzichtbar. Bekommt man aber ein Pferd geschenkt, so verbietet sich dieser Kontrollblick, weil man ja die Qualität eines kostenlosen Tieres kaum kritisieren kann. Bekommt man etwas geschenkt, ziemt es sich niemals, die Qualität des Geschenks zu bemäkeln.

Den sticht der Håwern. / Den sticht der Hafer.

Der ist übermütig, der ist wild. Pferde bekommen Hafer zu fressen, um damit deren Leistungsfähigkeit zu steigern. Bekommt ein Pferd allerdings mehr Hafer als nötig, scheidet es einen Teil des Futters unverdaut wieder aus und wird dabei am empfindlichen Darmausgang von den Spelzen des Hafers gestochen. Wenn ein Mensch vom Hafer gestochen wird, dann hat er nicht wie das Ross mit unangenehmen Folgen der Nahrungsaufnahme zu kämpfen – es geht ihm ganz im Gegenteil fast zu gut, er wird vor lauter Wohlsein zu leichtsinnig und kommt auf dumme Gedanken. Anders ausgedrückt: Wenn es dem Esel zu wohl wird, dann geht er aufs Eis.

Schweine (und eine Ziege)

Der lacht wià-r-à Goàßboog. / Der lacht wie ein Ziegenbock.

Sein Lachen ist dem Meckern eines Ziegenbocks sehr ähnlich.

Wià d' Sau. / Wie die Schweine.

Meist als allgemeiner Ausdruck zur Verstärkung einer Aussage gebraucht, also als Synonym für „besonders stark“, z. B.: „ Es rengt wià d`Sau.“ (Es regnet sehr stark.) Weitere Beispiele solcher Verstärkungen:

Der stinkt wià-r-à Sau. / Der stinkt wie ein Schwein.

Der schmatzt wià-r-à Sau. / Der schmatzt wie ein Schwein.

Der is bsuffà wià-r-à Sau. / Der ist betrunken wie ein Schwein.

Der bliàt wià-r-à Sau. / Der blutet wie ein Schwein.

Der schwitzt wià-r-à Sau. / Der schwitzt wie ein Schwein.

Auch bei diesem letzten Spruch handelt es sich bei der schwitzenden Sau nicht um einen wörtlich zu nehmenden Vergleich, sondern wiederum um ein verstärkendes Substantiv. Der direkte Vergleich würde schon deshalb hinken, da Schweine nicht transpirieren können.

Der fahrt wià-r-à gsengte Sau. / Der fährt wie ein gesengtes Schwein.

Der ist ein Raser, der fährt unverantwortlich schnell. Mit „sengen“ ist bei der Schlachtung das Abbrühen der Schweinehaut gemeint, um die Borsten besser entfernen zu können. Gelingt es einem nur leicht angesengten Schwein, noch vorher zu entkommen, so wird es mit größtmöglicher Geschwindigkeit fliehen.

Dass der Sau graust. / Dass es das Schwein graust.

Hier wird etwas besonders Schmutziges, Ekeliges oder Unappetitliches beschrieben. Z. B.: „Bei derà schaugts in der Küch aus, dass dà Sau graust." (Bei der schaut es in der Küche aus, dass sich sogar ein Schwein ekelt.)

Då kennt se koà Sau aus. / Da kennt sich kein Schwein aus,

sagt man, wenn sich etwas sehr kompliziert und unübersichtlich präsentiert, z. B. ein einem völlig unverständlich erscheinender Schaltplan.

Koà Sau kimmert se. / Kein Schwein kümmert sich.

Auch hier dient die „Sau" als Verstärkung: Überhaupt niemand kümmert sich, weit und breit fühlt sich kein einziger verantwortlich und auf weiter Flur will sich absolut niemand der Sache annehmen. In diesem Zusammenhang ist der Schlager „Kein Schwein ruft mich an" von Max Raabe zu erwähnen.

Stoàbuizl hammà zum Saufiàdern. / Steinpilze haben wir zum Schweinefüttern.

Steinpilze kann man in den bayerischen Wäldern zur Herbstzeit sammeln, sie sind aber immer noch eine saisonale Seltenheit. Findet man ausnahmsweise eine größere Menge davon, dann bringt man mit diesem Spruch zum Ausdruck, dass man mehr Pilze zur Verfügung hat, als man je selber verbrauchen könnte und den Überschuss deshalb an die Schweine verfüttern könnte – was man mit den wertvollen Steinpilzen natürlich nie wirklich machen würde. Dies gilt für alles, was man im Überfluss zur Verfügung hat, egal, ob es überhaupt als Schweinefutter geeignet ist oder nicht.

Nix

Das Wörtchen „nichts"

„Nix" ist das bairische Pendant zum Schriftdeutschen „nichts" und kommt in zahllosen Sprüchen vor. Worauf diese weite Verbreitung zurückzuführen ist, ist schwer zu sagen. Vielleicht liegt es daran, dass das kurze, prägnante Wort in seiner Einfachheit von bayerischen Zungen bevorzugt verwendet wird, ähnlich dem ebenfalls nur aus drei Buchstaben bestehenden, immer wieder in Sprüchen und Redewendungen eingestreuten „fei".

Das abschließende „x" ist das Ergebnis einer typischen Assimilierung im bairischen Dialekt: Für den durchschnittlichen Bayer ist die Buchstabenfolge „chts" nicht leicht auszusprechen, hier fehlen schlicht die klingenden Vokale, die diese kleine, hart im Rachen sitzende Konsonantenhäufung dem süddeutschen Sprecher zugänglicher machen würde. Das Zusammenziehen der Endung zum schnellen „x" sorgt dazu dafür, dass man bei der Aussprache von „nix" den Mund kaum bewegen muss – eine Erleichterung, die so manchem maulfaulen Bayer durchaus entgegenkommen dürfte.

Nix verkemà lassen. / Nichts verkommen lassen.

Die Armut der einfachen Leute ließ es schlicht nicht zu, nicht alle Ressourcen bis zum letzten Krümel oder Fetzen optimal zu nutzen und zu verwerten. Gerade Lebensmittel schlecht werden zu lassen und sie dann wegwerfen zu müssen, kam einer Sünde gleich.

Vo nix kimmt nix. / Von nichts kommt nichts,

sagt man z. B. beim Anblick bereits wohlgenährter Mitmenschen, die im Begriff sind, eine größere Menge Speisen zu sich zu nehmen. Auch wenn man finanzielle Mittel investiert, um zukünftig einen guten Ertrag zu erwirtschaften, kann man diese Redewendung einsetzen.

Då konnst nix machà. / Da kannst du nichts machen.

Da kann man nichts daran ändern, das muss man so hinnehmen wie es ist.

Wegà nix und wieder nix. / Wegen nichts und wieder nichts.

Wegen einer Kleinigkeit oder sogar völlig grundlos ist etwas passiert, z. B.: „Wegà nix und wieder nix håt der Baur àn Knecht recht gschlång." (Wegen einer Banalität hat der Bauer den Knecht verprügelt.)

Mir nix, dir nix. / Mir nichts, dir nichts.

Einfach so, ohne lange zu überlegen, ohne Angabe von Gründen, überhastet etwas tun. Z. B.: „Sei Freindin is mir nix dir nix auszong." (Seine Freundin ist einfach so, ohne Angabe von Gründen ausgezogen.)

Des is ebbàs und nix. / Das ist etwas und doch nichts.

Das ist nichts Halbes und nichts Ganzes, das ist zum Leben zu wenig und zum Sterben zu viel.

An den wachst nix hi. / An den wächst nichts hin,

sagt man über jemanden, der ständig viel isst und trotzdem nicht zunimmt (schlechter Futterverwerter).

Då fråg e nix dànåch. / Da frage ich nichts danach.

Da habe ich nichts dagegen, das ist mir egal, das ist mir Wurst. Z. B.: „Då fråg e nix dànåch, wennst du dei Göid dà Kiàchà vermachst." (Das ist mir egal, wenn du dein Geld der Kirche vererbst.)

Wås nix kost, is nix wert. / Was nichts kostet, ist nichts wert.

Für seine Waren sollte man immer einen adäquaten Preis ansetzen, weil man sonst den Eindruck erweckt, dass es sich um schlechte bzw. minderwertige Produkte handelt, und den misstrauischen Kunden vergrault.

Nix is dàkennt. / Nichts wird anerkannt.

Man müht und müht sich ab, und trotzdem wird die Leistung einfach nicht gewürdigt.

Nix hoit ewig. / Nichts hält ewig,

sagt man, wenn eine bereits in die Jahre gekommene Sache kaputtgeht und man das Funktionsende schon fast erwartet hatte. Schon die alten Römer kannten diesen Spruch, bei ihnen lautete er: „Nihil aeternum est."

Nix Bessers kimmt net nåch. / Es kommt nichts Besseres nach.

Alte Erkenntnis. Hofft man z. B. beim Wechsel eines Vorgesetzten darauf, dass der neue Chef seinen Vorgänger an positiven Eigenschaften endlich einmal übertrifft, muss man in der Regel doch schnell feststellen, dass man zu große Erwartungen in dessen Charakter gesetzt hat und sich wieder mit einer Persönlichkeit arrangieren muss, mit der man nicht hundertprozentig klar kommt.

Då feit se nix. / Da fehlt sich nichts.

Da ist alles in Ordnung, darauf kannst du dich verlassen.

Då geigt se nix. / Da geigt sich nichts.

Wenn zwei Äste eines Baums sich fast berühren und im Wind aneinander reiben, sagt man, dass sie „geigen": Sie bewegen sich hin und her wie der Bogen auf den Violinsaiten. Wenn sich „nichts geigt", liegt keine Berührung vor. Der Spruch wird also angewandt, um eine Situation zu beschreiben, in der die aktuellen Bestrebungen mangels Gemeinsamkeiten aussichtslos sind, und man mit zwei derart entgegengesetzten Parteien nichts erreichen kann.

Scheiß dà nix! / Scheiß dir nichts!

Da brauchst du keine Angst zu haben, trau dich nur! Es gibt keine Veranlassung, dir in die Hose zu machen.

Nix Gwiss woàß mà net. / Nichts Gewisses weiß man nicht.

Die im Bairischen übliche doppelte Verneinung als Betonung: Man weiß absolut nichts Gewisses bzw. Genaues. Die verfügbaren Informationen sind zu unsicher, zu ungenau, um den Sachverhalt objektiv beurteilen zu können.

Nix für unguàt. / Nichts für ungut.

Entschuldigungsformel im Sinne von: „Sei mir bitte nicht böse.“ Besonders bei der Verabschiedung wird der Gesprächspartner damit um Verständnis für kritische Äußerungen gebeten und aufgefordert, nicht beleidigt zu sein und es nicht wegen der freien und kontroversen Diskussion zu einem Zerwürfnis kommen zu lassen.

’S Haus verliert nix. / Das Haus verliert nichts.

Findet man etwas partout nicht, ist etwas abhanden gekommen, das sich aber mit Sicherheit irgendwo im Haus befindet, kann man seine momentan vergebliche Suche mit diesem Spruch kommentieren. Wenigstens besteht die Gewissheit, dass der gesuchte Gegenstand irgendwann wieder auftaucht.

Des schadt nix. / Das schadet nicht.

Selbst wenn etwas keinen Vorteil bringt oder nicht zur Lösung des anstehenden Problems führt, so hat es zumindest auch keinen Nachteil und verursacht keinen Schaden. Z. B. sagt jemand, der nicht an die Wirkung der heute weit verbreiteten Nahrungsergänzungsmittel und Vitaminpräparate glaubt: „Mà konn’s scho einehmà. Des schadt nix.“ (Man kann sie schon einnehmen. Das schadet nicht.) Und denkt sich: Aber helfen wird es auch nicht.

Des voschlågt nix. / Das verschlägt nichts.

Damit sind keine Nachteile verbunden, das macht keine Probleme, das macht nichts.

Des hau e nå wià nix. / Das hau ich runter wie nichts.

Das esse ich schnell auf, das macht mir keine Probleme. Mit diesen Worten kommentiert man eine besonders große Essensportion, die man angesichts seines großen Hungers oder Kalorienbedarfs problemlos schaffen wird.

Auf 'n Sepp lass e nix kemà. / Auf den Josef lasse ich nichts kommen.
Gegen den Josef lasse ich keine Kritik zu, der ist absolut in Ordnung.

I håb 'n scho ogspitzt, aber er håt nix dàgleichà do. / Ich habe ihn schon angespitzt, aber er nichts dergleichen getan.
Ich habe schon versucht, ihn im Gespräch zu unserem heiklen Thema hinzuführen, aber er ist nicht darauf eingegangen, hat sich nicht darauf eingelassen. Die gleiche Bedeutung hat folgender Spruch:
I håb scho à d' Staun highaut. / Ich habe schon an die Staude hingeschlagen.
Ich habe schon mehr oder weniger klare Andeutungen gemacht, ich habe schon auf den Busch geklopft – offenbar noch ohne Reaktion.

Wer nix is und wer nix ko,
Der geht zur Post und Eisenboh.
/ Wer nichts ist und wer nichts kann,
Der geht zur Post und zur Eisenbahn.
Dieser gereimte Zweizeiler entspringt dem Neid der Nicht-Beamten auf den sicheren Arbeitsplatz der früher überwiegend im unkündbaren Beamtenverhältnis beschäftigten Bediensteten der damaligen Bundespost und Bundesbahn.

Es kimmt drauf o, wås hinten rauskimmt

Es kommt darauf an, was hinten herauskommt

Dem früheren Bundeskanzler Kohl war es immer wichtig, schon zu Beginn einer Debatte deren Ende im Blick zu haben. Deshalb sagte er häufig: „Entscheidend ist, was hinten rauskommt." Mit „hinten" meinte er natürlich das Endergebnis der Diskussion. Diese Aussage ist absolut zutreffend, für den einzelnen Menschen auch im durchaus körperlichen Sinne: Wichtig ist nicht nur, dass er ausreichend gesunde Speisen und Getränke zu sich nimmt, sondern auch, dass er diese gut verträgt und sie seinen Körper, genauer Verdauungstrakt wieder ohne Probleme verlassen. Mit der stofflichen Veränderung der Speisen auf dem Weg durch den menschlichen Körper und mit der Stelle, an der sie wieder aus selbigem austreten, befasst sich dieses Kapitel. Wir erreichen damit den Höhepunkt der bayerischen Derbheit.

Heute wird den Kindern schon von klein auf beigebracht, dass man bestimmte Wörter nicht in den Mund nimmt. Gerade dieses Verbot führt dann oft dazu, dass der Nachwuchs die verbotenen Ausdrücke besonders interessant findet und besonders häufig benutzt – möglichst nicht vor den Ohren der Eltern, dafür aber mit umso größerer Begeisterung in Kindergarten, Schule und auf dem Spielplatz, steht man dann doch als ausgesprochen mutig und draufgängerisch vor seinen Freunden da. Das wohl bekannteste und von allen Erziehungspersonen am meisten gefürchtete dieser Wörter ist „Scheiße" und alle damit verwandten Varianten, einschließlich der sprachlich dreisteren Bezeichnungen für den mit diesem Stoff in enger Verbindung stehenden Allerwertesten.

Rund um den bairischen „Årsch" (Hintern) und genauso im Umfeld des „Dreeg" (Dreck) gibt es eine Vielzahl zum Teil sehr derber Worte, die früher bedenkenlos gebraucht wurden, fraglos zum sprachlichen Inventar eines jeden groben, aber herzlichen Bayern gehörten und deshalb in dieser Rubrik zusammengestellt sind. Bereits im Vorwort war die Derbheit und Grobheit der früheren Bayern ein Thema, da sich hier für heutige Ohren ein heikles Feld auftut. Auf die entsprechenden Sprüche und Redewendungen kann dennoch nicht verzichtet werden – ein Buch über bairische Sprüche wäre andernfalls schlicht unvollständig. Wer glaubt, den zu erwartenden Derbheiten nicht gewachsen zu sein, sollte dieses Kapitel einfach überblättern. Er möge aber eines bedenken: Wenn bayerische Kabarettisten Schimpfwörter wie „Schoàßtrommel“ oder „Årschgeign“ verwenden, können sie sich eines Lachers im Publikum sicher sein.

Skatologisches – Die bairische Fäkalsprache

Verbotene Wörter und Ausdrücke gab es zu jeder Zeit – nur der Maßstab des Akzeptablen bzw. Verdammenswerten wird hin und wieder verschoben. Vor allem Flüche waren früher aufgrund der starken und einflussreichen Hand der Religion verpönt. Wörter der Fäkalsprache wurden dagegen auf dem Land wie selbstverständlich benutzt, und niemand nahm daran Anstoß. Schließlich waren die Menschen auf dem Lande viel mehr mit der Natur in all ihren Erscheinungsformen verbunden. Die Kinder sahen jeden Tag, wie die Exkremente des Viehs auf dem Misthaufen gesammelt und später auf Wiesen und Feldern als Dünger ausgebracht wurden. Und in der Nähe, wenn nicht sogar direkt auf dem Misthaufen stand das „Scheißheisl“ (Abort) für die Bewohner des Bauernhofs, deren Exkremente das gleiche Schicksal hatten wie die der Tiere. Dass etwas daran verwerflich sein sollte und man diese Dinge nicht deutlich bei ihren – heute als derb empfundenen – Namen nennen könnte, kam niemandem in den Sinn.

„Scheißn“ steht àn Kalender drin. / „Scheißen“ steht im Kalender drinnen, sagte man, wenn etwas schief gegangen war oder man sich in einer ungünstigen, schlimmen Lage befand. „Scheißen“ steht hier also als Synonym für Misserfolg, ein Missgeschick oder Unglück. Der Kalender war früher zu Hause das einzige Dokument, in das man handschriftlich etwas eintrug. Natürlich beschränkten sich die Einträge auf die wichtigsten Daten wie Geburts- oder Hochzeitstage und Todesdaten. Das im Spruch beklagte Ereignis ist derart schlimm, dass es eines Eintrags im Kalender würdig wäre.

Wenn den bloß der Blitz beim Scheißn treffà dààd! / Wenn den nur der Blitz auf der Toilette treffen würde!
Böser Wunsch an jemanden, der einen groben Fehler gemacht hat oder den man überhaupt nicht leiden kann.

Der gstoit se o wià dà Hund zum Scheißn. / Der stellt sich an wie der Hund beim Scheißen.

Der ist sehr ungeschickt. Wenn jemand eine für die anstehende Aufgabe sehr ungünstige Haltung einnimmt oder die Aufgabe völlig falsch angeht, so vergleicht man ihn mit einem Hund beim Stuhlgang, weil der dabei ebenfalls eine scheinbar ungünstige Körperhaltung einnimmt: „à recht à komischs Gschtöi" (ein recht komisches Gestell).

Des is besser wià in d' Hosn gschissn. / Das ist besser als in die Hose gemacht.

Lieber wenig als gar nichts oder gar nur einen Nachteil. Bekommt z. B. ein Lottospieler bei einem kleinen Jackpot oder zu vielen Mitspielern, die auch richtig getippt haben, für einen Sechser nur 100.000 Euro, so ist das besser als in die Hose gemacht.

I håb d' Scheißerei ghabt. / Ich habe die Scheißerei gehabt.

Ich hatte Durchfall. Alternativen:

I håb 's Scheißen ghabt. / Ich hab das Scheißen gehabt.

Mi håt's durchgràmmt. / Mich hat es durchgeräumt.

Weitere Synonyme für den Durchfall wären „Durchmarsch, Dünnschiss, Dünnpfiff". Kam ein Mann mit diesen Symptomen im Laufschritt zum Klohäuschen und musste feststellen, dass es besetzt war, so schrie er hektisch: „Schick de, i håb d' Scheißerei!" (Beeil dich, ich hab Duchfall!) – Da tönt es von drinnen in gepresstem Ton heraus: „Sei froh!"

Då håt's mà-r-àn Stopsel nausghaut. / Da hat es mir den Stöpsel hinausgehauen.

Der menschliche Schließmuskel hat in etwa die gleiche Funktion wie ein Korken (Stöpsel) in einer Sektflasche: Er verhindert, dass der Inhalt unkontrolliert entweicht. Bei Durchfall kann es sein, dass dieser Muskel dem Druck nicht länger gewachsen und der Inhalt des Darms nicht mehr zu halten ist. Es handelt sich also um die gleiche Situation wie bei einer unter Überdruck stehenden Sektflasche, bei der der Korken ohne Vorankündigung mit lautem Knall herausfliegt.

I geh jetz dåhi, wo der Kaiser z' Fuàß higeht. / Ich gehe jetzt dahin, wo der Kaiser zu Fuß hingeht.

Elegantere Formulierung anstelle des simplen: „Ich gehe jetzt auf die Toilette." Sogar Landesherrscher werden diesen speziellen Thron zu Fuß und in absoluter Privatsphäre besteigen.

Scheiß dà doch net in d' Hosn! / Mach dir doch nicht in die Hose!

Da brauchst du doch keine Angst zu haben! Die gleiche Bedeutung hat auch der Spruch:

Desweng brauchst dà d' Wààl net dàscheißn. / Deswegen brauchst du dir deine Waden nicht anzuscheißen.

Wegen so etwas musst du nicht vor lauter Angst die Kontrolle über deinen Schließmuskel verlieren.

Lass de doch koàn Scheißer hoàßn! / Lasse dich doch keinen Scheißer heißen!

Lasse dich doch nicht einen Feigling nennen. Sei doch mutig.

Då ham s' ganz sche Boin ghabt. / Da hatten sie ganz schöne Bollen.

Da hatten sie große Angst. „Bollen" sind z. B. Pferdeäpfel, es geht hier also auch wieder darum, ordentlich die Hosen voll zu haben.

Jetz geht eàm dà Årsch auf Grundeis. / Jetzt geht ihm der Arsch auf Grundeis.

Jetzt hat er große Angst, jetzt befürchtet er Schlimmstes. Grundeis bildet sich bei sehr niedrigen Temperaturen am Boden von Flüssen und Seen. Bei Tauwetter sorgt das losbrechende Grundeis für polternde Geräusche, die mit dem Rumoren der Eingeweide bei Durchfall verglichen werden.

Der scheißt àà koàn andern Dreeg wià-r-i. / Der scheißt auch keinen anderen Dreck als ich.

Mit diesem derben Spruch stellt man klar, dass alle Menschen gleich sind, alle denselben Wert haben und niemand ein Recht darauf hat, auf andere herabzuschauen bzw. Vorrechte zu genießen.

Der scheißt se um mi àà nix. / Der scheißt sich um mich auch nichts.

Der kümmert sich um mich auch überhaupt nicht, ich bin ihm egal.

Dà Sepp, der scheißt dà wås. / Der Sepp, der scheißt dir was.

Vom Sepp kannst du dir nichts erwarten, von dem kriegst du nichts, der wird dir nicht helfen. Die gleiche Bedeutung hat der folgende Spruch, der nicht personenbezogen und deshalb allgemeiner anwendbar ist:

Dà Hund scheißt dà wås. / Der Hund scheißt dir was.

Der håt bei mir ausgschissn / verschissn. / Der hat bei mir ausgeschissen / verschissen.
Der hat meine Gunst verloren. Der ist bei mir in Ungnade gefallen. Der bekommt keine Unterstützung mehr von mir. Mit dem möchte ich nichts mehr zu tun haben.

Dà Måxe håt mà in d' Hand gschissn. / Der Max hat mir in die Hand geschissen.
Der „Måx" ist die höchste Spielkarte beim bayerischen Kartenspiel „Wàtten" und damit ein sicherer Stich, also Gewinn (allerdings nur einer von fünf Stichen einer Spielrunde). Haben die Gegner bereits drei Stiche (die Mehrzahl der insgesamt fünf) gemacht, ist ein in der Hand zurückgehaltener Max wertlos, man hat diese Spielrunde trotz der hohen Karte verloren.

I glààb, dir ham s' ins Hirn neigschissn und 's Umrührn vergessn. / Ich glaube, dir haben sie ins Hirn geschissen und das Umrühren vergessen.
Mit diesen deftigen Worten bringt man zum Ausdruck, dass man die angesprochene Person für einen Dummkopf hält.

Alle guten Geister loben Gott, unsern Herrn, Und i muàß scheißn und find koàn Scherm. / Alle guten Geister loben Gott, unsern Herrn, Und ich muß auf die Toilette und finde keine Scherbe.
Der „Scherm" bezeichnet im Bairischen nicht nur ein Bruchstück, sondern als pars pro toto das komplette Produkt aus gebranntem Ton, z. B. das „Hàferl" (Tasse) oder den „Bleàmescherm" (Blumentopf) – hier den Nachttopf. Diesen Vers gebrauchte man gerne als Scherz, um damit anzukündigen, dass man sich demnächst auf den Weg zur Toilette machen würde.

An schenà Gruàß vo dà Darmstadt, in fünf Minuten kemà d' Würscht. / Einen schönen Gruß von der Darmstadt, in fünf Minuten kommen die Würste.
Ein Wortspiel rund um die Darmregion und die Form der dortigen Ausscheidungen. Mit diesem Spruch hat man früher einen „Schoàß" (Darmwind) kommentiert, dem meist unmittelbar der Gang zur Toilette folgte.

Drei Ring und àn Spietz. / Drei Ringe und einen Spitz.

So erläuterte mancher das Ergebnis seines Toilettenbesuchs, auch wenn er danach gar nicht gefragt wurde.

Håst de ausghuàscht? / Hast du dich ausgehustet?,

fragte man, wenn jemand von der Toilette zurückkam.

Då gengà d' Scheàß. / Da gehen die Darmwinde.

Kommentar zu den unweigerlichen Folgen der Verdauung nach dem Verzehr von z. B. Kraut oder Bohnen. Alternativ kann man auch folgenden Spruch einsetzen:

Då haut's dà d' Scheàß naus! / Da haut es dir die Darmwinde hinaus!

Oiss wås koà Miete zoit: Naus! / Alles was keine Miete zahlt: Hinaus!

Diese Worte werden als Erklärung bzw. Entschuldigung gebraucht, wenn einem unabsichtlich ein Darmwind entkommen ist.

Då is à Leffe voi mitganga. / Da ist ein Löffel voll mitgegangen.

Bleibt es nicht beim gasförmigen „Schoàß“ (Darmwind), sondern verlässt gleichzeitig eine geringe Menge an Feststoffen den Körper, dann wäre dieser Spruch zutreffend.

D' Hand voi Scheißdreeg und koà Liàcht. / Die Hand voller Scheißdreck und kein Licht.

Ausruf des frustrierten Schafkopf-Spielers, wenn er besonders schlechte Karten bekam. Nur miese Papiere und keine Besserung in Sicht.

Mit dà Hand àn Årsch hintàre. / Mit der Hand zum Arsch hinter.

So beantwortete der Daheimgebliebene die Frage, wohin er im Urlaub gefahren sei.

Des pàsst um 's Mårschleckà net. / Das passt um das Am-Arsch-Lecken nicht.

Das passt nur ganz knapp nicht, da fehlt nicht viel, dann würde es passen. Man kann auch sagen:

Da feit's bloß um àn Àntnschoàß. / Da fehlt es nur um den Darmwind einer Ente.

Leck me am Årsch! / Leck mich am Arsch!

Den berühmten Ausspruch des Götz von Berlichingen in Goethes gleichnamigem Stück gibt es auch im Bairischen und zwar in vielfältigen Betonungen und Bedeutungen – von der Beleidigung bis zur Bewunderung. Aus dem hin und wieder doch recht angespannten bayerisch-preussischen Verhältnis gibt es dazu folgende Anekdote: Ein Berliner besucht in einem bayerischen Kloster eine alte Gruft und aus dieser Gruft hört er ein Stöhnen und die Worte: „Dràhts me um, dràhts me um!“ (Dreht mich um!) „Ja, warum denn?“, fragt der unerschrockene Berliner. Antwort: „Damit me d' Preissn besser am Årsch leckà kennà.“ (Damit mich die Preussen besser am Arsch lecken können.)

Dreeg macht Speeg

Dreck macht Speck: Die Derbheit des alten Bayernlands kommt auch in diesem Spruch zum Ausdruck. Während der vornehme, kultivierte Mensch Dreck in jeder Form ablehnt und selbstverständlich alles daran setzt, ihn mit allerlei hygienefördernden Mitteln aus dem Haus und von seinem Körper fern zu halten, sieht der Bayer auch dessen positive Wirkung. Das geht offenbar so weit, dass mit diesem Spruch die Behauptung aufgestellt wird, Dreck sei nahrhaft. Übertrieben ist das allemal, wahr ist aber, dass ein bisschen Schmutz nicht unbedingt schädlich ist, selbst wenn man ihn mit der Nahrung aufnimmt. Früher war es beispielsweise selbstverständlich, dass frisch geschnittenes Kraut im Zuber mit den bloßen Füßen „eingetreten“ und im Krautfass haltbar gemacht wurde. Die Theorie, dass Landkinder durch Abhärtung in Sachen Schmutz in der Natur weniger Allergien als Stadtkinder entwickeln würden, ist ebenfalls nicht neu. Redewendungen, die es zum Thema „Dreeg“ in ordentlicher Zahl gibt, klingen für nichtbayerische Ohren sehr deftig, wobei das Wort auch als Synonym für etwas Wertloses, Unbedeutendes verwendet wird.

Der versteht àn Dreeg. / Der versteht einen Dreck,

sagt man von jemandem, der keine Ahnung hat, also nichts von der Sache versteht.

Des is à Dreeg dageng! / Das ist ein Dreck dagegen!

Im Vergleich zu etwas anderem handelt es sich hier nur um eine Geringfügigkeit, um etwas Minderwertiges, eine Sparversion, die überhaupt nicht konkurrieren kann.

Des is koà Dreeg. / Das ist kein Dreck.

Das ist durchaus etwas Wertvolles, etwas Achtenswertes. Z. B. sagt man nach einem Verkauf: „Wià vui håst du kriàgt? 500 Euro? Des is koà Dreeg!“ (Wie viel hast du bekommen? 500 Euro? Das ist kein Dreck!)

Um àn Dreeg handelt mà net. / Um einen Dreck handelt man nicht.

Wenn man sich beim Handeln schon weit angenähert hat und nur noch eine Kleinigkeit – ein Dreck – zur Übereinkunft fehlt, dann sollte man das Geschäft abschließen und es nicht wegen der letzten kleinen Differenz scheitern lassen.

Dès geht de àn Dreeg o! / Das geht dich einen Dreck an!

Das geht dich gar nichts an, halte dich aus meinen Angelegenheiten raus. Wird statt dem „Dreeg“ das „dich“ betont, ändert sich die Aussprache: „Dès geht di àn Dreeg o!“

Jetz håst àn Dreeg im Schachterl. / Jetzt hast du den Dreck im Schachterl.

Jetzt hast du das Nachsehen, da hast du Pech gehabt. So sagt man, wenn etwas schiefgegangen oder aus einem erhofften Gewinn nichts geworden ist.

Dreeg is Trumpf. / Dreck ist Trumpf.

Die ungünstige Seite (der Dreck) hat die Oberhand gewonnen – wie der Trumpf beim Kartenspiel. Eine Sache steht im Moment also sehr schlecht. Fallen z. B. die Aktien, dann ist für den Aktienbesitzer „Dreeg Trumpf“. Stattdessen kann man auch sagen:

Oiss is Bruch. / Alles ist Bruch.

Alles ist schief gegangen, defekt, unbrauchbar.

Då håst sauber àn Dreeg neiglangt. / Da hast du sauber in den Dreck hineingegriffen.

Da hast du aber großes Pech gehabt.

Àn Dreeg reidrång. / Dreck hereintragen.

Dreck ins Haus bzw. in die Wohnung tragen, Haus oder Wohnung verschmutzen. So sagt die unfreundliche Hausfrau z. B. zu ungebetenem Besuch, der zu ihrem Mann will: „Mei Mo is net dahoàm, då brauchts går koan Dreeg reidrång.“ (Mein Mann ist nicht zu Hause, da braucht ihr gar keinen Dreck hereinzutragen.) Ein sehr deutlicher Hinweis, dass man keinen Wert auf diesen Besuch legt.

Du bist ja stermvoidreeg. / Du bist ja sternvolldreck.

Du bist ja über und über voller Dreck. Du bist mit Dreck übersät wie der Himmel mit Sternen. Gleichbedeutend damit ist die Formulierung: **Du bist ja auf und auf voi Dreeg.** / Du bist ja auf und auf voller Dreck. Du bist ja von Kopf bis Fuß voller Dreck.

Der Daumdreeg schiàbt und der Honig ziàgt. / Der Taubendreck schiebt und der Honig zieht.

Hier handelt es sich um die Begründung für folgenden Tipp zur Förderung des Bartwuchses: Man reibe den Mund innen mit Taubendreck (Taubenkot) aus und massiere die Haut außen mit Honig ein. Dies führt angeblich zu prächtigem Barthaar, weil der Taubendreck die Barthaare von innen nach außen schiebt und der Honig sie von außen herauszieht. Eine sehr unappetitliche Vorstellung, aber ein weiterer Beleg für die bayerische Derbheit.

Is ja koà Wunder, dass meine Knià dreggigà sàn ois wià dè vo meine Buàm, i bin ja àà dreißg Jåhr öità. / Es ist doch kein Wunder, dass meine Knie schmutziger sind als die meiner Buben, ich bin ja auch dreißig Jahre älter.

Im Verlauf von dreißig Jahren sammelt sich einiges an Schmutz an den Knien an – allerdings nur, wenn man sich nicht oder nur sehr selten wäscht. Aus dem Spruch kann man ableiten, dass die Hygiene früher sehr stiefmütterlich behandelt wurde.

Dann steht à då mi ’m gwaschnà Hois. / Dann steht er da mit dem gewaschenen Hals,

sagt man über jemanden, der sich vergeblich mit viel Mühe auf etwas vorbereitet hat oder ein Vorhaben trotz gutem Einsatz nicht zum Erfolg führen konnte. Zu dieser Redewendung gibt es folgenden kurzen Dialog: Die Mutter sagt zum kleinen Màxl, er solle sich den Hals waschen, weil die

Großmutter zu Besuch komme. Der Màxl zweifelt und meint: „Und wenn s' net kimmt, nachà steh i då mi 'm gwaschnà Hois!" (Und wenn sie nicht kommt, dann steh ich da mit dem gewaschenen Hals!) Es wäre ja unerhört, sich mit dem Säubern des eigenen Halses abzumühen, ohne dass dafür eine Notwendigkeit bestanden hätte. Angesichts dieser Unsicherheit erscheint es sinnvoller, sich den Hals lieber erst gar nicht zu waschen.

Red oder scheiß Buàchstam!

Rede oder drücke die Buchstaben aus dem Darm!

Manchmal wird behauptet, der Bayer sei besonders wortkarg – in extremeren Fällen drängt sich der Vergleich mit einem Hackstock auf, weil auch der von grobschlächtiger Art ist und kein Wort sagt. Tritt z. B. ein Bayer seinem Gegenüber, gar einer feinen Dame auf die Füße, so hat man im Normalfall kein „Ach, entschuldigen Sie bitte vielmals, das wollte ich nicht, das tut mir aber Leid. Habe ich Ihnen wehgetan?“ zu erwarten, sondern lediglich ein „Öhà“. Anstelle der üblichen Aufforderung zum Tanz („Darf ich bitten?“) versucht er mit einem kurzen „Und?“ ans Ziel zu kommen. Auf den Mund gefallen ist man in Bayern dennoch nicht. Wenn es um Schlagfertigkeit geht, liegt ja meist in der Kürze die Würze, das beweist auch ein alter Witz: Ein Berliner möchte einen Bayern veräppeln und fragt ihn: „Sagen Se mal, Männeken, ham Se hier nich nen Wagen voller Affen vorbeifahren sehen?“ Darauf antwortet der Bayer: „Warum? Bist rausgfoin?“ (Warum? Bist du herausgefallen?) Entgegen dieser ganzen Beispiele reden natürlich auch die Bayern gerne und viel miteinander, übereinander, gegeneinander und durcheinander. Hervorzuheben sind die bayerischen Frauen, die ganz und gar nicht im Verdacht stehen, wortkarg zu sein. Besonders gesprächig wird der Bayer im Allgemeinen, wenn er sich in Gesellschaft befindet, vor allem im Wirtshaus, wo bekanntermaßen das Bier die Zunge löst.

Reden und schweigen

Sprechen kann man leise oder laut, aggressiv oder freundlich, vornehm oder derb, viel oder wenig. Man kann die Wahrheit sagen oder lügen, man kann angeben oder sein Licht unter den Scheffel stellen, man kann schreien oder flüstern, loben oder tadeln. Die menschliche Art zu reden ist bunt wie die breiteste Farbpalette und hat natürlich auch im bairischen Dialekt eine Vielzahl von Redewendungen hervorgebracht.

Red oder scheiß Buàchstam, na setz e mà's söiwà zam! / Rede oder scheiße Buchstaben, dann setze ich sie mir selber zusammen!,
sagt man, wenn man von jemandem eine Aussage, eine Reaktion erwartet, der aber schweigt.

'S Mai aufreißen. / Den Mund aufreißen.
Den Mund weit öffnen. Diese Redewendung hat zwei verschiedene Bedeutungen: Zum einen ist sie eine Umschreibung für ausgiebiges Gähnen, zum anderen schreit, schimpft, kritisiert, beschwert sich eine Person, die ihr „Mai aufreißt". Bei letzterer Bedeutung sagt man etwas derber auch: „B' Fotzn aufreissen." (Bairische Assimilierung des „d" für „die" zu „b".)

'S Mai z'reissn. / Den Mund zerreissen.
Ist ein böses Gerücht in Umlauf, so sagt man, dass sich die Leute darüber „'s Mai z'reissn". Manche davon unmittelbar Betroffene machen es richtig, nehmen das böswillige Tratschen sehr gelassen und sagen: „Soin sà se do ehnà Mai z'reissn" (Sollen sie sich doch ihren Mund zerreissen.)

'S Mai spaziern geh lassn. / Den Mund spazieren gehen lassen.
Den Mund tun lassen, was er will, sich mit seinen Äußerungen nicht zurückhalten, frech daherreden, andere der Reihe nach durch den Kakao ziehen.

I håb mà 's Mai gfransert gredt. / Ich habe mir den Mund fransig geredet.
Ich habe so lange und eindringlich auf ihn eingeredet, dass mein Mund beinahe Schaden genommen hätte und vom vielen Sprechen in Fransen gegangen wäre.

'S Mai ohengà. / Den Mund anhängen.

Nachmaulen. Gleichbedeutend wäre: „B' Fotzn ohengà."

Hoit dei Mai! Hoit dei Fotzn! Hoit dei Bàppm! / Halte deinen Mund!

Alles Ausdrücke für: Sei ruhig, sei still, hör endlich auf zu reden!

Mit dir håwe no à Wàrtl z'rèèn. / Mit dir habe ich noch ein Wörtchen zu reden.

Wir beide haben noch ein Problem, das geklärt werden muss – im friedlichen Fall durch den Austausch von Worten und nicht von Schlägen.

Då sàmmà so z' Rèèn kemà. / Da sind wir so zum Reden gekommen.

Da sind wir so ins Gespräch gekommen, da sind wir im Gespräch auf ein bestimmtes Thema gekommen.

De redt àà bloß, dass 's Mai à-n Arwàt håt. / Die redet auch nur, damit der Mund eine Arbeit hat.

Der Inhalt des Gesprächs kann kaum der Grund ihrer Rede sein. Die spricht auch nur, damit der Mund beschäftigt ist.

De redt àà vui, wenn dà Dåg lang is. / Die redet auch viel, wenn der Tag lang ist.

Hauptsach, gredt is! / Hauptsache, geredet ist!

Diese beiden Redewendungen bedeuten, dass jemand nur Unsinn oder sinnloses, überflüssiges Zeug von sich gibt, mit dem den Zuhörern die Zeit gestohlen wird.

Er håt à guàte Fotzn. / Er hat ein gutes Mundwerk.

Mit dieser Formulierung beschreibt man jemanden, der sehr redegewandt, schlagfertig, sehr flink mit der Zunge ist. Alternativ kann man auch sagen:

Er håt à scharfe Fotzn. / Er hat ein scharfes Mundwerk.

Er håt à Fotzn wià-r-à Schwert. / Er hat ein Mundwerk wie ein Schwert.

Er is net net aufs Mai gfoin. / Er ist nicht auf den Mund gefallen.

Er redt wià-r-à Buàch. / Er redet wie ein Buch.

Er håt à Fotzn wià-r-à Schààrschleifer. / Er hat ein Mundwerk wie ein Scherenschleifer.

Du brauchst rèèn! / Du brauchst reden!

Gerade du hast es nötig! Du bist ja auch nicht besser, deshalb darfst du hier keine Kritik üben.

Du redst de leicht. / Du redest dich leicht.

Du hast leicht reden, du machst es dir leicht.

'S Bier redt. / Das Bier redet.

Gibt jemand in alkoholisiertem Zustand Äußerungen von sich, die er nüchtern kaum wagen würde bzw. die man von ihm nie erwartet hätte, dann passt dieser Spruch auf sein Verhalten. Man führt damit zur Entschuldigung des Betrunkenen an, dass es eigentlich nicht die Person ist, die hier spricht, sondern der Alkohol im Bier, das er – wohl in zu großer Menge – konsumiert hat.

Is' net wert, dass mà redt. / Es ist nicht wert, dass man darüber redet.

Es ist müßig, darüber zu reden. Es handelt sich um eine Lappalie, da lohnt es sich gar nicht, darüber zu reden.

Der redt dir um à Fümferl à Loch àn Bauch nei. / Der redet dir um ein Fünfpfennigstück ein Loch in deinen Bauch.

Er redet also sehr viel, ununterbrochen, sehr lang, viel zu lang. Am Ende seines Monologs hast du im Bauch ein Loch von der Größe eines Fünfcentstücks.

De konn sei Schnådàn går net hoitn. / Die kann ihren Mund überhaupt nicht halten.

Eine ununterbrochen redende Frau. Die „Schnådàn" bezieht sich auf das Schnattern der Gänse.

À Langs und à Broàts machà. / Ein Langes und ein Breites machen.

Umständlich und ausschweifend erzählen bzw. etwas erklären. Man kann es kaum erwarten, bis dieser Erzähler zum Kern der Sache kommt.

Der Pfarrer predigt net zwoà Moi. / Der Pfarrer predigt nicht zwei Mal.

Eine einmal gegebene Antwort muss reichen. Auch der Pfarrer predigt in der Kirche nur einmal. Will man alles mitbekommen, dann muss man bei diesem einen Mal aufpassen. Ist man unkonzentriert, kann man nicht erwarten, dass der Pfarrer oder Sprecher seine Aussagen wiederholt.

Is scho rum ums Eck. / Ist schon herum um die Ecke.

Es ist schon vorbei. Da hast du nicht aufgepasst, aber jetzt ist es zu spät und nochmal sag ich es dir nicht.

Håt à wieder rechte Nägl råghaut? / Hat er wieder rechte Nägel heruntergehauen?

Hat er wieder recht angegeben, hat er wieder große Sprüche gemacht? Wer „Nägel herunterhaut", ist ein Angeber, ein Großmaul, ein Wichtigtuer. Zur Herkunft des Spruchs gibt es folgende historische Erklärung: Herzog Christoph der Starke von Bayern-München (1449–1493), Bruder Herzog Albrechts des Weisen und auf legendäre Weise für seine ritterliche Tüchtigkeit und allgemeine Stärke bekannt, soll einst im Durchgang zum Brunnenhof der Münchner Residenz im Hochsprung einen Nagel „12 Schuh von der Erd" (ca. 3,5 Meter hoch) mit dem Fuß von der Wand herabgeschlagen haben. Diese kaum glaubhafte Behauptung hat die schon damals skeptischen Münchner dazu veranlasst, die Geschichte in diesem Spruch zu verewigen. Den Nagel des Wundersprungs bzw. -tritts kann man übrigens heute noch besichtigen.

Der håt vielleicht gschwoin dàhergredt. / Der hat wirklich sehr geschwollen dahergeredet.

Der hat sich übertrieben gehoben, sehr angeberisch, gespreizt ausgedrückt, obwohl das gar nicht zu ihm passt bzw. an dieser Stelle völlig unpassend war.

Der redt nåch der Schrift. / Der spricht nach der Schrift.

Der spricht so, wie man schreibt – er spricht also Hochdeutsch.

Der håt àn Plärrà aufdo. / Der hat einen Plärrer getan.

Der hat einen Schrei losgelassen.

Wer håt dir jetz des eigschpiem? / Wer hat dir jetzt das eingespuckt?

Wer hat dir denn das eingeredet?

Auf den brauchst net aufpàssn. / Auf den brauchst du nicht aufpassen.

Auf den musst du nicht hören. Was der befiehlt, musst du nicht befolgen.

Des brauchst net zwoà Moi sång. / Das brauchst du nicht zwei Mal zu sagen.

Was du sagst, halte ich auch für sehr wahrscheinlich. Das was du beschreibst, wird mit hoher Wahrscheinlichkeit eintreten, du musst es also nicht zwei Mal sagen bzw. heraufbeschwören, es wird ohnehin passieren.

Jetz mach endlich dei Fotzn auf! / Jetzt mach endlich deinen Mund auf!

Jetzt sag endlich auch mal etwas, jetzt sag mal deine Meinung. Den gleichen Kern trifft der Spruch:

Bi net går so maifei! / Sei nicht gar so mundfaul!

Er sagt net gick und net gack. / Er sagt nicht gick und nicht gack.

Er kann sich nicht entscheiden, also sagt er einfach gar nichts.

Er håt koà Wàrtl net gsagt, net griàßgood, net pfiàgood, net läckmiamårsch / Er sagte kein Wörtchen, nicht Grüß Gott, nicht Pfüà Gott, nicht Leck-mich-am-Arsch.

Derb, aber eindeutig: Er sagte kein einziges Wort, er war verstockt.

Der håt koàn Muckser do. / Der hat keinen Muckser getan.

Der hat keinen Laut von sich gegeben, weder etwas gesagt noch sich sonst irgendwie bemerkbar gemacht. Auch ein Hase, der sich versteckt, „duàt koàn Muckser", d. h. er bewegt sich nicht und verharrt absolut still. Nur so kann er verhindern, dass er entdeckt wird.

Hoit fei dein Schnåwe! / Halte nur ja deinen Schnabel!

Halte bloß deinen Mund, ich verpflichte dich hiermit zu höchster Verschwiegenheit, sag nur ja niemandem etwas!

Mir håt's d' Red verschlång. / Mir hat es die Rede verschlagen.

Ich bin sprachlos. Ich weiß gar nicht, was ich dazu sagen soll.

À Ruàh is! / Eine Ruhe ist!

Ruhe! Silentium! Seid mal alle ruhig! Ein Ausruf, der oft bei größeren Versammlungen vernommen wird, sobald es nottut, wieder Ruhe in den Raum zu bringen. Reden alle durcheinander, kann niemand mehr der Diskussion folgen.

Ausgredt is! / Ausgeredet ist!

Dieser Spruch beendet eine Diskussion, da neue Argumente nicht mehr zu erwarten sind.

Im Dialog

Das alltägliche Gespräch ist erfahrungsgemäß der größte Tummelplatz vielfältigster Sprüche. Hier kommen sie zum Einsatz, alle bekannten, alten und moderneren Redewendungen und kleinen Satz-Anhängsel, die dazu dienen, die eigene Aussage zu untermalen, zu bekräftigen, ihr einen ironischen Dreh mitzugeben oder die Rede des Gegenübers zu kommentieren. Dieses Kapitel liefert eine kleine Auswahl:

I dàt sång, ... / Ich würde sagen, ...
Ich bin der Meinung, ... (Einleitung für so manchen mehr oder weniger gewichtigen Tratsch.)

Sauber sâg i! / Sauber, sag ich!
Das ist ja unglaublich!

Wås d' net sågst. / Was du nicht sagst.
Wirklich? Tatsächlich? Kaum zu glauben!

Såg gscheit? / Sag gescheit?
Antwort auf eine überbrachte Information oder Neuigkeit, die man fast nicht glauben kann. Außerhalb Bayerns würde man fragen: „Wirklich, tatsächlich, ehrlich?“

Såg mà's, na såg e dà's. / Sag es mir, dann sag ich es dir,
antwortet man auf die Klage von jemandem, dem nicht mehr einfallen will, was er gerade sagen wollte.

Då konnst sång wås d' wuist, des is àso! / Da kannst du sagen was du willst, das ist so!
Trotz zu erwartender Gegenargumente bleibe ich bei meiner Bewertung.

Då kemà uns d' Hand gem. / Da können wir uns die Hand reichen.
Da geht es mir genauso wie dir. Wir sind in der gleichen Lage, wir haben das gleiche Schicksal erlitten.

Boi e måg, scho. / Wenn ich mag, schon.
Diese Formulierung impliziert, dass man in Zweifel zieht, ob man eine Sache gerne tun oder eine Bitte gerne erfüllen möchte – höchstwahr-

scheinlich mag man nicht. Z. B.: „Du kànntst mir leicht beim Ràdlflickà höiffà." (Du könntest mir leicht beim Flicken meines Fahrrads helfen.) „Boi e måg, scho." (Wenn ich mag, dann schon.)

Des laß e mà gfoin. / Das lasse ich mir gefallen.

Das finde ich gut. So ist es in Ordnung, so ist es richtig.

Des laß e mà net nehmà. / Das lasse ich mir nicht nehmen.

Das weiß ich ganz sicher, davon lasse ich mich nicht abbringen.

Göi! / Gell!

„Göi" kommt von „Gilt es?". Es bedeutet „Nicht wahr?" oder „Stimmt's?" und steht meist am Anfang oder Ende einer Feststellung. Siezt man den Gesprächspartner, wird ein „n" zur Assimilierung ein- und das „S'" für „Sie" angefügt: „Göi-n-S'!" (Gell, Sie!) Bei der Verwendung dieses verstärkenden Anhängsels kann es durchaus vorkommen, dass der Bayer, der sich gerade bemüht, Schriftdeutsch zu sprechen, sagt: „Gellen Sie!"

Håst me? / Hast du mich?

Hast du mich verstanden? Hast du kapiert, was ich dir mitteilen will?

Du gfreist me! / Du freust mich!

Ironisch gemeinte Feststellung. Bekommt man z. B. eine überraschende, unangenehme Nachricht, dann wäre dieser Spruch angebracht: „Am Sonntåg miàß-b-mà fei in Kirchà geh." (Am Sonntag müssen wir in die Kirche gehen.) „Ja du gfreist me. Då hammà doch unser Sommerfest!" (Ja du freust mich. Da haben wir doch unser Sommerfest!) – man sieht, tatsächlich freut man sich keineswegs über die erhaltene Information.

Wià kimmst 'n du mir (überhaupts) vür? / Wie kommst du mir (überhaupt) vor?

Was glaubst du denn eigentlich? Was bildest du dir eigentlich ein? Die Redewendung kann scherzhaft ergänzt werden auf:

Wià kimmst 'n du mir (überhaupts) vür, wennst mà net àmoi nachàre kimmst? / Wie kommst du mir eigentlich vor, wenn du mir nicht einmal nachkommst?

Das „vor" von „vorkommen" wird in ein örtliches „vor" umgedeutet. Wortspiel!

À, geh! / Ach, geh!

À, geh weidà! / Ach, geh weiter!

À, geh zuà! / Ach, geh zu!

Ausdrücke des ungläubigen Erstaunens, die als Antwort auf wenig glaubhafte Aussagen verwendet werden, dann oft mit dem Zusatz: „Des glààb e ja do scho net!" (Das glaube ich ja wirklich nicht!) Diese Redewendungen kommen auch als Reaktion auf eine unerwünschte Gegenrede in Betracht, z. B. erweitert um ein: „Des moànst aber jetz net ernst!" (Das meinst du aber jetzt nicht ernst!) Auf das führende „À" kann jederzeit verzichtet werden.

Her mà auf! / Hör mir auf!,

sagt man, wenn jemand ein Thema anschneidet, über das man nicht mehr zu reden braucht und auch nicht mehr reden will, weil der Sachverhalt oder die Person, um die es geht, schon zur Genüge bekannt sind. Z. B.: „Her mà doch mit de Politiker auf!" (Hör mir doch mit den Politikern auf!) oder „Her mà doch mit derà auf, de is doch koàn Schuss Buivà wert." (Hör mir doch mit der auf, die ist doch keinen Schuss Pulver wert.)

Und sunst geht's dà guàt? / Und ansonsten geht es dir gut?

Diese Frage stellt man jemandem, der eine abwegige Forderung oder einen unerfüllbaren Wunsch an einen gerichtet hat. Sie bringt zum Ausdruck, dass man am Verstand des Fordernden zweifelt.

Der hätt Suchtn. / Der hätte Suchten.

Der hat vielleicht Vorstellungen. Niemals kann man seinen sonderbaren, unerfüllbaren Vorstellungen, Wünschen, Forderungen nachkommen!

Eàm schaug o! / Ihn schau an!

Was der sich einbildet! Was der sich traut!

Jetz dàt er dàherkemà! / Jetzt würde er daherkommen!

Jetzt, gerade zu diesem Zeitpunkt, wo alles schon beschlossen ist, kommt er mit seinem Anliegen daher. Jetzt ist es aber zu spät.

I håb eàm net ogem. / Ich habe ihm nicht angegeben.

Ich habe ihm nicht geantwortet. Ich habe darauf gar nicht reagiert. Z. B.:

„Er håt me gfragt, ob i gestern in dà Kirchà war, i håb eàm aber net ogem." (Er hat mich gefragt, ob ich gestern in der Kirche war, ich habe ihm aber nicht geantwortet.)

Mir gàngst! / Geh mir zu!

Mir wàr's gmuà! / Mir wäre es genug!

Mit diesen beiden Sprüchen bringt man zum Ausdruck, dass man an der beschriebenen Situation nicht teilhaben möchte.

Då wennst mà net gehst. / Wenn du mir damit nicht gehst.

Das kommt für mich nicht in Frage. Bleib mir damit vom Leib. Oder auch personenbezogen:

Mit den wennst mà net gehst! / Mit dem wenn du mir nicht gehst!

Alternativ:

Mit den konnst de fei schleichà! / Mit dem kannst du aber abhauen!

Der (oder das) ist nichts für mich, von dem halte ich gar nichts. Bleib mir weg mit dieser Geschichte!

Der liàgt wià druckt. / Der lügt wie gedruckt.

Der lügt hemmungslos. Diese Redewendung kommt aus dem Bereich der Printmedien und beruht auf der Erfahrung, dass es die Autoren von Zeitungsartikeln oder auch Büchern manchmal mit der Wahrheit nicht so genau nehmen.

I liàg net! / Ich lüge nicht!

Was ich sage ist wahr („Is fei wåhr!"). Es handelt sich um eine Klarstellung im Anschluss an eine Information, die sehr unwahrscheinlich klingt. Um Zweifeln vorzubeugen, wird ausdrücklich erklärt, dass es sich weder um eine Lüge noch um eine Übertreibung handelt.

Dass e net liàg. / Dass ich nicht lüge.

Ich muss mich in meiner Aussage (leicht) korrigieren.

Dà miàssàd e liàng. / Da müsste ich lügen.

Ich weiß es wirklich nicht, auf deine Frage habe ich wirklich keine Antwort. Würde ich antworten, müsste ich glatt lügen.

Is ja wåhr! / Ist ja wahr!

Is ja wåhr àà! / Ist ja wahr auch!

Allgemeine Bekräftigung einer Aussage, die man in der Hitze des Gefechts etwas zu forsch gemacht hat. Man dokumentiert mit diesen kurzen Sprüchen, dass dies angesichts des besonderen Anlasses durchaus berechtigt war.

Obst à's glàbst oder net. / Ob du es glaubst oder nicht.

Versicherung im Anschluss an eine wenig glaubhafte Feststellung oder Information.

Des mächst ja net glàm. / Das möchtest du ja nicht glauben.

Das ist ja kaum zu glauben. Das kann man sich kaum vorstellen.

Stimmt's oder håwè Recht? / Stimmt es oder habe ich Recht?

Scherzhafte, rein rhetorische Frage nach zwei scheinbaren Alternativen. Tatsächlich pocht man nur auf die Korrektheit der eigenen Aussage.

Des siecht dir gleich. / Das sieht dir gleich.

Das ist typisch für dich. Das sieht dir ähnlich.

I kommà net höiffà. / Ich kann mir nicht helfen.

Ich würde gerne etwas anderes sagen, glauben oder tun, aber es geht nicht anders – ich bin halt so.

Mei Liàwà! / Mein Lieber!

Das bedeutet in etwa: Aufgemerkt, jetzt wird es ernst, das möchte ich betonen, das musst du dir aber merken! Es wird zu Beginn oder am Ende einer Aufforderung, einer Kritik, eines Tadels oder sogar einer Drohung verwendet, z. B.: „Des duàst mà fei nimmer, mei Liàwà!“ (Das tust du mir aber nicht mehr, mein Lieber!) oder „Mei Liàwà, då wenn e de nummoi dàwisch!“ (Mein Lieber, da wenn ich dich noch einmal erwische!) Durch die Betonung der ersten Silbe des „Liàwà“ wird der Nachdruck, mit dem man die Kritik oder Warnung vorträgt, in der Regel selbst dem unaufmerksamsten Zuhörer bewusst. Ähnlich klingt der folgende Spruch, er kann aber eine ganz andere Bedeutung annehmen:

Mei liàwà Schiàwà. / Mein lieber Schieber.

Dieser Spruch wird verwendet um auszudrücken, dass es sich beim Beschriebenen um etwas ganz Besonderes handelt, und zwar im positiven wie im negativen Sinn. Ähnlich wie „Mein lieber Schwan!“ kann man mit dem „Schieber“ sowohl Bewunderung als auch Enttäuschung oder eine Warnung untermalen.

Des muàßt dà mürkà! / Das musst du dir merken!

Des mürkst dà! / Das merkst du dir!

Dass d' às woàßt! / Damit du es weißt!

Bei allen drei Wortfolgen handelt es sich um bekräftigende Zusätze am Anfang oder Ende eines Satzes, z. B.: „I geh jetz hoàm und kemà tuà e nimmer, dass d' às woàßt!“ (Ich gehe jetzt heim und komme nicht wieder, damit du es weißt!)

Wås woàß i? / Was weiß ich?

Das weiß ich doch nicht, woher soll ich denn das wissen. An sich eine Frage, wird aber nur als Antwort gebraucht, z. B.: „Wås woàß i, ob dà Adam im Wirtshaus war.“ (Das kann ich doch nicht wissen, ob der Adam im Wirtshaus war.)

Wenn's is, … / Wenn es ist, …

Sofern es notwendig ist, sofern Bedarf besteht. Z. B.: „Wenn's is, dann ruàfst me hoit o.“ (Wenn es notwendig ist, dann rufst du mich halt an.) Diese Worte können auch im Konjunktiv stehen:

Wenn's gråd wàr, … / Wenn es gerade wäre, …

Sofern es gerade notwendig wäre, sofern Bedarf bestünde. Z. B.: „Wenn's gråd wàr, dann konnst me ja oruàffà.“ (Wenn es notwendig wäre, kannst du mich ja anrufen.)

Wià des? / Wie dieses?

Wie? Wieso das? Warum? Weshalb?

Braucht's des? / Braucht es das?

Ist das wirklich nötig? Muss das wirklich sein? In der Frage kommen bereits Zweifel zum Ausdruck, dass man die Maßnahme selbst nicht für nötig hält. Als Antwort wäre also zu erwarten: „Dès braucht's net!“ (Das braucht es nicht!)

Wås håt des auf sich? / Was hat das auf sich?

Was hat das für einen Sinn? Wofür ist das gedacht? Was soll ich damit?

Des wàr ja no des Schenà. / Das wäre ja noch das Schönere.

Das wäre ja noch schöner, z. B.: „Des wàr ja no des Schenà, wemmà ganz ohne Göid auf Duit geh miàssàd.“ (Das wäre ja noch schöner, wenn man ganz ohne Geld auf die Dult/den Jahrmarkt gehen müsste.)

I håb gmoànt, wås e duà. / Ich habe gemeint, was ich tue.

Ich dachte, ich tue etwas Gutes, dabei war das gar nicht erwünscht bzw. wird das gar nicht anerkannt.

Konnst me scho gern håm à. / Du kannst mich schon gern haben auch.

Nach einer Ablehnung oder einem Korb, den man bekommen hat, wird nicht mehr weiterverhandelt, sondern die Sache mit diesem Spruch kurz und bündig für beendet erklärt.

Ja mei. / Nun ja.

Dieser Ausspruch wird je nach Betonung und Gesichtsausdruck bei verschiedensten Gelegenheiten benutzt, insbesondere wenn man nicht mehr weiter weiß – dann gern als Entschuldigung, als Ausrede oder bei Verlegenheit, z. B. in Verbindung mit einem hilflosen Achselzucken und der Feststellung: „Då kommà nix machà.“ (Da kann man nichts machen.) „Ja mei“ würde auch wunderbar zu folgendem Spruch passen:

Jetz is' scho wià's is. / Jetzt ist es schon wie es ist.

Damit müssen wir uns abfinden, daran können wir nichts mehr ändern.

Des dàt dà raushengà. / Das würde dir heraushängen.

Das würde dir so passen, das wäre natürlich in deinem Sinn.

Då kommà's aushoitn. / Da kann man es aushalten,

ruft man den Bekannten im Vorbeigehen zu, die auf der Sonnenbank vor dem Haus sitzen.

Mach's net går so sche! / Mach es nicht gar so schön!,

ruft man den Bekannten im Vorbeigehen zu, die gerade ums Haus oder im Garten werkeln und sich der Verschönerung ihres Heims widmen.

Dà oà sagt à so und dà ander sagt à so. / Der eine sagt so und der andere sagt so.

Das kann man so oder so machen, beides hat etwas für sich, beides ist ein gangbarer Weg.

I trau mà z' wettn. / Ich traue mir zu wetten.

Darauf würde ich wetten, ich bin mir bei dieser Sache ganz sicher, z. B.: „I trau mà z' wettn, dass der Hans koàn Pfenning à'n Sååg håt." (Ich bin mir ganz sicher – und darauf würde ich wetten –, dass der Hans keinen Pfennig im Hosensack hat.)

Då legst de nieder. / Da legst du dich nieder.

Das hätte ich nie gedacht, das ist ja unglaublich! Erweitert: „Då legst de nieder und stehst nimmer auf." (Da legst du dich nieder und stehst nicht mehr auf.)

I heà de scho geh. / Ich höre dich schon gehen.

Obwohl du dich verklausuliert ausgedrückt hast, habe ich dich schon verstanden. Ich weiß schon, worauf du hinauswillst, ich habe dich schon durchschaut.

À, dåher geht der Wind! / Ach, daher geht der Wind!

Das ist also die Ursache! Die Redewendung gebraucht man vor allem dann, wenn erst im Laufe eines Gesprächs klar wird, welche Ziele der Gesprächspartner eigentlich verfolgt. Hat man diese Ziele erkannt, weiß man „woher der Wind weht".

Des håst mi'n Fleiß gmacht. / Das hast du mit Fleiß gemacht.

Das hast du ganz bewusst und in voller Absicht gemacht. Das war kein Zufall.

Kimmert de net! / Kümmere dich nicht!

Mach du dir über mich oder über meine Situation keine Sorgen, das geht dich nichts an.

Lass de hoàmgeing! / Lass dich heimgeigen!

Das ist doch Quatsch, was du erzählst. Jetzt reicht es mit deinem Unsinn! Das Beste wäre, du würdest jetzt nach Hause gehen und aufhören, so einen Schmarrn zu erzählen. Zur Herkunft des Spruchs: Bei Hochzeitsfesten gab es in manchen Gegenden den Brauch, das Hochzeitspaar am Ende der Feier mit Musik nach Hause zu geleiten. Mindestens ein

Geiger gehörte meist zur Musikkapelle und die Geige war bei der ländlichen Tanzmusik oft das führende Instrument, das die Melodie vorgab.

Då konnst de auf 'n Kopf stöin und mit de Fiàß wackln. / Da kannst du dich auf den Kopf stellen und mit den Beinen wackeln.
Da kannst du machen was du willst, selbst unter Einsatz all deiner Kräfte wirst du deine Vorstellungen nicht durchsetzen können.

I ko me net erinnern, dass mir zwoà scho mitànand Sau ghüàt hän. /
Ich kann mich nicht erinnern, dass wir zwei schon miteinander Schweine gehütet hätten,
sagt man zu einem, der einen duzt oder einem zu nahe tritt, obwohl man ihn kaum kennt und das nicht möchte.

Mà redt ja net, mà sagt ja bloß – so richt mà d' Leit aus

Heute hört man in der Regel täglich die neuesten Nachrichten von Nah und Fern im Rundfunk oder sieht sie im Fernsehen. Vor der Verbreitung dieser Medien gab es im Dorf dagegen kaum Informationen von außerhalb. Umso wichtiger waren die Neuigkeiten aus der unmittelbaren Umgebung, insbesondere die über die Mitbürger und lieben Nachbarn: Wer ist schwanger, wer heiratet, wer geht fremd, wer hat sich etwas zuschulden kommen lassen, wer hat sich etwas Neues angeschafft usw. Die Frauen bekamen die entsprechenden Informationen bei ihren Begegnungen am „Millibànkl" (Milchbänkchen) oder bei der Kramerin, die Männer trafen sich zum Informationsaustausch beim Wirt. Bei solchen Treffen wurde natürlich vor allem über die nicht anwesenden Mitbürger gesprochen. Dabei war es für manche ein regelrechtes Vergnügen, über Leute, denen man nicht gewogen war, Übles und leider oft Unwahres zu verbreiten, um sie in ihrem Ansehen zu schädigen. Weder die allgegenwärtige Religion noch der Herr Pfarrer persönlich konnten verhindern, das man beim Tratschen auch „d'Leit ausgricht" hat, sie also schlecht gemacht oder Lügen über sie in Umlauf gebracht hat. Abfällige Bemerkungen wurden gern über das Offensichtliche, also das Aussehen oder den Charakter diverser Mitmenschen gemacht. Jede in den Augen der Nachbarn verpönte Handlung konnte einen aber auch zum Thema des nächsten Dorfgesprächs machen. Hier eine Auswahl darüber, was man über meist weniger geliebte Bekannte alles zum Besten gab – und leidigerweise heute noch gibt:

Der Sepp, des is à Bàzi! / Der Josef, der ist ein Lump!

Ein „Bàzi" kann ein Kleinkrimineller, ein Taugenichts, ein Gauner oder ein Lump, also grundsätzlich jemand mit schlechten Charaktereigenschaften sein. Wird das Wort mehr scherzhaft oder anerkennend gebraucht, bezeichnet es einen Schlingel, ein Schlitzohr oder einen, der es faustdick hinter den Ohren hat. Es dürfte von „Lumpazius" bzw. „Lumpazivagabundus" stammen, einem bösen, zum liederlichen Dasein verführenden Geist. Die weiteren Erklärungsversuche zur Herkunft – vom ungarischen „bácsi" (Onkel) oder vom bairischen „Bààtz" (breiige Masse, Pampe, Dreck) – erscheinen sehr unwahrscheinlich.

Der Sepp, dès werd à so à gschdingàdà Hund sei! / Der Josef, der wird so ein stinkfauler Hund sein.

Der Josef ist ein besonders fauler Kerl.

Der lasst se oiss für b' Fotzn hirichtn. / Der lässt sich alles vor den Mund hinrichten.

Der lässt sich bedienen, dem muss alles gebracht werden, der ist zu faul, um selbst mitzuhelfen.

Der hât Händ so grouß wià Abortdeckel. / Der hat Hände so groß wie Abortdeckel.

Dessen Hände sind so groß wie Klodeckel, er hat riesige Hände, geradezu Pranken.

Der is so fett, dass mà 'n ohne à Stickl Brot net oschaung kon. / Der ist so dick, dass man ihn ohne ein Stück Brot nicht anschauen kann.

Viele wollen bei der Brotzeit Fleisch oder Wurst nicht ohne Brot als Beilage essen. Dieser Spruch bringt zum Ausdruck, dass es manchen Leuten beim Anblick besonders dicker Menschen genauso geht, weil es sich auch hier um große Fleischmengen handelt.

Des werd à so à Blunzn sei! / Das wird so eine Blutwurst sein!

Grundsätzlich ist eine „Blunzn" eine Blutwurst, das Wort wird aber auch als Synonym für eine besonders dicke, unförmige Frau gebraucht, deren Form (viele Rundungen) und Inhalt (reines Fett) den Merkmalen einer Blutwurst ähneln.

De is ganz sche aus 'n Leim gangà. / Die ist ganz schön aus dem Leim gegangen,

sagt man über eine Person, deren Körperumfang erheblich zugenommen hat. Sie wird verglichen mit einem Möbelstück, das vom Leim nicht mehr zusammengehalten wird. Auch diese Person wird nicht mehr in der früheren Form gehalten, ihr Körper hat seine ursprüngliche Begrenzung deutlich überschritten und sich dabei unförmig ausgedehnt.

De is vount måger und hintn dürr. / Die ist vorne mager und hinten dürr.

Das ist eine sehr dünne Frau, die ist nicht mehr schlank, sondern dürr. An der ist überhaupt nichts dran, die klappert schon fast beim Gehen.

Der wenn koàne Ohrwàschl hätt, na dàt à rundrum lachà. / Der wenn keine Ohren hätte, dann würde er rundherum lachen.

So beschreibt man einen Menschen, der einen sehr breiten Mund besitzt. Würden seine Ohren den Mund nicht an beiden Seiten begrenzen, so könnte sich dieser wohl rund um den Kopf ziehen.

Mei, is des à Loàmsiàder! / Ach, ist das ein Leimsieder!

Ein Leimsieder beschäftigte sich früher mit der Herstellung von Knochenleim durch stundenlanges Auskochen (Sieden) von Rinderknochen – ein sehr zeitaufwendiges Verfahren. Als „Leimsieder" bezeichnet man deshalb einen besonders langsamen, behäbigen Menschen, einen Langweiler. Die gleiche Bedeutung hat der Spruch:

Den kommà d' Schuàch beim Geh doppèn. / Dem kann man die Schuhe beim Gehen doppeln.

Der bewegt sich dermaßen langsam, dass man ihm während des Gehens die Schuhe neu besohlen kann.

Des is à-r-à so à gähàdà Schuàster. / Das ist auch so ein gehender Schuster.

So bezeichnete man eine Person, die einfach nicht ruhig sitzenbleiben kann, die immer in Bewegung sein muss und ständig hin und her geht. Der Schuster übt üblicherweise eine sitzende Tätigkeit aus, er sitzt auf der „Schuàstergoàß". Ein „gehender Schuster" ist also etwas Untypisches.

Der håt koàn Sitzàdn. / Der hat keinen Sitzenden.

Der hat kein Sitzfleisch, der kann nicht ruhig sitzen.

Der håt àn Hockàdn. / Der hat einen Hockenden.

Der bleibt gerne länger sitzen, wenn es ihm auf einer Veranstaltung oder im Wirtshaus gut gefällt.

Då konn ja der Sepp bein Årsch net hi. / Da kann ja der Josef beim Arsch nicht hin.

Oder:

Då konn der Sepp net landen. / Da kann der Josef nicht landen.

Da kann der Sepp nicht mithalten, seinen Konkurrenten kann er nicht erreichen, er kann ihm bei Weitem das Wasser nicht reichen. Das kann bei den Mädchen der Fall sein („Bei derà konnst du net landn" – Bei der kannst du nicht landen) oder bei anderen, x-beliebigen Vergleichen z. B. bei der Qualität der Arbeit, beim Aussehen, beim Vermögen usw.

À staubiger Bruàdà. / Ein staubiger Bruder.

Einer, auf den man sich nicht verlassen kann, ein Taugenichts, der viel auf den Straßen unterwegs ist, auch ein Filou.

À Kerl wià-r-à bàrschtiger (bastiger) Ràdè (Ràdi). / Ein Kerl wie ein verholzter Rettich.

Ein Mann mit schlechten Eigenschaften. Ein „bàrschtiger Ràdè" ist ein ausgewachsener Rettich, der eine hölzerne Konsistenz besitzt, die den Geschmack beeinträchtigt, also schlechte Eigenschaften aufweist.

À oidà Saubär! / Ein alter Saubär!

Eine Person, die es mit der Hygiene nicht so genau nimmt bzw. keinen gesteigerten Wert auf Sauberkeit legt. Synonyme sind „Tanzbär" und „Dreckbär".

Des is vielleicht à Markn! / Das ist vielleicht eine Marke!

Das ist vielleicht ein Schlitzohr, ein ganz Gewiefter, ein Mensch mit ungewöhnlichen Eigenschaften, die sowohl positiv als auch negativ ausfallen können.

Då bist du ja no mi 'n Rockerl dà Blechmuse nåchglåffà. / Da bist du ja noch mit dem Röckchen der Blasmusik nachgelaufen.

Erzählt jemand über frühere Verhältnisse, ohne diese Zeit selbst bewusst erlebt zu haben, dann bringt man mit diesem Spruch zum Ausdruck, dass er auf Grund seines jungen Alters gar keine eigene Sachkenntnis hierüber haben kann und deshalb nicht so altklug daherreden sollte.

Oiss oà Soss. / Alles eine Soße.

Oder:

Oiss oà Doàg. / Alles ein Teig.

Da ist einer wie der andere, da sind alle gleich. So sagt z. B. der eine: „Dà Huàber Sepp is net so schlimm wià sei Bruàdà, dà Done." (Der Huber Josef ist nicht so schlimm wie sein Bruder, der Anton.), worauf der andere antwortet: „À geh, des is oiss oà Soss." (Ach geh, die sind doch beide gleich.) Die gleiche Bedeutung hat die Redewendung:

Då dràh e d' Hand net um. / Da drehe ich die Hand nicht um.

Wià der Herr, so 's Gscherr. / Wie der Herr, so das Gesinde.

So wie der Chef ist, so sind auch seine Mitarbeiter: Ist der Chef fleißig und ein Vorbild, dann sind auch die Mitarbeiter engagiert, ist er dagegen ein Faulpelz, wird sich die Belegschaft daran orientieren – meist mit der Folge, dass es mit der Firma bergab geht. Im Hochdeutschen sagt man in diesem Fall: „Der Fisch stinkt vom Kopf her."

Wià d' Sau, so b' Fàcke. / Wie die Schweine, so die Ferkel.

So wie die Eltern sind, so werden auch die Kinder. Das Schriftdeutsche hält für diesen Fall den Spruch parat: „Der Apfel fällt nicht weit vom Stamm."

Der schlågt aus der Årt. / Der schlägt aus der Art.

Der ist völlig anders als seine Geschwister oder seine Verwandtschaft, in der Regel im negativen Sinn.

Den ham s' öiwei d' Stangà ghoitn. / Dem hat man immer die Stange gehalten.

Der wurde immer verteidigt und unterstützt. Zur Herkunft: Im Mittelalter hatte jeder Ritter bei seinen Kämpfen einen Helfer. War dem Ritter im Kampfesgetümmel sein Ross abhnden gekommen oder lag er durch einen nur verletzenden Hieb gefällt am Boden und wollte sich ergeben, schob sein Knappe die Stange (Lanze) schützend zwischen die Kämpfenden. Er wehrte damit die zu befürchtenden weiteren, früher oder später tödlichen Schläge des Feindes ab.

Den ham s' über 'n Schöinkinè globt. / Den hat man über den Schellenkönig gelobt,
sagt man, wenn jemand ganz besonders herausgehoben und gelobt wurde.

Der schreibt se „Sie“. / Der schreibt sich „Sie“.
Der trägt den Familiennamen „Sie“. Wer sich „Sie“ schreibt, ist etwas Herausragendes, etwas ganz Besonderes, durchaus im positiven Sinn. Damit können nicht nur Personen, sondern auch deren Leistungen oder Produkte gemeint sein. Bei dem Wort „Sie“ handelt es sich vermutlich weder um das einfache Personalpronomen noch um die Höflichkeitsanrede, sondern um eine Besonderheit beim Schafkopfen: Bekommt ein Spieler bereits beim Ausgeben der Karten die acht höchsten Trümpfe (die vier Ober und die vier Unter) auf die Hand, nennt man das einen „Sie“. Eine derartige, sehr seltene Konzentration des Glücks wird gern besonders gewürdigt: Die Schafkopfrunde (meist im Gasthaus anzutreffen) händigt die acht Karten dem Wirt aus, der sie einrahmen lässt und in seinem Wirtshaus unter Angabe der Namen der vier Spieler und des Datums aushängt.

De hert 's Grås wachsen. / Die hört das Gras wachsen.
So beschreibt man die Fähigkeit einer Person, die neuesten Nachrichten immer als Erste zu kennen – im Extremfall sogar schon, bevor das eigentliche Ereignis eingetreten ist.

Boid hätt's-à-s' z'rissn, vor lauter Neigier. / Bald hätte es sie zerrissen, vor lauter Neugier.
Abschätzige Bemerkung über eine besonders neugierige Person, die sprichwörtlich vor lauter Neugier des Öfteren schier platzt.

Des wer e scho no dàgràntschn. / Das werde ich schon noch herausfinden.
Gemeint ist damit, dass man so lange bei Bekannten, Nachbarn oder Verwandten nachfragt, bis man die fehlende Information in Erfahrung gebracht hat.

Sie håt's natürle glei briàhwarm weitervozöit. / Sie hat es natürlich gleich brühwarm weitererzählt.

Sie hat die interessante Neuigkeit natürlich sofort weitererzählt. „Brühwarm" bedeutet, dass die Nachricht noch ganz neu bzw. frisch war, als sie der nächsten Tratscherin mitgegeben wurde – wie eine Wurst, die gebrüht und soeben erst aus der heißen Wurstbrühe herausgeholt wurde. Diese Formulierung wird vor allem dann gewählt, wenn es sich um eine Information handelt, von der sonst noch niemand weiß und im besten Fall auch niemand wissen darf, und die deshalb nur „unter dem strengsten Siegel der Verschwiegenheit" weitererzählt wird – die sicherste Methode, wenn man erreichen will, dass sich ein Gerücht möglichst schnell herumspricht.

Wen hams denn heit wieder in der Reißn? / Wen haben sie denn heute wieder in der Reiße?

Über wen zerreißen sie sich denn heute wieder den Mund? Wen ziehen sie denn heute wieder durch den Kakao? Mit wem beschäftigen sich die Dorfratschen denn heute wieder?

Des geht då nei und då naus. / Das geht hier hinein und da hinaus.

Dabei deutet man zuerst auf eines seiner Ohren („hier hinein") und anschließend auf das andere Ohr („da hinaus"). Mit dem Spruch bringt man zum Ausdruck, dass man bestimmte Informationen zwar hört, aber sofort wieder vergisst, sie also ignoriert. Dies gilt insbesondere für Beleidigungen, die einen völlig kalt lassen. Heute sagt man dazu auch: „Auf Durchzug schalten".

Guter Rat ist nicht teuer

Die Lebenserfahrung unserer bayerischen Vorfahren wird häufig in Form eines Spruchs – möglichst im Versmaß des Jambus oder Daktilus – oder einer eingängigen Redewendung als Ratschlag an die nachfolgenden Generationen weitergegeben, ob die es nun hören will oder nicht, oft mit dem Zusatz versehen: „Des håt mei Vaddà àà scho öiwei gsagt." (Das hat auch mein Vater schon immer gesagt.)

Des duàt koà Guàd net. / Das tut kein Gut.

Das geht nicht gut, da gibt es Schwierigkeiten. Z. B.: „Des duàt koà Guàd net, wenn de Oidn und de Jungà unter oàn Dåch hausn." (Das geht nicht gut, wenn Alt und Jung unter einem Dach leben.)

Wer lang fragt, der geht weit irr. / Wer lange fragt, der geht weit in die Irre.

Wer um Erlaubnis fragt, der muss auch mit einer Ablehnung rechnen. Wenn man auf die Rückfrage verzichtet, spart man sich den Umweg. Daraus folgt: Nicht lange fragen, sondern einfach tun.

Denk an drei Platterte! / Denke an drei Glatzköpfige!

Diesen Rat gibt man einem, der an einem „Schnàckler" (Schluckauf) leidet. Durch die Konzentration auf die Frage, welche drei Personen eine Glatze haben, soll der Betroffene abgelenkt werden und so seinen Schluckauf vergessen.

Liàwà dàstickt wià dàfroun. / Lieber erstickt als erfroren.

Begründung dafür, die warme Wohnung nicht bzw. nicht länger zu lüften.

Wàrst net auffegstieng, wàrst net åwegfoin. / Wärst du nicht hinaufgestiegen, dann wärst du nicht heruntergefallen.

Das kann wörtlich gemeint sein oder auch im übertragenen Sinn: Hättest du deine Ziele nicht so hoch gesteckt, wärst du nicht dermaßen gescheitert, wärst du z. B. nicht so hoch in deiner Karriere gestiegen, wärst du jetzt nicht so tief gefallen.

'S Mai auf oder àn Göibbeil. / Den Mund auf oder den Geldbeutel.

Lehrsatz, der besagt, dass es immer sinnvoll ist, wegen eines Preisnachlasses nachzufragen oder wenigstens zu verhandeln. Also: Nicht einfach zahlen, sondern den Mund aufmachen, vielleicht hat man damit Erfolg und muss den Geldbeutel nicht so weit aufmachen. Anstelle von „'s Mai" kann auch „b' Fotzn" (Assimilierung für „d' Fotzn") stehen.

Àn Grund muaß mà kàffà, wenn er foi is. / Ein Grundstück muss man kaufen, wenn es feil ist.

Grundstücke muss man kaufen, wenn sie angeboten werden, wenn sie auf dem Markt sind. Eine solche Gelegenheit kommt nicht oft, weil

Grund und Boden nicht vermehrbar ist, es heißt also zuschlagen, wenn sich die Gelegenheit bietet.

Des feit scho nei. / Das fault schon hinein.

Damit ist gemeint, dass man organisches Material, z. B. einen Apfelbutzen, Eier- oder Orangenschalen, durchaus in der freien Natur wegwerfen könnte, weil diese Sorte Abfall im Laufe der Zeit verwest und ohne Rückstände entsorgt wird.

Bis oànà woànt! / Bis Einer weint!

So lautete die Warnung der Eltern, wenn ihre Kinder beim Spielen und sich gegenseitig Triezen immer wilder wurden. Es war absehbar, dass das jedes Mal mit einem weinenden Kind enden würde, entweder weil ihm die anderen wehgetan hatten oder es beim spielerischen Kräftemessen verloren hatte. Mit dem Spruch sollte dieser unerfreuliche Ausgang vermieden werden – leider in der Regel vergebens.

Då brauchst de net kimmern. / Da brauchst du dich nicht zu kümmern.

Oder:

Kimmert de net! / Kümmere dich nicht!

Beide Sprüche fordern dazu auf, sich keine Sorgen zu machen, entweder weil alles im Lot ist, oder weil es einen nichts angeht und man sich hier nicht einmischen sollte.

Nur net luck lassen! / Nur nicht locker lassen!

Nur nicht nachgeben, einfach konsequent weitermachen.

Àn oidn Bààm verpflanzt mà net. / Einen alten Baum verpflanzt man nicht.

Ebenso wie ein alter Baum Blätter verliert oder gar eingeht, wenn man ihn verpflanzt, sollte auch ein alter Mensch in seiner vertrauten Umgebung bleiben, weil er sich mit hoher Wahrscheinlichkeit in einem neuen Heim nicht wohlfühlen würde.

Sauf à Hoiwè Bier, na kriàgst à Kraft! / Trink eine Halbe Bier, das gibt dir Kraft!

Diesen Rat gibt man einem körperlich zarten, schwächlichen Mann, einem „Krischperl“, der schwere Arbeit verrichten soll, dessen Kräfte dafür aber nicht zu reichen scheinen.

Gscheit bläd

Von cleveren und geistig weniger gesegneten Bayern

Der Herrgott hat die Menschen mit sehr unterschiedlichen Fähigkeiten ausgestattet. Auch die Intelligenz hat er nicht gleich unter den Erdbewohnern verteilt. Von Einsteinscher Genialität über schlitzohrige Cleverness und Bauernschläue bis hin zur bodenlosen Dummheit finden sich auch in bayerischen Landen die zahllosen Ausformungen des menschlichen Geists. Und der ein oder andere Verrückte ist auch dabei. Bairische Sprüche und Redewendungen beschäftigen sich gern mit dem kleinen geistigen Unterschied. In dieser Rubrik geht es also um die Gescheiten, die Blöden und manchmal auch um die Irren – je nachdem, was ihnen die Natur mitgegeben hat. Ist jemand ganz besonders mit Hirnschmalz gesegnet, dann kann man allerdings nicht sagen, dass er „gscheit gscheit" ist, dagegen ist ein besonders Unbedarfter „gscheit bläd".

DU STIRBST DE ÀMOI LEICHT, WEILST KOÀN GEIST AUFGEM BRAUCHST.

DER HÅT D' GSCHEITHEIT MI 'N LEFFE GFRESSN.

Der is hell auf der Plattn. / Der ist hell auf dem Kopf.

Der hat was im Kopf, der ist helle, intelligent, schlau. Die „Plattn" ist an sich ein Synonym für die männliche Glatze, hier steht sie allgemein für den Kopf bzw. das Hirn.

Der håt d' Gscheitheit mi 'n Leffe gfressn. / Der hat die Gescheitheit mit dem Löffel gefressen.

So kommentiert man die Aussagen einer Person, die zwar recht klug klingen, aber bei genauerer Betrachtung doch von geringer Kenntnis der Sache zeugen. Gleiche Bedeutung hat:

Des is à ganz à Siemgscheidà. / Das ist ein besonders Siebengescheiter.

Der ist neunmalklug, altklug, oberlehrerhaft. Zur Herkunft: Die Zahl Sieben gilt allgemein als magisch und wird gern im Zusammenhang mit etwas Besonderem verwendet, z. B. Siebenmeilenstiefel, sieben Tage der Woche, sieben Schwaben, sieben Zwerge, sieben Weltwunder, siebenarmiger Leuchter.

Der schiàbt mi 'n Hirn o. / Der schiebt mit dem Hirn an.

Sagt man über jemanden, dass er mit dem Hirn anschiebt, so bedeutet das heute, dass es sich hier um einen intelligenten Menschen handelt, der nicht gleich drauflos arbeitet, sondern erst einmal überlegt, sich die Sache durch den Kopf gehen lässt und nach Abwägung aller Aspekte eine gute Entscheidung trifft. Interessant ist, dass dieser Spruch aus einem völlig anderen Bereich kommt: Mit dem Hirn mussten nämlich früher in erster Linie die Ochsen anschieben, wenn man ihnen das Ochsengeschirr in Form des Stirnjochs anlegte und sie mit ihren Köpfen den Pflug oder andere Lasten bewegten. Mit Intelligenz hatte das nichts zu tun.

Då muàß mà's håm. / Da muss man es haben.

Der Spruch wird von einer Geste begleitet: Man weist mit dem Zeigefinger auf die Stirn und bringt damit zum Ausdruck, dass man es im Kopf (im Hirn) haben muss, wenn man erfolgreich sein will. Den Spruch äußert man am besten, nachdem man mit einer guten Idee zum Erfolg gekommen ist.

Bläd derfst scho sei, aber z' höiffà muàßt dà wissen. / Blöd darfst du schon sein, aber zu helfen musst du dir wissen,
sagt man, wenn man eine gute Idee für die Lösung eines schwierigen Problems hatte.

Mir sàn fei net auf der Brennsuppn dahergschwummà. / Wir sind doch nicht auf der Brennsuppe dahergeschwommen.
Wir sind durchaus ernst zu nehmen, wir sind nicht blöd. Die Brennsuppe (Einbrennsuppe) ist ein Arme-Leute-Essen mit kaum Zutaten (Mehl und – meist wenig – Fett). Nach diesem Spruch gehört man nicht zu denen, die sich nur so eine dünne Suppe leisten können. Man ist durchaus erfolgreich, steht finanziell ganz gut da und ist auch in intellektueller Hinsicht ernst zu nehmen.

Då brauchst à Hirn wià-r-à Wasserschàffè. / Da brauchst du ein Hirn wie ein Wasserschaff.
Da brauchst du eine Gehirnkapazität von der Größe eines Wasserschaffs, also ein überaus großes Hirn, damit du dir das alles merken kannst. So kommentiert man z. B. anerkennend das Stoffvolumen, das ein Student für sein Examen bewältigen muss.

Hintnåch is à jeder gscheiter. / Hinterher ist jeder schlauer.
Hinterher ist leicht reden, da kennt man die tatsächliche Entwicklung und tut sich bei der Bewertung wesentlich leichter. Davon profitiert vor allem der Berufsstand der Rechnungsprüfer und Revisoren.

I bin fei net dei Breznsoizer! / Ich bin doch nicht dein Brezensalzer!
Alternativ:
I bin fei net àn Gàndi sei Breznsoizer! / Ich bin doch nicht dem Gandi sein Brezensalzer!
I mach fei net dein Bolànddi! / Ich mache doch nicht deinen Bolandi!
Diese drei Sprüche haben dieselbe Bedeutung: Ich bin doch nicht dein Knecht, Diener oder Hanswurst, ich mache dir doch nicht den Deppen! Ich bin nicht so dumm, wie du vielleicht meinst. Zur Herkunft dieser Redensarten ist Folgendes zu sagen: Als „Breznsoizer“ bezeichnet man einen sehr schlichten, einfältigen Menschen, der offenbar nichts anderes kann, als Brezen mit Salz zu bestreuen. Wirkliche Brezenkenner wissen aller-

dings, dass die Aufgabe des Brezensalzens keineswegs so einfach ist wie es scheint. Oft sieht man auf den Laugengebäckstücken kein oder nur ganz wenig Salz, manchmal sind sie wiederum von viel zu viel Salz komplett weiß. Ein guter Brezensalzer sorgt dafür, dass genau die richtige Menge an Salzkörnern verwendet wird – nicht zu viel und nicht zu wenig.
Ein „Gandi" ist ein Taugenichts, ein Faulpelz. So wurden die Studenten im Mittelalter gern genannt. Mimt also jemand den Brezensalzer eines Gandi, so würde es sich hier um einen einzigartig einfältigen Menschen handeln, der sogar einem Taugenichts zu Diensten ist – eine Dummheit, zu der es im Grunde keine Steigerung mehr gibt. Zum Ursprung des Wortes „Gandi" gibt es verschiedene Theorien. Am wahrscheinlichsten erscheint eine Verwandtschaft zum lateinischen „vagandi" (von „vagari" = umherschweifen), also auch zum Vagabund, was einen wiederum zum Faulpelz und Taugenichts führt.
Auch für die Entstehung des „Bolandi" gibt es verschiedene Erklärungen, auch unterschiedliche Schreibweisen (Polanti, Polandi, Bolanti). Als Herkunft wird der Pudelhund und das rumänische Wort „blând" genannt, das ursprünglich „sanft, mild" bedeutete, in Ungarn zu „boland" wurde, sich schließlich in seiner Bedeutung zu „dumm" veränderte und über die Sprache der Zigeuner und das Jenische ins Bairische gelangte. Ein weiterer Erklärungsansatz ist der etwas böse Spitzname, den man um 1900 den beim Bahnbau beschäftigten italienischen Saisonarbeitern gab: „Polenta-Esser". Dagegen spricht aber, dass der Münchner Kobell das Wort bereits 1871 verwendet hat.

So bläd bin e à net, dass e d' Hosn mit der Beißzangà oziàg. / So dumm bin ich auch wieder nicht, dass ich meine Hose mit der Kneifzange anziehe.
Wenn ich auch kein Genie bin, so bin ich aber doch nicht so dumm, wie ihr vielleicht meint.

Du bist à Depp und bleibst à Depp. / Du bist ein Depp und bleibst ein Depp.
Ein wegen des Jambus sehr eingängiger und leicht zu merkender Spruch.

Hans und Sepp, Hoàßt jeder Depp. / Hans und Sepp, Heißt jeder Depp.
Johann (Hans) und Josef (Sepp) waren früher die gebräuchlichsten Vornamen in Bayern. Hier kommt der starke Bezug zur Religion zum Aus-

druck, war doch Johannes der Lieblingsjünger und Josef der Stiefvater von Jesus. Der Vers soll nicht zu Verstehen geben, dass alle Männer, die auf den Namen Johann oder Josef getauft sind, Deppen, also Dummköpfe sind, sondern dass diese beiden Vornamen eben so weit verbreitet sind, dass fast jeder, also auch jeder Depp, einen dieser Namen tragen kann. Auch diesen Spruch kann man sich wegen seines Sprechrhythmus (Jambus) leicht merken.

Du håst às guat, du bist bläd und spannst às net. / Du hast es gut, du bist blöd und merkst es nicht.
Glücklich sind die geistig Unbeschwerten.

Du stirbst de àmoi leicht, weilst koàn Geist aufgem brauchst. / Du wirst einmal leicht sterben, weil du keinen Geist aufzugeben brauchst.
Nach der Leidensgeschichte, der Passion, starb Jesus am Kreuz. In der Bibel heißt es dazu: „Als Jesus von dem Essig genommen hatte, sprach er: Es ist vollbracht! Und er neigte das Haupt und gab seinen Geist auf." Mit dem Tod gibt man seine Gedanken, seine geistige Existenz auf, „den Geist aufgeben" ist also ein Synonym für „sterben". Wer nach dem Spruch nur geringe intellektuelle Fähigkeiten und damit wenig Geist besitzt, dem müsste eigentlich das Sterben leicht fallen.

Wenn der so grouß wàr wià-r-à bläd is, nachà kànnt er 's Wasser aus dà Dåchrinnà sauffà. / Wenn der so groß wäre wie er dumm ist, dann könnte er das Wasser aus der Dachrinne trinken.
Mit dieser plastischen Formulierung wird die Dummheit des Betroffenen verdeutlicht: Würden sich Wachstum und Blödheit proportional verhalten, würde der Beschriebene bis an die Dachrinne reichen. Durch den Vergleich mit seiner Größe kann sich auch ein Nichteingeweihter den ganzen Umfang dieser speziellen Dummheit besser vorstellen.

Bein Fressn und Sauffà kennt mà net, dass d' bläd bist. / Am Essen und Trinken erkennt man nicht, dass du blöd bist,
sagt man scherzhaft zu einem gut befreundeten Gast, der viel isst, viel trinkt und hoffentlich viel Sinn für Humor hat.

Då is oànà dümmer wià dà ander. / Da ist einer dümmer als der andere.
So beschreibt man zwei oder mehr Personen, die an einem Projekt

arbeiten und nicht zu einer Lösung oder einem Erfolg kommen – was daran liegt, dass sich einer dabei dümmer anstellt als der andere, beide also nicht zu geistigen Höchstleistungen auflaufen.

Für die Beschreibung von teils extraordinärer Dummheit gibt es noch eine ganze Reihe weiterer, gleichwertiger Möglichkeiten:

Bläd wià d' Nacht finster. / Blöd wie die Nacht finster.

Blädà wià-r-à Pfund Soiz. / Blöder als ein Pfund Salz.

Salz denkt bekanntlich nicht.

Blädà wià-r-à Steing voi Affà. / Blöder als eine Steige voller Affen.

Eine Lattenkiste voller Affen, von denen jeder nur Dumm- und Albernheiten im Kopf hat.

Bei den is à Schraum locker. / Bei dem ist eine Schraube locker.

Den ham s' ins Hirn neigschissn. / Dem haben sie ins Hirn geschissen.

Der mit seim Spåtznhirn. / Der mit seinem Spatzenhirn.

Ein Gehirn, so klein wie das eines Spatzen.

Der håt àn Bäggà. / Der hat einen Pecker (einen Schaden).

Der håt àn Schlåg. / Der hat einen Schlag.

Der spinnt.

Der is net ganz recht. / Der ist nicht ganz richtig (im Kopf).

Der is net ganz sauber. / Der ist nicht ganz sauber (im Kopf).

Der is net ganz bachà. / Der ist nicht ganz gebacken.

Dem sein Hirn müsste noch fertig gebacken werden, in diesem halbgaren Zustand ist es offensichtlich nicht einsatzfähig.

Der is net ganz em. / Der ist nicht ganz eben.

Der håt sein Verstand versuffà. / Der hat seinen Verstand versoffen.

Sollte er einmal schlauer gewesen sein, dann sind nach dieser Menge an Alkohol von den Gehirnzellen nicht mehr viele übrig.

Lange Håår und kurzer Verstand. / Lange Haare und kurzer Verstand.

Der håt mehrà Glück wià Verstand. / Der hat mehr Glück als Verstand.

Aber bekanntlich ist den Dummen ja das Glück oft hold.

Dumm und dàppig. / Dumm und dämlich.

Hirnvernågelt. / Hirnvernagelt.

Das Hirn wie mit Brettern vernagelt und nicht mehr zugänglich.

Saubläd. / Saublöd.

Wås mà net im Kopf håt, des håt mà in de Fiaß. / Was man nicht im Kopf hat, das hat man in den Beinen.
Diesen Spruch äußert man, wenn man etwas vergessen hat und deshalb umkehren bzw. nochmals laufen muss, um es zu holen. Gern wird er auch als Kommentar von schadenfrohen Beobachtern gebraucht.

De dümmsten Bauern ham de gräßten Kadoffe. / Die dümmsten Bauern haben die größten Kartoffeln.
Dieser Spruch eignet sich immer dann, wenn jemand viel Glück hatte bzw. durch Zufall sehr erfolgreich war, z. B. beim Kartenspiel. Man bringt damit zum Ausdruck, dass dieser Erfolg ausschließlich auf das Glück zurückzuführen ist und keinesfalls auf das Können oder die Intelligenz des Erfolgreichen. Gleichbedeutend hiermit ist der Spruch: „Das Glück ist ein Rindvieh und sucht sich seinesgleichen."

Leid gàb's zon Dàschlång – wemmà no gråd Zeit hätt. / Leute gäbe es zum Erschlagen – wenn man nur grade Zeit hätte.
So viele Leute (deshalb Betonung auf „Leid") müsste man erschlagen, wenn man nur genügend Zeit dafür hätte. Damit beklagt man die große Zahl dummer Menschen, mit denen man sich doch immer und immer wieder auseinandersetzen und dabei Nerven lassen muss.

Bei dir wàr's àà gscheidà gwen, mà hätt 's Kind weggworfà und d' Nachgeburt aufzong. / Bei dir wäre es auch gescheiter gewesen, das Kind wegzuwerfen und die Nachgeburt aufzuziehen.
Eine besonders derbe Bemerkung bis hin zur groben Beleidigung, die man an jemanden richtet, dessen Talente sehr zu wünschen übrig lassen – oder den man bis ins Mark kränken möchte.

Der denkt àà bloß von Zwöife bis Mittåg. / Der denkt auch nur von 12 Uhr bis Mittag.
Nachdem die Zeitspanne zwischen 12 Uhr und Mittag gleich Null ist, denkt die hiermit gemeinte Person täglich ebenso viel, nämlich überhaupt nicht.

Gegà 'Dummheit is koà Kraut gwachsn. / Gegen die Dummheit ist kein Kraut gewachsen.
Gegen viele Krankheiten gibt es Heilkräuter, um sie zu bekämpfen. Die

Dummheit ist jedoch keine Krankheit und so ist dagegen auch kein Kraut gewachsen.

Is koàna dàhoàm und i bin nàrrisch. / Es ist niemand zu Hause und ich bin verrückt.

Den Spruch gab man früher den auf dem Bauernhof allein zurückgelassenen Kindern zum Aufsagen, wenn die Erwachsenen alle auf dem Feld waren und Fremde ans Haus kamen.

Der is à d' Froàs gfoin. / Der ist in die Fraisen gefallen.

An sich bedeutet der Spruch: Der hatte einen Krampfanfall bzw. einen epileptischen Anfall. Man verwendet ihn aber auch im Sinne von: Der ist übergeschnappt, der ist ausgeflippt. Das Wort „Froàs" kommt von „Fraisen", einem Synonym für Krampfanfälle und Epilepsie, vor allem bei Kindern.

Jetz fangà s' ålle 's Spinna o. / Jetzt fangen sie alle das Spinnen an.
Jetz wern s' ålle nàrrisch. / Jetzt werden sie alle verrückt.

Beide Redewendungen wollen auf Folgendes hinaus: Wird eine ursprünglich für abwegig gehaltene Minderheitenmeinung von immer mehr Menschen übernommen oder schließen sich viele Menschen einer komplett absurden Massenbewegung an, geht der Sprecher davon aus, dass diese Leute wohl übergeschnappt sein müssen, um sich so zu verhalten.

Då feit's vom Boà weg. / Da fehlt es vom Knochen weg.

Oder:

Den håt's vom Boà weg. / Den hat es vom Knochen an.

Alles außer seinen Knochen weist bei dem Betroffenen Defizite auf, bei dieser Person fehlt es von Grund auf an gesundem Menschenverstand, da handelt es sich um einen aussichtslosen Fall.

Eibuidung macht d' Leid nàrrisch. / Einbildung macht die Leute verrückt.

Falsche Vorstellungen und fixe Ideen können manche Leute seelisch und geistig krank machen, obwohl ihnen körperlich gar nichts fehlt.

Auf àmoi håt me dà Rappè packt. / Auf einmal hat mich der Rappel gepackt.

Plötzlich hatte ich einen verrückten Anfall, plötzlich hatte ich das Bedürfnis, etwas Verrücktes, etwas Ungewöhnliches zu tun.

I glàb, mir brennt der Huàt. / Ich glaube, mir brennt der Hut.
Ich glaube, ich spinne. Was du mir gerade erzählt hast, das ist doch unglaublich. Auch: Ich glaube, ich gehe gleich in die Luft (vor Wut).

Der håt me aus 'm Heisl bråcht. / Der hat mich aus dem Häuschen gebracht.
Der hat mich auf die Palme gebracht, der hat mich durcheinander gebracht. Der hat mich so gereizt, dass ich fast verrückt geworden wäre.

Jetz woàß e nimmer: Bin e à Màndl oder à Weiwe? / Jetzt weiß ich nicht mehr: Bin ich ein Männlein oder ein Weiblein?
Ausdruck der totalen Verwunderung bzw. Überraschung. Gleiche Bedeutung wie: „Jetz kenn e mi går nimmer aus." (Jetzt kenne ich mich gar nicht mehr aus.)

De mi 'n Kàppè, de sàn dàppe, De mi 'n Huàt, de sàn guàt. /
Die mit der Kappe, die sind dumm, Die mit dem Hut, die sind gut.
Der Spruch wurde gerne von Hutträgern zum Besten gegeben, um sich von den simplen Mützenträgern abzugrenzen.

D' Zeit bleibt net steh

Von Eile, Langsamkeit und Zeitmanagement

In südlichen Ländern wird behauptet, die Deutschen besäßen die Uhr, die Südländer dagegen die Zeit – und häufig auch alle Zeit der Welt. Die sprichwörtliche bayerische Gemütlichkeit ist allerdings ein Indiz dafür, dass die Bayern bei dieser Betrachtungsweise zumindest ursprünglich eher in Richtung der Südländer tendierten. Schließlich wird unsere Hauptstadt München nicht umsonst gern die nördlichste Stadt Italiens genannt.

Bedingt durch Arbeitsverdichtung und Freizeitstress leben inzwischen aber auch die Bayern nach der Uhr und wie fast überall ist heute auch bei ihnen die Zeit immer knapp. Begonnen hat diese Veränderung des bayerischen Wesens wohl schon mit der Gründung des deutschen Kaiserreichs, mit der die preussischen Tugenden – Pünktlichkeit, Arbeitsethos, Strebsamkeit und bloß keine Zeitverschwendung – Einzug im Bayernland hielten. Zum Glück stemmt sich bis heute ein harter bayerischer Gemütlichkeitskern gegen die restdeutsche Hektik, bevorzugt an sonnigen Tagen in diversen Biergärten, denn auch gutes Bier hilft enorm bei der Entschleunigung.

DES VERGEHT SCHO WIEDER,
BIS D'-À-'S ZWOÀTE MOI
HEIRÀTST.

Wås mà heit net zwingà, mach mà moing. / Was wir heute nicht bezwingen, machen wir morgen.

Schaffen wir es heute nicht ganz, ist morgen ein neuer Tag, an dem auch etwas geschafft werden will.

Mit der „Preußifizierung" hieß es dann:

Morgen, morgen, nur nicht heute, Sagen nur die faulen Leute.

Und:

Was du heute kannst besorgen, Das verschiebe nicht auf morgen.

Kleiner Ausflug ins „Preussische". Diese Reime wurden bezeichnenderweise nie ins Bairische übersetzt.

Jetz is' aber Zeit worn! / Jetzt ist es aber Zeit geworden!

Ihr kommt viel zu spät, ich hatte schon viel früher mit euch gerechnet! Z. B.: „Jetz is' aber Zeit worn, dass d' me hoist!" (Jetzt ist es aber Zeit geworden, dass du mich abholst!)

Zur rechtn Zeit. / Zur rechten Zeit.

Regelmäßig, immer wieder, öfter als man glaubt. Z. B.: „Der kimmt zur rechten Zeit vorbei." (Der kommt regelmäßig bzw. immer wieder einmal vorbei.)

De länger Zeit. / Die längste Zeit.

Mehr als die Hälfte der Zeit, die überwiegende Zeit. Z. B.: „I moàn, de länger Zeit sàmmà scho verheiràt." (Ich denke, mehr als die Hälfte unserer Ehe ist schon um.)

Jetz is de scheenà Zeit vorbei. / Jetzt ist die schönere (bzw. die schönste) Zeit vorbei.

Dieser Spruch ist beim Übergang in eine neue Lebensphase üblich und zwar beginnend mit dem Eintritt in die Grundschule, beim Wechsel auf eine weiterführende Schule, beim Beginn einer Ausbildung oder eines Studiums, beim Eintritt ins Berufsleben oder bei der Hochzeit. Gemeint ist, dass neue, interessante Herausforderungen und neue Verantwortung auf einen zukommen werden. Er bedeutet zum Glück meist nicht, dass man damit rechnen muss, dass der neue Lebensabschnitt besonders unangenehm wird. Allerdings benutzt man ihn nicht mehr beim Übergang in die Rente oder ins Pflegeheim. Denn spätestens dann geht es nicht mehr um neue, spannende Herausforderungen. Eine ähnliche Bedeutung hat der Spruch:

Jetz geht à-n anderer Wind! / Jetzt weht ein anderer Wind!

Ab jetzt ändern sich die Umstände grundlegend, jetzt wird es ernst. In Zukunft wird es nicht mehr so locker zugehen wie bisher. Dieser Spruch wird auch bevorzugt, wenn ein neuer, vermeintlich strengerer Chef antritt.

Ewig und drei Dåg. / Ewig und drei Tage.

Diese Beschreibung eines Zeitraums bringt zum Ausdruck, dass etwas außergewöhnlich lange dauert, nämlich länger als eine Ewigkeit. Z. B.: „Wenn dir unser Schreiner wås macht, des dauert ewig und drei Dåg." (Wenn dir unser Schreiner etwas fertigt, dann dauert das länger als eine Ewigkeit.)

In Oiàherrgottsfrüàh. / In Allerherrgottsfrühe.

Außerordentlich früh am Morgen, eine im Allgemeinen unangenehm frühe Morgenstunde, z. B.: „In Oiàherrgottsfrüàh hammà scho in Kirchà geh miàssn." (Außerordentlich früh am Morgen mussten wir schon in die Kirche gehen.)

Vo heit auf moing. / Von heute auf morgen.

In kurzer Zeit, unerwartet schnell, im Handstreich, überfallartig, ohne Vorwarnung, z. B.: „Vo heit auf moing håwe eiruckà miàssn." (Ohne Vorwarnung musste ich einrücken.)

In oànà Tour. / In einer Tour.

Andauernd, ununterbrochen. Z. B.: „Wuiselt doch net in oànà Tour." (Jammere doch nicht andauernd.)

Des vergeht scho wieder, bis d'-à-'s zwoàte Moi heiràtst. / Das vergeht schon wieder, bis du das zweite Mal heiratest.

Ironischer Trost bei körperlichen Schmerzen oder bei einer Erkrankung. Weil man früher in der Regel nur einmal geheiratet hat, spielt man hier auf den St.-Nimmerleins-Tag an, bis zu dem die Schmerzen oder die Krankheit doch hoffentlich endlich verschwunden sein werden.

Wenn 's Neijåhr auf 'n Sommer foit. / Wenn der Neujahrstag auf (in) den Sommer fällt.

Nie.

Oi heilige Zeitn amoi. / Alle heiligen Zeiten einmal.

Die Redewendung bedeutet: „In großen Zeitabständen" – in Anlehnung an die hohen katholischen Festtage, die „Heilige Zeiten" sind (Weihnachten, Ostern, Pfingsten) und nur bei einer Handvoll Gelegenheiten im Jahr gefeiert werden. So finden z. B. manchmal Schafkopfrunden „oi heilige Zeitn" statt.

Mach mà Brotzeit. / Machen wir Brotzeit.

Aufforderung, eine Pause von der Arbeit zu machen und dabei in gemütlicher Runde etwas zu essen – klassisch eine Wurstsemmel oder warmen Leberkäs – und etwas zu trinken, früher in der Regel eine Halbe Bier. Die Brotzeit ist deshalb, wie es schon in einem alten Schlager von Maxl Graf heißt, für viele die schönste Zeit.

À d' Läng wàr's sowieso nimmer gangà. / Auf die Länge wäre es sowieso nicht mehr gegangen.

Auf lange Sicht wäre das sicher nicht gut gegangen. Was jetzt eingetreten ist, überrascht mich deshalb nicht.

Jetz is' hächste Eisenbahn. / Jetzt ist es höchste Eisenbahn.

Jetzt pressiert es aber, jetzt dürfen wir keine Zeit mehr verlieren. Der Bezug zur Eisenbahn geht auf den Bau der Eisenbahnstrecken im 19. Jahrhundert zurück. Die Züge waren nach einem festen, minutengenauen Fahrplan getaktet. Kam man nur um eine Minute zu spät am Bahnsteig an, hatte man seinen Zug mit hoher Wahrscheinlichkeit versäumt. Dass auch dadurch eine gewisse Hektik ins Landleben Einzug hielt, liegt auf der Hand.

Jetz werd's Zeit, dass à-n End hergeht. / Jetzt wird es Zeit, dass ein Ende hergeht.

Jetzt sollte die Sache doch bald geschafft sein, jetzt dürften wir bald fertig sein. Der Spruch kann auch bedeuten: Jetzt werde ich aber schon langsam ungeduldig, jetzt muss es vorwärts gehen!

Dummed di! / Tummle dich!

Beeile dich!

Jetz mach amoi weidà, moing dà Früàh is d' Nåcht rum! / Jetzt mache endlich einmal weiter, morgen Früh ist die Nacht um!,
sagt man, wenn jemand sehr langsam und gemächlich agiert und die anderen schon auf ihn warten müssen. Im Idealfall hilft dieser Spruch, den Trödler etwas anzutreiben.

Dei Uhr geht ja nach der Giàsinger Heiwååg. / Deine Uhr geht ja nach der Giesinger Heuwaage.
Deine Uhr zeigt nicht die richtige Zeit an. Mit in die Straßenoberfläche integrierten großen Waagen wurde früher das Gewicht der Ladung von (Pferde-)Fuhrwerken gemessen, z. B. von Kartoffeln, Getreide oder Heu. Infolge des genannten und weit verbreiteten Spruches gelangte die Heuwaage von Giesing, die offenbar sehr ungenau maß, zu größerer Bekanntheit weit über Giesing und auch über München hinaus. Eine Uhr, die nach der „Giàsinger Heiwååg" geht, nennt man auch „Brådàrà", eine Bezeichnung für eine minderwertige Uhr.

Liàwà à schlechts Wedà ois wià går koàns

Sonne, Regen, Wind und Schnee

Das geeignetste Thema, um ein Gespräch mit Bekannten oder auch fremden Personen zu beginnen, ist das Wetter. Über das Naturschauspiel im Himmel lässt sich eigentlich immer ratschen und hat man auch sonst nichts an Wichtigem oder Neuem mitzuteilen, gehen doch beide Gesprächspartner nach einer Diskussion über die derzeitige Temperatur meist hochbefriedigt über den kleinen Austausch auseinander. Das Wetter ist in dieser Hinsicht ein Phänomen. Spricht man nämlich darüber, dann ist es nur ganz selten normal, also nicht der Rede wert, sondern fast immer etwas Besonderes und deshalb sehr geeignet für Klagen: Einmal ist es zu heiß, dann zu kalt, einmal zu trocken, dann zu nass. Urlaubern ist es im Grunde ständig zu feucht und dem Bauern fehlt zur Sommerzeit grundsätzlich der Regen, denn während die meisten unter schönem Wetter strahlenden Sonnenschein verstehen, ist dem Landwirt nicht zum Lachen zumute, wenn seine Feldfrüchte verdorren. Interessant ist auch die Eigenschaft des Wetters, früher anscheinend um einiges besser gewesen zu sein. Kein aktueller Sommer kann nach Meinung der meisten Erzähler je an die wunderbar warmen, wochenlang regenfreien Tage in der Kindheit heranreichen. Und natürlich geht den heutigen Wintern auch der echte Schneefall ab, stattdessen ärgern sie uns mit Matsch und Schlamm.
In dieser ambivalenten Situation ist es nicht verwunderlich, dass der Dialekt gerade zum Thema Wetter auch eine Reihe von Redewendungen bereithält.

Schönes und schlechtes Wetter

D' Sunnà håt de dàwischt! / Die Sonne hat dich erwischt.

Dein Aufenthalt in der Sonne hat zu einer Rötung deiner Haut oder zu einem ausgewachsenen Sonnenbrand geführt. Was beweist, dass auch vermeintlich schönes Wetter ungünstige Folgen haben kann.

Jetz schliàft d' Sunnà unter. / Jetzt schlüpft die Sonne unter.

Jetzt verschwindet die Sonne hinter den Wolken oder unter dem Horizont.

Des sàn gråd so Übergàngl. / Das sind nur so kleine Übergänge.

Das sind nur kurze Regenschauer, die gehen gleich wieder vorbei.

Wenn's nur gråd ràng, dass der Dreeg spràtzàd und der Wind wuch. / Wenn es nur regnen würde, sodass der Dreck spritzte und der Wind wehte.

Lautmalerischer Spruch mit den erfundenen Konjunktiven „ràng" (statt „regnete"), „spràtzàd" (statt „spritzte") und „wuch" (statt „wehte"). Meist jammert hier ein Bauer, dass die Natur Regen bräuchte.

Ja wei's nur wieder rengt. / Ja weil es nur wieder regnet.

Oder etwas derber:

Ja wenn s' nur gråd råscheissn dààn. / Ja, wenn sie nur herunterscheissen würden.

Ironisch gemeinte Sprüche, wenn man des ewigen Regens schon längst überdrüssig ist und es nach einer kurzen Pause wieder mit dem Nass von oben weitergeht.

Jetz duscht's aber gscheit. / Jetzt regnet es aber gescheit.

Es regnet nicht schlau, sondern besonders stark.

Heit konns à-'s wieder. / Heute kann es es wieder.

Es (das Wetter) kann es (das Regnen oder Schneien) heute wieder besonders gut. Spruch bei starkem Regen oder Schneefall.

Und rengà duàt's àà no! / Und regnen tut es auch noch!,

sagt man, wenn nach einem unangenehmen Erlebnis oder einer unerfreulichen Nachricht das Wetter noch seinen Teil zum Elend beiträgt – also ein Tag, an dem alles schief geht.

Des is à Wedà, hà? Då wàr mà ja går koàns no liàwà. / Das ist ein Wetter, was? Da wäre mir ja gar keines noch lieber.
Klage über andauernd schlechtes Wetter: Lieber gar keins als dieses miese Wetter.

Bei à so àn Sauwedà jagt mà koàn Hund net naus. / Bei einem solchen Sauwetter jagt man keinen Hund hinaus.
Bei einem derart schlechten Wetter kann man nicht einmal einem Hund zumuten, ins Freie zu gehen – und der ist auf dem Land in seiner Hundehütte doch schon einiges gewohnt.

À so à Scheißheislwedà! / So ein Scheißhäuslwetter!
So bezeichnet man besonders unwirtliche Witterungsverhältnisse, z. B. Windböen mit Starkregen oder einen Schneesturm.

Àn höiliàchtn Dåg muàß mà 's Liàcht aufreim. / Am hellichten Tag muss man das Licht einschalten.
Die vielen grauen Regenwolken verdunkeln den Himmel.

Då hint werd's scho ganz grààb. / Da hinten wird es schon ganz grau.
Då hint fassen s' scho ei! / Da hinten fassen sie schon ein!
À Wedà kimmt! / Ein Gewitter kommt!
Da hinten ziehen schon ganz dunkelgraue Wolken auf, dort fassen sie bereits ihre Ladung an Regen, dort werden sie mit Regen befüllt. Man sieht das Gewitter schon bedrohlich herufziehen.

Jetz wàrmts oàn auf. / Jetzt wärmt es einen auf.
So äußert man sich, wenn die Sonne nach einem Regenschauer schnell wieder für hohe Temperaturen sorgt, die auch aufgrund der dann hohen Luftfeuchtigkeit zu einer unangenehmen Schwüle führen.

Finstà und Freidà, Is 's Wedà wià d' Weiwà. / Am Donnerstag und Freitag, Ist das Wetter wie die Frauen.
„Finstà" (bzw. „Pfinstà") ist der altbairische Ausdruck für Donnerstag. Der Name geht auf das griechische „pempté" zurück (der fünfte Tag, von Sonntag an gezählt) und kam über die Goten ins Bairische. Angeblich soll das Wetter an Donnerstagen und Freitagen überdurchschnittlich oft sehr wechselhaft sein. Passen soll das zum Charakter der meisten

Frauen, die sich nach einem entsprechenden Vorurteil mancher Männer ebenfalls durch Launenhaftigkeit auszeichnen.

Dà Näwe ziàgt. / Der Nebel zieht.

Damit beschreibt man die unangenehme Auswirkung des – insbesondere kalten – Nebels auf die Haut: ein klammes Gefühl.

De Köitn packt de ganz sche bei der Fotzn. / Die Kälte packt dich ganz schön im Gesicht.

Eine sehr unangenehme, eisige Kälte, die das Gesicht brennen lässt.

À Schnääwàl schneibt's. / Ein Schneelein schneit es.

Es schneit ganz ruhig dahin – leise rieselt der Schnee.

Zon Schneim is' z' koit. / Zum Schneien ist es zu kalt.

Ist die Temperatur auf weit unter Null gesunken, schneit es nicht.

Àn Schnää håt's ganz sche hergrissn. / Den Schnee hat es ganz schön weggerissen.

Der Schnee ist in kurzer Zeit fast ganz weggeschmolzen.

Der is ozong wià-r-à Schnääràmà. / Der ist angezogen wie ein Schneeräumer.

Ein Schneeräumer muss sich warm einpacken, er erledigt seine Arbeit im Winter schließlich im Freien. Den Vergleich stellt der Spruch allerdings an, um jemanden zu beschreiben, der in viel zu warmer Umgebung besonders dicke Kleidung trägt. Jeder andere wäre in diesem Schneeräumeranzug schon längst erstickt.

Des is mei Wèdà. / Das ist mein Wetter.

Damit ist nicht das derzeitige Wetter gemeint, sondern die aktuelle Situation allgemein, die einem gut gefällt, die man als besonders angenehm empfindet.

Um à scheens Wedà ohoitn. / Um schönes Wetter anhalten.

Auch hier spricht man nicht über das eigentliche Wetter, sondern beschreibt das Wohlwollen, auf das man bei einer Bitte hofft.

Namenstage und Bauernregeln

Früher wurden weniger die Geburtstage, sondern die Namenstage gefeiert. Genau genommen wurde mangels entsprechender Mittel auch kaum gefeiert, sondern in erster Linie nur gratuliert. Namenstage waren aber um einiges mehr mit dem im Alltag doch sehr zentralen Glauben verbunden, wurde hier doch jährlich an die Taufe, die Aufnahme in den Kreis der Gläubigen – meist Katholiken – erinnert. Außerdem versprach man sich von seinem Namenspatron, einem Heiligen der katholischen Kirche, besonderen Schutz und Hilfe und pflegte diese Verbindung durch den Namen. Man traute dabei manchen Heiligen auch mehr zu als anderen. Dies führte dazu, dass man z. B. gleich mehrere Kinder auf den Namen „Georg" taufte, sie so unter den Schutz des Drachentöters stellte, und erst im zweiten Vornamen differenzierte.
Zu den gebräuchlichen und weit verbreiteten Vornamen hatten die Leute damals genau im Kopf, an welchem Tag das Fest welchen Namenspatrons gefeiert wurde. Diese feste Verankerung der Namenstagsdaten im Bewusstsein der Bevölkerung führte auch dazu, dass man die Namen der jeweiligen Heiligen teilweise in die passenden Bauernregeln rund um Wetter, Ausbringen und Ernten von Frucht und den rechten Zeitpunkt für allerlei Tätigkeiten integrierte. Bauernregeln sind fast immer Wetterregeln oder Regeln zu jährlich wiederkehrenden Ereignissen in der Natur. Sie haben normalerweise die Form von Reimen – ohne Frage, damit man sie sich leichter merken kann.
In den folgenden Sprüchen verbinden sich einige Bauernregeln mit den Feiertagen verschiedenster Heiliger oder kirchlichen Feiertagen allgemein.

Der Dåg wachst
... an Neijåhr um àn Hahnàschrei.
... an Dreikönig um àn Hirschensprung.
... und an Liàmessn um à ganze Stund. /
Der Tag wächst ... an Neujahr (1. Januar) um einen Hahnenschrei.
... an Heilig-Dreikönig (6. Januar) um einen Hirschensprung.
... und an Maria Lichtmess (2. Februar) um eine ganze Stunde.
Diese Faustregel zeigt auf, in welchem Umfang der Tag nach der Wintersonnenwende wieder länger wird.

24. Februar: Mattheis bricht 's Eis, Hat er keins, So macht er eins. /
Matthias bricht das Eis, Hat er keines, So macht er eines.

Ist es am Namenstag des Matthias warm, dann schmilzt das vorhandene Eis. Die Erfahrung hat aber schon unsere Vorfahren gelehrt, dass noch kein Frühling im Februar begonnen hat. Wenn auch der Tag des heiligen Matthias oft mit Wärme aufwarten kann, ist anschließend mit einem nochmaligen Kälteeinbruch zu rechnen.

17. März: Kunigund, Kimmt d' Würm vo unt. /
An Kunigund, Kommt die Wärme von unten.
Heute fängt der Frühling richtig an. Von diesem Tag an sind die Kinder auf dem Land früher barfuß gelaufen.

25. März: Maria Verkündigung, Kehrn d' Schweiwe wieder um. /
An Maria Verkündigung, Kehren die Schwalben wieder um.
Ende März kehren die Schwalben wieder aus ihren Winterquartieren nach Bayern zurück: ein weiterer Frühlingsbote.

Nach dem 15. August (Maria Himmelfahrt):
Jetz geht der Wind scho über d' Håwerheim. /
Jetzt geht der Wind schon über die die Halme des Hafers.
Gemeint sind die Stoppeln der abgeernteten Getreidefelder. Der Wind weht über recht kahle Felder, es geht also langsam dem Herbst zu und die Temperaturen erreichen nicht mehr die hochsommerliche Hitze.

24. August: Bàrthlmä gengà d' Wetter hoàm. /
An Bartholomäus gehen die Gewitter nach Hause.
Nach dem Namenstag des Bartholomäus gibts keine heftigen Sommergewitter mehr. An diesem Tag findet auch der überregional bekannte „Bàrthlmarkt“ in Oberstimm bei Ingolstadt statt.

8. September: Maria Geburt, Fliàng d' Schweiwe furt. /
An Maria Geburt, Fliegen die Schwalben fort.
Jetzt wird es Herbst und die Schwalben ziehen wieder in ihre Winterquartiere, viele davon bis nach Zentralafrika.

25. November: Kathrein, Stellt den Tanz ein. / Katharina, Stellt den Tanz ein.
An Kathrein fand früher die letzte ausgelassene Tanzveranstaltung vor der besinnlichen Adventszeit statt. Anschließend begann die „stàde Zeit“ (stille Zeit), in der z. B. auch keine Hochzeiten gefeiert werden durften.

Umàsunst is der Dout, und der kost ’s Lem
Das Ende

Der Tod wird heute nach Möglichkeit aus unserem Alltag ausgeblendet. Niemand spricht gerne darüber oder setzt sich damit auseinander und trotzdem gehört er zum Leben. Früher war man weitaus öfter mit dem Sterben und dem Tod konfrontiert, zum einen, weil die Lebenserwartung generell niedriger war – dazu kam noch die äußerst mangelhafte medizinische Versorgung –, zum anderen, weil ein Dorf meist eine Gemeinschaft, eine Einheit bildete, die zusammen feierte und auch gemeinsam trauerte, sodass ein jeder Todesfall das ganze Dorf berührte.
Zu jeder Zeit litten die Menschen darunter, einen Angehörigen, Freund oder guten Bekannten zu verlieren. Der Tod eines geliebten Menschen war aber früher in der Regel nicht so belastend, wie er heute oft empfunden wird. Vielmehr zählte ein solcher Verlust einst absolut zum Alltag – man denke nur an die hohe Kindersterblichkeit – und härtete die Menschen, die mit ihm rechneten und oft mit ihm leben mussten, in gewisser Weise auch ab. Zudem stellte ihnen die Religion ein Wiedersehen mit den Verstorbenen in der Ewigkeit in Aussicht, was es für die Tiefgläubigen auch leichter machte, den seelischen Schmerz zu ertragen.
Dabei malte man sich dieses Wiedersehen im Himmel sehr diesseitig aus, so wie überhaupt der Umgang mit dem Transzendenten und Überirdischen

ein recht handfester war. Franz von Kobell hat diesem interessanten Verhältnis der Bayern zum Jenseits in seiner „Gschicht vom Brandner Kaspar" ein anschauliches und unterhaltsames Denkmal gesetzt. Der personifizierte Tod, der den Brandner Kaspar auf seine alten Tage holen will, kommt darin ganz menschlich daher. Er wird vom Brandner mittels „Kerschgeist" (Kirschschnaps) auf spitzbübische Weise alkoholisiert und beim Kartenspiel übertölpelt: Der Kaspar gewinnt eine Verlängerung seines irdischen Lebens. Schließlich darf er sogar einen Blick ins Paradies werfen, wo sich inzwischen alle seine früheren Bekannten befinden, die bei Blasmusik und guter Brotzeit in Dirndl und Lederhosen zünftig feiern – so wie man sich als Bayer das ewige Leben wünscht. Mit dieser Aussicht ist dann auch der Brandner Kaspar, der doch sehr am Leben hing, bereit, diesen Weg zu gehen.
Ein pragmatischer Umgang mit dem Tod ist doch nicht das schlechteste, denn unausweichlich ist es allemal, eines Tages seinen letzten Atemzug zu tun. Und wer weiß? Vielleicht fängt das Leben ja erst richtig hinterher an und man genießt die Vorzüge eines ganz persönlichen Paradieses. Die Bayern haben diese Sichtweise schon lange für sich entdeckt und derart abgehärtet und mit großer Hoffnung auf ein Wiedersehen im Jenseits soll es öfter vorgekommen sein, dass so manche Beerdigung zu vorgerückter Stunde zu einer „recht lustigen Leich" wurde.

Umàsunst is der Dout, und der kost 's Lem. / Umsonst ist der Tod, und der kostet das Leben.

Auf der Welt gibt es nichts umsonst, alles hat seinen Preis – sogar der Tod, der auch etwas kostet, nämlich das Leben. Man antwortet mit diesem Spruch auf die Forderung, etwas umsonst abzugeben.

Då war d' Hebamm àà nimmer schuid. / Da war die Hebamme auch nicht mehr schuld,

sagte man augenzwinkernd, wenn jemand im fortgeschrittenen Alter gestorben ist. Der Tod in diesem Alter ist nichts Ungewöhnliches.

Des war eàm àso aufgsetzt. / Das war ihm so vorherbestimmt.

Da kann man nichts machen, das muss man so hinnehmen. Vor allem bei harten, unerwarteten Schicksalsschlägen diente diese Redewendung als seelischer Trost, z. B. wenn ein junger Mensch ums Leben gekommen war.

Synonyme für das Sterben gibt es im Bairischen viele und diese sind teils erstaunlich kreativ:

Der liefert boid ei. / Der liefert bald ein.

Mit dem geht's dàhi. / Mit dem geht es dahin.

Der håt Vàreckàl gspuit. / Der hat Verreckerl gespielt.

Den håt's dàbräsld. / Den hat es zerbröselt.

Den håt's dàdenglt. / Den hat es zerlegt, zertrümmert.

Die beiden letzten Sprüche werden angewandt, wenn jemand bei einem Unfall ums Leben gekommen ist.

Den håt's übers Stàngàl åweghaut. / Der ist vom Stängelchen heruntergefallen (wie das kraftlose Huhn im Hühnerstall).

Der håt àn Schirm zuàgmacht. / Der hat den Schirm zugemacht.

Der håt àn Leffe weggworfà. / Der hat den Löffel weggeworfen.

Dem duàt koà Zahn nimmer weh. / Dem tut kein Zahn mehr weh.

Der duàt koàn Muckser nimmer. / Der macht keinen Muckser mehr.

Der håt ins Grås bissn. / Der hat ins Gras gebissen.

Der schaugt d' Ràdieserl vo unt o. / Der schaut die Radieschen von unten an.

Den ham s' mit de Fiàß vorò naustrång. / Den haben sie mit den Füßen voraus hinausgetragen.

Ein Verstorbener wird im Sarg liegend in der Regel mit den Füßen voraus aus seinem Haus getragen.

Jetz geht's dahi – mi 'n SåIåd à d' Stådt. / Jetzt gehts dahin – mit dem Salat in die Stadt.

So wie normalerweise der Salat zum Verkauf in die Stadt gebracht wird, wird nun der Verstorbene abtransportiert.

Saufst – stirbst, saufst net – stirbst à. Oiso saufst. / Trinkst du, dann stirbst du. Trinkst du nicht, stirbst du auch. Also trinkst du.

Der Spruch soll übermäßigen Alkoholgenuss rechtfertigen. Er wird analog auch auf das Rauchen angewandt.

Vàreckà soist! / Verrecken sollst du!

Ich wünsche dir den Tod! Kein gerade schöner Wunsch, wer ihn ausspricht wird sich mit dem so Verfluchten wohl kaum mehr vertragen.

Sterm? Då miàßàt's mà scho zon Vàreckà schlecht geh. / Sterben? Da müsste es mir schon zum Verrecken schlecht gehen.
Sterben ist für mich kein Thema, da müsste es mir erst einmal total schlecht gehen. Solange es mir nicht zum Verrecken schlecht geht, interessiert mich der Tod nicht.

Wenn i amoi nimmer bin ... / Wenn ich einmal nicht mehr bin ...
So werden Aussagen über die Zeit nach dem Tod des Betroffenen gern eingeleitet.

Im Bett sterm d' Leit. / Im Bett sterben die Leute.
Mit diesen Worten versucht man, jemand davon abzubringen, ins Bett zu gehen. Nachdem tatsächlich die meisten Menschen im Bett sterben, sollte man diesen Ort logischerweise tunlichst meiden, um sich nicht auch in diese Gefahr zu begeben.

Des werd dà für 's Sterm ogrechnet. / Das wird dir für das Sterben angerechnet,
tröstet man jemanden augenzwinkernd, der einen Schaden oder einen Nachteil erlitten hat. Wurde z. B. in ein Projekt viel Arbeit investiert, die sich letztlich nicht gelohnt hat, dann soll es nach dem Prinzip der ausgleichenden Gerechtigkeit dafür wenigstens ein längeres Leben oder einen Bonus im Leben nach dem Tod geben.

De Doudn brauchst net fürchtn, vor de Lewendigen muàßt Angst håm. / Die Toten brauchst du nicht zu fürchten, vor den Lebenden musst du Angst haben,
sagten aufgeklärte Menschen, die sich bewusst waren, dass von einmal Verstorbenen keinerlei Gefahr mehr ausging, während man bei den noch Lebenden stets damit rechnen musste, dass sie einem nicht immer wohlgesonnen waren.

Derà miàßn s' d' Fotzn extre mi 'm Bràtschlegel dàschlång, wenn s' amoi stirbt, sunst is koà Ruàh net. / Der müssen sie den Mund extra mit dem Bratschlegel erschlagen, wenn die einmal stirbt, sonst ist keine Ruhe.
Wenn die einmal tot ist, wird man ihren Mund gesondert mit einem Bratschlegel (ein heute nicht mehr gebräuchliches Werkzeug zur Bear-

beitung von roher Wurstmasse) erschlagen müssen, weil sie sonst immer noch nicht mit dem Reden aufhören würde. So charakterisiert man eine sehr redefreudige Frau, die zu ihren Lebzeiten andere kaum zu Wort kommen lässt und plappert wie ein Wasserfall.

Jetz oder nie! Wennst gstarm bist, bist hi. / Jetzt oder nie! Wenn du gestorben bist, bist du hin.
Bairische Erweiterung und Bekräftigung des hochdeutschen „Jetzt oder nie!" um den Hinweis, dass es zu spät sein könnte, wenn man nicht sofort handelt.

I bin z' Dout frouh, dass … / Ich bin zu Tode froh darüber, dass …
Ich bin sehr erleichtert über das Folgende. Der Bezug auf den Tod dient der Verstärkung der Aussage.

Es is oiss gricht. / Es ist alles gerichtet.
Das Haus ist bestellt, die Kinder sind gut versorgt, alles hat seine Ordnung und wenn ich mal nicht mehr bin, kann die nächste Generation übernehmen.

Des hoit me aus. / Das hält mich aus,
sagt eine ältere Person über ein Gerät, das unter normalen Umständen noch länger in Betrieb sein dürfte als sie selbst an Lebenszeit zu erwarten hat. Eine Neuanschaffung wird also nicht mehr notwendig sein. Die gleiche Bedeutung hat der Spruch:
Is' nimmer wert. / Das ist es nicht mehr wert.
Für meine kurze Zeit auf Erden ist das nicht mehr nötig.

Zum Abschluss dieses Kapitels noch ein Lied der bayerischen Totengräber, das sich mit dem Tod nach dem Genuss giftiger Pilze befasst und früher von den jungen Burschen gerne zu vorgerückter Stunde gesungen wurde. Jede Zeile wird zuerst vom Vorsänger auf einer Notenstufe gesungen, dann von allen auf derselben Notenstufe wiederholt.

Is amoi à oids Wei gwen.
Is àn Woid assegangà, Håt Schwàmmerl gsuàcht,
Håt Schwàmmerl gfunden, Håt Schwàmmerl kocht,
Håt Schwàmmerl gessn, Is le-hetz*) worn.

Is in die Höll aber gekemmen, Is wieder herrrraure gekemmen, Zwengs der großen Hi-Hitze*). /
Es war einmal eine alte Frau.
Die ist in den Wald hinausgegangen, Hat Pilze gesucht,
Hat Pilze gefunden, Hat Pilze gekocht,
Hat Pilze gegessen, Ist krank geworden und gestorben.
Ist in die Hölle hinunter gekommen, Ist wieder herrrraufgekommen,
Wegen der großen Hitze.

Das Lied, in dem zum Teil ein sehr „verhunàgglts“ (verunstaltetes) Bairisch vorkommt, wird anschließend um einige Notenstufen höher wiederholt, so lange, bis der Vorsänger nicht mehr in der Lage ist, die nächste Tonhöhe stimmlich zu erklimmen.

Nach dem letzten Durchgang singt der Vorsänger folgenden Schlussvers:

Gråmà s' ei oder gråmà s' net ei? / Graben wir sie ein oder graben wir sie nicht ein?

Und alle ergänzen:

Gråmà s' ei, wei mà zoit wern dafür. / Graben wir sie ein, weil wir bezahlt werden dafür.

*) „Le-hetz“ ist ein des Rhythmus wegen verlängertes „letz“ und bedeutet „krank“ bzw. „todkrank“. Bei diesem Wort und beim „Hi-Hitze“ des letzten Vers' wird jeweils die erste Silbe um zwei Notenstufen niedriger gesungen als die restliche Zeile.

Epilog: Um à Fümferl à Durchànand

Zum Ausklang

Neben den in dieser Sammlung enthaltenen gibt es noch eine Vielzahl weiterer Sprüche und Redewendungen, die in unterschiedlichsten Situationen geäußert werden. Da sie so recht in keines der Kapitel passen wollten, werden sie hier ohne spezielle Gliederung aufgeführt – eben durcheinander.

Um à Fümferl à Durchànand. / Um ein Fünferl ein Durcheinander.

Ein „Fümferl" ist heute ein Fünfcentstück. Es handelt sich hier um ein Durcheinander, eine Ansammlung von Gegenständen oder Begriffen, die nicht zueinander gehören bzw. nicht zusammenpassen, z. B. wenn im Vorgarten des Nachbarn Gartenzwerge, eine Modelleisenbahn, ein thailändisches Geisterhäuschen, eine antike Statue und die Fahne des FC Bayern München nebeneinander präsentiert werden.

Mià sàn mià! / Wir sind wir!

Erweitert:

Mià sàn mià und schreim uns uns! / Wir sind wir und schreiben uns uns!

Wahlspruch der bayerischen Bevölkerung, der ein gewisses Selbstbewusstsein ausdrückt und die Charakterstärke, niemanden zu fürchten und sich von niemandem beeindrucken oder beeinflussen zu lassen. Die Bayern haben ihren eigenen Kopf und ihren Stolz auf ihre Heimat.

Des hammà öiwei scho à so gmacht. Des hammà no nià anderscht gmacht. Då kànnt ja à jeder daherkemà. /

Das haben wir schon immer so gemacht. Das haben wir noch nie anders gemacht. Da könnte ja jeder kommen.

Die bayerischen Beamten erzählen gelegentlich im Scherz, dass dies die drei wichtigsten Grundsätze für ihre Arbeit seien.

Wo kàmmàt mà denn då hi! / Wo kämen wir denn da hin!

Das kommt ja überhaupt nicht in Frage – vor allem wenn man die Folgen bedenkt. Das ist ja völlig abwegig, was du da vorschlägst.

Nout dàt's eàm scho. / Not täte es ihm schon.

Er hätte es schon nötig, er bräuchte es schon, z. B. eine Dusche, wenn sich der Beschriebene lange nicht gewaschen hat.

Schåån dàt's net. / Schaden würde es nicht.

Z. B.: „Schåån dàt's net, wennst àmoi wieder zon Båder geh dàtst." (Schaden würde es nicht, wenn du mal wieder zum Friseur gehen würdest.) Eine Untertreibung, tatsächlich ist es nämlich höchste Zeit, dass der Angesprochene sich die Haare schneiden lässt.

De håt vielleicht àn Buul auf! / Die håt vielleicht einen Pudel auf!

So beschreibt man eine Person mit dichtem oder langem Haar.

À guàdà Stoiperer foit net. / Ein guter Stolperer fällt nicht.

Ausspruch einer Person, die soeben gestrauchelt, aber nicht gestürzt ist.

Då hebst koà Ehr net auf. / Da hebst du keine Ehre auf.

Das gereicht dir nicht zur Ehre. Schenkt man z. B. seiner Mutter zum Geburtstag eine Küchenmaschine, dann wird man dafür eher nicht gelobt werden.

... dass ganz aus is. / ... dass es ganz aus ist.

Das ist etwas ganz Besonderes, das ist kaum steigerungsfähig. War z. B. eine Familie von ihren Nachbarn sehr angetan, sodass sie ständig mit ihnen zusammensaßen, dann sagte man: „Mit de Nachbarn war's ganz aus." (Mit den Nachbarn verstanden sie sich besonders gut.)

... dass oiss z' spàt is. / ...dass alles zu spät ist.

Jetzt hat man alle Möglichkeiten für eine Wendung zum Besseren versäumt. Diese Formulierung ist auch ein Synonym für „besonders viel", z. B. „Der håt gsuffà, dass oiss z' spàt is." (Der hat extrem viel Alkohol getrunken.)

Wei 'st às du bist! / Weil du es bist!

Ausnahmsweise! So antwortet man auf eine Bitte, der man nur in diesem einen Fall und nur deshalb entsprechen möchte, weil man den Bittsteller sehr schätzt. Dazu folgender alter Witz: Weil er die Lehrerin trotz Ermahnung ständig duzt, muss der Maxl 50 Mal schreiben: „Ich darf meine Lehrerin nicht duzen." Am nächsten Tag legt er der Lehrerin seine Strafarbeit vor und die stellt fest, dass er den Satz 100 Mal geschrieben hat. Auf die Frage, warum er das Doppelte geschrieben habe, antwortet der Maxl strahlend: „Wei 'st às du bist!"

Geh e àn Wè um? / Gehe ich im Weg um?

Stehe ich im Weg, störe ich?

Des engt me. / Das beengt mich.

Das stört mich.

Då wàr's öiwei à so! / Da wäre es immer so!

Da könnte man ja nie etwas anderes machen! Will z. B. die Frau in den Urlaub fahren und ihr Mann hält dagegen, dass am Haus doch so viel zu renovieren sei, dass man gar keine Zeit für Urlaub hätte, dann widerspricht sie ihm mit der Feststellung: „Då wàr's öiwei à so. Då kànnten mir ja nià in Urlaub fahrn. Oàmoi hamma koà Zeit, des ander Moi hammà koà Göid, und nachà is's Weder z' schlecht." (Da wäre es ja immer so. Da könnten wir ja nie in Urlaub fahren. Ein Mal haben wir keine Zeit, das andere Mal haben wir kein Geld, und dann ist das Wetter zu schlecht.)

Des duàt's scho. / Das tut es schon.

Das reicht schon, das ist gut genug. Wenn man z. B. die Fenster putzt und trotz intensiver Reinigung noch Schlieren zurückbleiben, kommt irgendwann der Zeitpunkt, an dem man die Arbeit mit diesem Spruch für beendet erklärt.

Des is mà vorgangà. / Das habe ich vorausgeahnt.

Davon hatte ich eine Vorahnung, das hatte ich schon im Gefühl.

Då håst de brennt! / Da hast du dich gebrannt!

Da hast du aufs falsche Pferd gesetzt, das ist anders gelaufen, als du erwartet hast. Das war ein Irrtum, wenn du geglaubt hast, dieses oder jenes zu erreichen.

Des is à hoibschàrige Sach. / Das ist eine halbscharige Sache.

Das ist eine grenzwertige, nicht ausgegorene, unbefriedigende Angelegenheit. Beim Ackern war es wichtig, dass der Boden in der gesamten Tiefe, die die Pflugschar erreichen konnte, umgepflügt wurde, was allerdings für Mensch und Zugtier schwere Arbeit bedeutete. Wer nur mit der halben Schartiefe, also nur oberflächlich (halbscharig) pflügte, schonte zwar seine Kräfte und die der Tiere, das Ergebnis war aber unbefriedigend.

Mir sàn scho då beim Dåsei. / Wir sind schon da beim Dasein.

Wir sind ja schon da. Wortspiel.

De stengà då wià d' Soidaten. / Die stehen da wie die Soldaten.

Nämlich in Reih und Glied. So sagt man, wenn man z. B. viele „Schwammerl“ (Pilze) an einem Fleck findet oder wenn eine größere Zahl von Fahrrädern oder Mülltonnen gleichmäßig ausgerichtet nebeneinander stehen.

Gsichtsweis kimmt er mir bekannt für. / Gesichtsweise kommt er mir bekannt vor.

Ich meine, ich habe sein Gesicht schon einmal irgendwo gesehen. Man kann den Satz auch noch wie folgt ergänzen: „… aber i håb net gwisst, wo e 'n hidoà muàß.“ (… aber ich wusste nicht, wo ich ihn einordnen muss.)

I bitt de går sche. / Ich bitte dich gar schön.

Ich bitte dich ganz besonders nett, es ist mir ein sehr wichtiges Anliegen.

À neis Haus, Oàns nei oder oàns naus.

/ Ein neues Haus, Eines hinein oder eines hinaus.

„Oàns“ (Eines) bedeutet „eine Person“. Dieser Reim beruht auf der Erfahrung, dass häufig nach dem Bezug eines neuen Heims entweder ein Kind geboren wird oder ein Bewohner stirbt. Die Geburt eines Kindes ist dabei sehr naheliegend, weil es vor allem junge Paare sind, die in ein neues Haus ziehen. Todesfälle in neu bezogenen Gebäuden sind allerdings ausgesprochen selten, insoweit entspricht die Redewendung nicht ganz der Realität.

Oiss lieng und steh lassen. / Alles liegen und stehen lassen.

Überhastet aufbrechen, eilends aufbrechen und dabei nichts aufräumen, sondern alles so liegen bzw. stehen lassen, wie es eben gerade liegt oder steht.

Des is ja oàmoi z' vui. / Das ist ja einmal zu viel.

Wird das „z' vui“ betont, dann ist etwas ein Mal zu viel, z. B. wenn ein Schüler einen Lehrsatz fünf Mal statt, wie vom Lehrer aufgetragen, vier Mal geschrieben hat. Wird das „oàmoi“ betont, so ist etwas viel zu viel.

Då werd dà dà Schnåwe sauber bleim. / Da wird dir der Schnabel sauber bleiben.
Da wirst du nicht zum Ziel kommen. Das kannst du dir abschminken.

Ja, wo muàß e jetz des hischreim? / Ja, wo muss ich jetzt das hinschreiben?,
fragt man, wenn etwas ganz Ungewöhnliches geschieht. Das muss aber nichts Negatives sein, auch etwas Positives kann einen in momentanes Erstaunen versetzen, z. B. überraschender Besuch von einer Person, die man seit Jahren nicht mehr gesehen hat.

Kenà vor lachà. / Können vor lachen.
Liegt einer z. B. mit Gipsbein und schmerzverzerrtem Gesicht im Krankenbett und ein Besucher sagt im Scherz: „Jetzt spring her zu mir!", dann bekommt er die gequälte ironische Antwort: „Kenà vor lachà."

Då hammà's scho! / Da haben wir es schon!
Diese Redewendung kommentiert ein erwartetes oder befürchtetes Ereignis, insbesondere wenn es früher als erwartet eintritt, z. B. wenn die Mutter zum Kind sagt: „Ziàg dà fei à Unterhemmàd o, sunst kriàgst glei wieder àn Katarrh." (Zieh dir auf alle Fälle ein Unterhemd an, sonst bekommst du gleich wieder einen Schnupfen.) Und bald darauf läuft dennoch die Nase des Kinds, weil es sich nicht an den Rat der Mutter gehalten hat.

Des gwohnst. / Daran gewöhnst du dich,
Lakonische Antwort auf die Frage, wie man eine länger andauernde, schwierige Situation ertragen kann.

Verstähst du wås von Kunst? Kunnst mà net 100 Mark leicha? / Verstehst du etwas von Kunst? Könntest du mir nicht 100 Mark leihen?
Wortspiel, das nur im Bairischen funktioniert.

Aus, Epfe, Amen. / Aus, Äpfel, Amen.
Schluss jetzt! Basta!

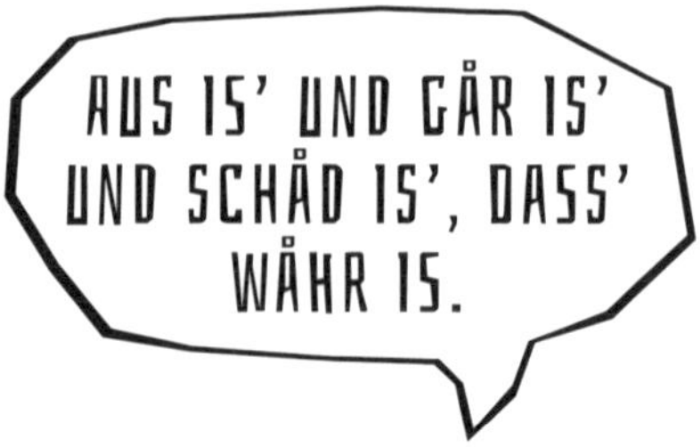